W0055989

Gorch Pieken / Cornelia Kruse

DAS HAUSHALTSBUCH DER ELSA CHOTZEN

[illegible]	– 40	[illegible]
Apfel	1.20	[illegible]
Semmeln	20	[illegible]
Pflaumen	1.35	[illegible]
Rotkohl	– 73	[illegible]
Senf	– 15	[illegible]
Butter	1.20	Kartoffeln
Mehl	1.40	Salz
Zucker	– 74	Butter
Marmelade	– 82	[illegible]
Margarine	1. –	Käse
Sauerkohl	– 40	[illegible]
[illegible]	–	[illegible]

Gorch Pieken/Cornelia Kruse

DAS HAUSHALTSBUCH DER ELSA CHOTZEN

Schicksal einer jüdischen Familie 1937–1946

nicolai

Für Ilse Rewald

Dieses Buch wurde von der S. Fischer Stiftung gefördert.

Lektorat: Diethelm Kaiser, Berlin
Recherche: Michael Kempf, Berlin
Gestaltung: hawemannundmosch, Berlin
Repro: LVD GmbH, Berlin
Druck und Bindung: Rasch, Bramsche

ISBN 978-3-89479-298-5

Inhalt

Nach mehr als 60 Jahren ist nun dieses Buch entstanden – über eine Mutter, die mit all ihrer Liebe und Kraft darum kämpfte, ihre Söhne und deren Frauen vor der Deportation und damit dem Tod zu retten. Nichts war ihr je zuviel. Etliche Male wurden die Kinder verhaftet, etliche Male bettelte die Mutter sie bei der Gestapo wieder frei. Ohne sich je zu beklagen, trug sie ihre Sorge und Last. Am Ende aber verlor sie den Kampf ihres Lebens: Drei ihrer Söhne wurden mit ihren Frauen verhaftet und deportiert.

Immer werde ich mir die Frage stellen: Warum bin gerade ich verschont und am Leben geblieben? Vielleicht, um von »Mutti Chotzen«, meiner Heldin, berichten zu können, die mir stets ein Vorbild blieb?
Ihre Liebe und Hingabe an die Familie werden mir immer Richtschnur sein; ich werde diese großartige Frau nie vergessen, die auf ihre Art so viel dazu beigetragen hat, dass ich diesem Horror entkam und zurückgekommen bin.

Ruth Weinstein, New York, im Oktober 2006

Vorwort

Geschichte vermittelt sich nicht selten in Dingen, denen wir kaum Beachtung schenken und die nur zufällig die Zeiten überdauert haben. So wäre auch die braune, verstaubte Kladde, die im Jahre 2003 bei historischen Recherchen in einem Dorf in Süddeutschland entdeckt wurde, beinahe in Vergessenheit geraten, ja sogar abhanden gekommen.

Erst auf den zweiten Blick erwies sich das etwa 20 mal 30 Zentimeter große, mehrere hundert Seiten umfassende Verzeichnis als spektakulärer Fund: Es handelt sich um das Haushaltsbuch einer deutsch-jüdischen Familie aus Berlin-Wilmersdorf, das in den schlimmsten Jahren der Hitlerdiktatur bis über das Ende des Krieges hinaus kontinuierlich geführt worden ist. Hier trug die Mutter, die zum Judentum konvertierte Elsa Chotzen, von 1937 bis 1946 auf Heller und Pfennig alle Einkünfte und Ausgaben der Familie ein. Ihr Alltag ist auf diese Weise mit allen Höhen und Tiefen genauestens protokolliert: Steigende Butterpreise sind hier ebenso auszumachen wie der Beginn der Zwangsarbeit, die Ernährungsweise und Versorgung im Krieg lassen sich rekonstruieren, die Einführung des Judensterns ist verzeichnet, Schicksalsschläge, Krankheit und Tod sind genauso nachzuvollziehen wie die (fehlgeschlagenen) Versuche, dem Regime durch Flucht zu entkommen.

Wie kaum ein anderes Dokument bietet das Haushaltsbuch damit die Möglichkeit, jüdisches Leben im Deutschland jener Zeit anschaulich zu schildern. Die mit diesem Buch vorgelegte »Chronik« beschreibt nicht nur das kaum vorstellbare Leid und die brutale Gewalt, die mit der Machtübernahme der Nationalsozialisten ins Leben einer ganz normalen deutschen Familie einbrechen. Sie erzählt auch von großen Liebesgeschichten – der Liebe einer Frau zu ihrem Mann und den Kindern, der Liebe der Söhne zu ihren jüdischen Frauen, deren Schicksal sie ohne Vorbehalt teilen. Schien es für die jungen Männer als »Halbjuden« zunächst möglich, in Nazideutschland zu überleben, geraten sie am Ende doch noch in die Maschinerie von Deportation und Vernichtung.

Der Name Chotzen war in der Geschichtsforschung der Bundesrepublik bereits vor Entdeckung des Haushaltsbuches eine feste Größe. Das Leben dieser Familie ist eine der bestdokumentierten Verfolgungsgeschichten der Nazizeit. Mehr als 1000 von ihnen selbst aufgenommene Fotografien sind überliefert – ein erstaunlicher Sonderfall, hat sich doch von Deutschen jüdischen Glaubens, die dem Holocaust zum Opfer fielen, selten mehr als eine Handvoll Bilder erhalten. Die Aufnahmen aus den Familienalben sind auch insofern eine Besonderheit, als sich darunter seltene, unter großem Risiko entstandene Bilder wie die der Brüder als Zwangsarbeiter befinden. Allesamt leidenschaftliche und gute Fotografen, widersetzten sich die Chotzen-Söhne dem Erlass von 1942, der Juden vorschrieb, ihre Kameras abzugeben. Sie fotografierten heimlich weiter, bis zu ihrer Deportation. Neben dem umfangreichen Bildmaterial und Augenzeugenberichten existieren darüber hinaus Hunderte von Postkarten und auch Briefe, die von den nach Theresienstadt und Riga deportierten Kindern an die Mutter geschickt wurden – auch ihr Erhalt ist im Haushaltsbuch vermerkt.

Für die Erforschung der Familiengeschichte, bei der trotz des vorhandenen, ungewöhnlich umfangreichen Materials noch Fragen offen sind, ist das Haushaltsbuch der Elsa Chotzen gleichsam das »Missing Link«, dazu angetan, so manche Lücke zu schließen. Jahrzehntelang bis zu ihrem Tod von der Mutter sorgfältig gehütet, gelangte es schließlich aus dem Nachlass des ältesten Sohnes – des einzigen, der den Krieg überlebte – zu Verwandten nach Süddeutschland. Der zunächst unscheinbar wirkende Gegenstand erwies sich bei näherem Hinsehen als ein vielschichtiges, überaus aussagekräftiges Unikat, das ein weiteres Fenster in die Vergangenheit öffnet – und das Nebeneinander von Banalitäten des Alltags, allgemeinen politischen Ereignissen und persönlichen Katastrophen frappierend vor Augen führt.

Ausdrücklich gedankt sei an dieser Stelle Barbara Schieb, deren detaillierte Recherchen zur Familiengeschichte der Chotzens und deren Auswertung und Transkription der vorhandenen Korrespondenz eine unerlässliche Hilfe waren.

Der größte Dank gebührt Ruth Weinstein, der jüngsten Schwiegertochter, die zu Fuß aus den Lagern zurückkam und sich nach beinahe 60 Jahren erstmals der schrecklichen Erinnerung stellte. Die hier nicht anderweitig nachgewiesenen Augenzeugenberichte basieren auf den Interviews mit ihr, die Gorch Pieken im Jahre 2004 für »Chronik eines verordneten Todes«, seinen Dokumentarfilm über die Chotzens, aufgezeichnet hat: über die Zeit, die sie als Mitglied der Familie erlebte – und über das Ghetto Theresienstadt, das Vernichtungslager Auschwitz und ihre Rückkehr nach Berlin. Die Tatsache, dass sie diesem Horror entkam, hat sie, so sagt sie im Rückblick, in entscheidendem Maße der Schwiegermutter zu verdanken, die alles in Bewegung setzte, um Kontakt zu den Kindern zu halten, die unter größten persönlichen Opfern viele Pakete und Karten in die Lager schickte und ihnen auf diese Weise die Kraft zum Durchhalten gab. So ist dieses Buch auch und vor allem als eine Hommage an Elsa Chotzen zu lesen.

Cornelia Kruse, Gorch Pieken
im Herbst 2007

37. Einnahmen August	
Seppi	85.– x
Bubi	85.– x
Erich	53.– x
Seppe	38.– x
Ulli Wirtschaftsk.	19.– x
Seppe Lohn 2/8.	6.15 x
Testkarte	1.50 x
Ulli Wochenlohn 6/8.	4.80 –
Alo 9/8.	8.– x
Ulli Wochenlohn 13/8.	4.70
Alo 16/8	12.–
Alo 23/8	12.–
Alo 30/8	12.–
Ulli Wochenlohn (bis 26/8) 30/8.	4.–
	345.15
geborgt	17.17
	362.32

Ausgaben August 37	
Miete	85.– x
Licht	X
Gas	
Kr. Kasse	8.15 x
RSO u. Ulli	6.50 x
Volkswohl	2.60 x
Israel	21.50 x
Seppe	10.– x
~~[illegible]~~	~~4.25~~
Ulli Fahrgeld 2/8	1.90 x
Vorschuss	19.72 x
Ulli Fahrgeld 9/8	1.90 x
Ulli " 29/8	1.90 x
	162.17

1.	Eis	–.20
	Kaffee u. Fahrt	1.80 x
	Toilette	–.10 x
2/	Schweinefleisch	4.20
	Wurst	–.65
	Milch	1.88
	Blumen	–.50 x
	Brot	–.56
	Brötchen	–.25
	Butter	1.60
	Gurke	–.12
	Tomaten	–.40
	Käse	–.38
	Vim	–.35
	Kartoffeln	–.70
	Torte	–.30 x
	Keks	1.–
3/	Fahrgeld	–.80 x
	Rasiercreme	1.40 x
	Gulasch	–.85
	Dergn	–.15
	Wurst	–.40
	Butter	1.57
	Kaffee	1.25
	Kartoffeln	–.70
	Tomaten	–.40
4/	Brot	–.56
	Bohnen	.50
	Butter	1.60
	Margar.	–.98
	Tomaten	–.30
	Fleisch	–.70
5/	Würfel	.10
	Brot	–.56
	Milch	–.12
	Vanzucker	–.15
	Spaghetti	–.60
	Butter	1.57
		30.25

		30.25
	Tomaten	–.35
	Wurst	–.40
	Schinken	–.90
	Würfel	–.10
	Ulli Fahrt	–.10 +
6	Brot	–.56
	Pflaumen	1.15
	Tomaten	–.30
	Wirsingkohl	–.30
	Rotkohl	–.58
	Quark	–.50
	Eier	1.20
	Butter	1.60
	Mehl	1.40
	Butter	1.60
	Fliegenfänger	–.10
	Pflaumen	20
	Sultaninen	15
	Zucker	74
	Wurst	33
	Koch-Fleisch	95
	Ulli Fahrgeld	10
7.	Eis	10
	Brot	1.68
	Milch	1.76
	Brötchen	90
	Backgeld	50
	Hefe	20
	Backpulver	10
	Schweinefleisch	3.95
	Speck	27
	Wurst	40
		53.72

27.	Fahrgeld Ulli X	-.20
	Eisdiele	1.10
	Fahrgeld	20
	Gebäck	35
	Hefe	15
	Mehl	52
	Brot	56
	Speck	60
	Würstchen	55
	Essig	50
	Kartoffeln	45
	Butter	1.20
	Zucker	74
	Van.zucker	10
	Leberwurst	47
	Margarine	98
	Wurst	36
28	Kartoffeln	45
	Gurke	55
	Rhabarber	34
	Rum	32
	Zucker	74
	Butter	1 20
	Schlagsahne	38
	Wurst	36
	Salat	60
	Ulli Fahrg. X	20
	Kaffee	1.40
	Champignon X	18
	Milch	2.06
	Käse	38
	Brot	1.12
	Brötchen	80
	Bargeld	25

	Mehl	26
	Rinderwurst	3. 35
	Schweinebauch	95
	Rückenfett	80
	Wurst	1.15
	Speck	35
30/	Fahrgeld Ulli ×	-10
	Zahnpaste ×	-25
	Brot	1. 12
	Butter	1. 20
	Wurst	- 33
	Kartoffeln	- 45
	Gurke	- 55
31/	Citrone	- 10
	Fahrgeld +	- 20
	Bratwurst	1. 45
	Wurst	- 40
	Salat	- 50
	Ata	- 12
	Essig	- 50
	Butter	1. 20
	Eier	1. 20
	Ulli Fahrgeld +	- 20
	Mutti Medizin +	- 87
	Gebäck	- 30
	Brot	- 56
	Ulli Schule +	- 15

Einnahme Juni 1938 260.45

Eppi	+	90. -
Bubi	+	85. -
Erich	+	85. -
Elternhilfe	+	19. -
Fettkarten	+	1. 50
Ulli 3/6.		10. -
Vati 4/6		38. -
		348. 50

	348.50
Ulli 10/6	7.90
Vati 11/6	38. -
Ulli 11/6 bis 23/6	15. -
Vati 18/6	38. -
Vati 21/6	5.96
Vorschuss	17.70
	471.06

Ausgaben Juni 38

Miete	+	85. -
Licht	+	7.70
Gas	+	6.35
Kr. Kasse Grünfeld 6.64 selbst 4.24		10.88
Volkswohl	+	2.60
Sepp	×	15. -
Ulli	+	9. -
Israel	+	16. -
Jüd. Hilfsverein		- 50
Vorschuss	×	65. -
Los	+	- 50
Seise f. Bubi Rest	*	3. -
Waschfrau e. Küche	+	4.25
Bading	+	1.47
Telefon 23.59	+	5. -
Ulli Fahrgeld 5/6.	+	1.80
Sepp Englisch	+	1.25
		235.30

Ein-		Juli 38.	Aus Juli 38.			
Eppi		90.–	Miete +	85.–	1. Kaffee	1.20
Bubi		85.–	Licht +	6.50	Fahrgeld +	1.00
Erich		85.–	Gas +	6.01	Mittag	1.60
Ulli	4/7.	7.50	Krk. 14.70 + – 5.05	9.65	Butter	1.20
Ulli	8/7. 11.82	11.82	Vorschuß +	17.35	Zucker	–.74
Elternhilfe		4.–	Volkswohl +	2.60	Zahnpasta +	25
Ulli	15/7.	14.14	Seppo +	10.–	Ulli Zahnbürste +	50
Fettkarten		1.50	Ulli +	9.–	Citrone	–.10
Flaschen		10	Telefon +	1.50	Van. Zucker	–.10
Vati Abo	18/7	5.90	Israel +	11.–	Mandeln	1.–
Vorschuß		130.–	Jüd. Hilfsverein +	1.–	Käse	–.22
Ulli	24/7	15.–	Los (Kinderspiel) +	–.50	Mehl	–.54
			Waschfrau + Küche +	4.25	2. Eis	10
			Bading		Schinken	55
			Ulli Fahrkarte 2/7 +	1.80	Wurst	50
			Vati Englisch +	1.25	Italiener	30
			Ulli Spanisch +	–.50	Schinken	23
			Ulli Fabrik 19/7.	3.10	Schweinefleisch	2.85
					Leber	80
					Mehl	52
					Hefe	15
					Backpulver	08
					Erdnüsse	1.05
					Butter	1.20
					Kartoffeln	90
					Speck	19
					Zucker	74
					Zusatz	24
					Salz	30
					Salat	24
					Gurke	35
					10 Eier	1.20
					Milch	2.06
					Milch	12

Ein. Dez. 1940	
7. Eppsi	25.–
6 Bubi	25.–
6 Erich	25.–
6 Ulli	25.–
13. Eppsi	25.–
Bubi	25.–
Erich	23.–
Ulli	25.–
18. Cottbus	100.–
21. Eppsi	25.–
Bubi	25.–
Erich	25.–
Ulli	30.–
27. Eppsi	25.–
Bubi	25.–
Erich	20.–
Ulli	23.–
	496.–
	36

Ausg. Dez. 1940	
Miete	85.–
Volkswohl	2.60
Krk. 9.3	12.–
Licht	15.60
Lokalanz.	3.25
	118.45

Kl. Ausg. Dez. 1940		
1. Fahrgeld		30
Vati	2.–	
3 Fahrgeld		10
Strümpfe stopf.	1.	30
Kolonialöl		70
Brennöl	1.	25
Schürze Vati		50
4. Aufschein Vati		25
Fahrgeld		20
Rolle		45
5. Frisör Mutti	2.	75
Kanne	1.	25
Ausleserin	5.–	
Vogelfutterkolben	1.	40
8 Strümpfe Alice	1.	75
Fahrgeld		15
Vati	2.–	
9 24 Ringschrauben		50
5 Hakenschrauben		25
1 Lampe 15 Watt		76
2 Sicherungen		10
Vogelsand		15
Brotpapier		30
Kerzen	1.	30
10 Zoll Budapest	1.	70
11. Strümpfe stopf.	1.	35
Fahrgeld		20
Vati Reichsversich.	4.–	
Aufpasserin	5.–	
Schuhcreme		40
12. Vogelfutter		78
Weihnachtsbaum	1.	80
Holz		98
Porto		15
	41.	27
	12.	17

Kl. Ausg. Dez. 1940		
13 Nüsse		65
Tee	2.	20
Patrizier		85
Anis		25
Klettenöl Ulli		50
Colorit + Pinsel (20 / 60)		80
14. Erich Tageszeitung	1.	41
Ingwer		30
Leukoplast		20
Hansaplast		22
16. Bading		40
13 Vati	2.–	
17 Traumaplast	1.	16
Fahrgeld		50
18 Cottbus Abtrag	–	40
Fahrgeld		20
Kirche Mutti		25
Rasierzeug Ulli		70
Parfüm	2.	75
Kerzen		50
Karamellen		35
Nagelpflege Lisa	12.–	
Heimzeit Erich	2.–	
Pfefferkuchen		85
Bonbons		42
19. Strümpfe stopfen	1.	40
Konfekt		75
3 Netze	3.	75
Parfüm	2.	75
Bierseidel	2.	50
Waschbrett	1.	95
Fahrgeld		40
Kalender		55
Ring Lisa	5.	25
	51.	16
	41.	57

17/ Huhn	1.35	Fleisch	2.35	Wurst	2.30		
19/ Milch	-.32	Wurst	3.–	Knochen	-.20		
Butter	1.80	26. Milch	-.16	Mohrrüben	4.77		
Kartoffeln	-.43	Butter	1.80	Tomaten	4.92		
Käse	-.40	Käse	-.80				
Brot	-.48	Konfekt	-.75				
Schrippen u. Kuchen	-.78	Nudeln	-.10	Einnahmen Febr.			
20. Brot	-.96	Pudding	-.16	1942			
Gebäck	-.33	Erbsen	-.21	7/ Eppi	25.–		
Wurst B.	1.55	Kaffee	1.44	Bubi	20.–		
Fett "	1.–	Kartoffeln	-.43	Ulli	25.–		
21. Milch	-.16	Zusatz	-.60	14. Eppi	25.–		
Brot	-.48	Brot	-.48	Bubi	20.–		
Gebäck	-.82	27. Brot	-.48	Ulli	25.–		
Mehl	1.50	28. Milch	-.16	21. Eppi	25.–		
Nüsse	-.38	Fleisch	-.60	Bubi	25.–		
22. Saft	2.–	Brot	-.48	Ulli	25.–		
		Brötchen	-.45				
Mandarinen	-.53	Kartoffeln B	-.35	28. Eppi	25.–		
Brot	-.48	Milch "	-.13	Bubi	22.–		
Brötchen	-.27	Butter "	-.90	Ulli	25.–		
		Milch "	-.13				
23. Milch	-.16	Käse "	-.60		287.–		
Brot	-.48	Fleisch "	2.20				
Ata	-.35	Wurst "	1.65				
		Milch "	-.13	Ausgaben Febr. 1942			
Käse B	-.70	30. Essig	-.70				
Reis	-.70	Kartoffeln	-.86				
Käse	-.44	Ata	-.12	Miete	85.–	3 Vers. Märk.	12.–
Marmelade	1.20	Kohle	-.72	Krk.		6 Urkunden	2.10
		Maggi	-.20			Flors	2.65
Butter	-.90	Brot	-.96	Zeitung	3.25	Handschuh	3.65
Kartoffeln	-.60	Brötchen	-.36	Licht	22.72	Anzeigen	9.–
24. Milch	-.50	~~Milch~~			110.97	Kranz	15.–
Kohle	1.82	31. Brot	-.96			Rabbiner	5.–
Zwiebeln	-.70	Brötchen	-.72			Hut Mutti	12.50
Brot	-.48	Backgeld	-.25			Briefmarken	5.80
Brötchen	-.72	Hefe	-.15			Friedhofskosten	8.–
						Binder Ulli	2.95
						~~[illegible]~~	~~[illegible]~~
Gebäck	2.75	Fleisch	1.90			Danksagungen	7.–

Oktober 1942

	99.51
Wurst	–.40
Knochen	–.10
24/ Käse	1,10
Kartoffeln	4.–
Mehl	–.36
Kohlrabi	1,20
Citrone	–.10
Radieschen	–.24
2 Brot	–.48
Gebäck	–.20
25/ Milch	–.15
Eis	–.35
Fleisch	1.50
Knochen	–.15
Brot	–.48
Gebäck	–.19
26/ Eis	–.65
Brot	–.96
Brötchen	–.09
Backgeld	–.65
Wurst	–.85
Essig	–.55
Kohl Exp.	–.53
Birnen	–.73
Gurke	1.12
2 Van. Z.	–.10
2 Soßen	–.20
2 Suppen	–.20
2 Brühwürfel	–.20
1 Citrone	–.10
27/ 2 Backpulver B.	.16
Spaghetti "	1,08
Gries "	–.52
Marmelade "	1.25
Butter "	–.90
Wurst "	2,28
Zucker "	–.80
Marg. "	–.98
28/ Milch	–.14
Eis	–.35
29/ Eis	–.35
Brot	–.48
Essig	–.35
	127.10

	127.10
Salz	–.30
Butter	1.76
Mehl	–.36
Eis	–.12
Kapern	–.30
Seife	–.60
Seifenpulver	1.26
Sil	–.17
Rasenbleiche	–.25
Eiersatz U.	–.75
Stohwisken "	–.35
30/ Milch	–.10
Eis	–.65
Brot	–.48
	134.55

Einnahmen Oktober 1942

3. Eppi	25.–
Ulli & Ruth	37.–
10. Eppi	25.–
Ulli & Ruth	37.–
17. Eppi	25.–
Ulli & Ruth	37.–
24. Eppi	25.–
Ulli & Ruth	37.–
31. Eppi	25.–
Ulli & Ruth	37.–
Mutti Rente	45.30
	355.30

Ausgaben Oktober 1942

Miete Warmwasser	68.70
Licht Abzug	8.40
Zeitung	3.25
Waschfrau & Küche	4.75
Krankenkasse Mutti bis 31.12	12.–
	97.10
Gas	22.54
	119.64

Kleine Ausgaben:

1/ Fahrgeld	–.20
Glühlampe 60 W	–.95
Stopfgarn	–.31
Zigaretten	1.20
3/ Seife Ruth	–.75
Glühlampe 75 W	1.25
6/ Blumen Vati	–.60
Fahrgeld	–.60
9/ Fahrgeld	–.30
Rolle	–.30
10/ Fahrgeld	–.20
Blumen	1.–
Plättwäsche	2.–
13/ Cigaretten	1.20
Fahrgeld	–.20
14/ Fahrgeld	–.25
15/ Blumen Vati	–.75
Cigaretten	1.20
Salmiakgeist	–.20
Vitrolin	–.20
Klingen	–.20
Fahrgeld	1.40
Friedhof	5.80
19/ Fahrgeld	–.20
Uhrglas Mutti	–.50
21/ Blumen Vati	–.75
Fahrgeld	–.40
Cigaretten	1.50
22/ Telefon	–.10
Fahrgeld	–.50
23/ Fahrgeld	–.30
Einschreiben R.V.A.	–.30
26/ Fahrgeld	–.70
27/ "	–.50
28/ "	–.50
Blumen Vati	–.75
Sicherungen	–.13
Frostmittel Mutti	1.20
29/ Fahrgeld	–.50
30/ Telegramm Franz	1.50
31/ Fahrgeld	–.20
Zahnpaste	–.40
	31.98

August 1943 Ausgaben

Einnahmen!

6. Eppi 25.–
13. " 25.–
20. " 25.–
27. 25.–
Mutti Rente 48.80

148.80

Ausgaben Aug 43:

Miete Postscheck 85.–
Licht 6.80
Zeitung 2.20

94.00

Kleine Ausgaben!

2/ Telefon –10
4/ Mutti Frisör 2.75
Waschpulver 1.45
Henko –20
Rasenbleiche –14
Seife –48
Creme 1.75
5/ Sofa wegschaffen 5.–
Blumen 3.–
6/ Telefon –10
9/ Porto 6 Päckchen 6 Jette Ursel 1.20
3 Kartons –54
Adressen –10
Umschläge –25
11/ Porto 2 Päckchen usw. 8 –80
Telefon Frieda Bo. –30
Fahrgeld –20
12/ Blumen Vati 1.60
Fahrgeld –80
Gießkanne borgen –30
Plattwäsche 2.–
Telefon Bo –10
13/ Telefon –10
Fahrgeld –30
14/ Fahrgeld –20
Toilette –10

23.86

23.86
16/ Fahrgeld –20
Toilette –20
17/ 5 Päckchen Porto Uli, Mutti, Ursel, Renate, Jette 2.–
Fahrgeld 11 –30
6 Kartons –99
20/ Fahrgeld –80
Blumen Vati 2.24
Romanheft –30
Vogelfutter –50
Kartons 1.50
dto 1.–
23/ Porto Ph. 16 2.–
Fahrgeld 1.–

36.89
30/ Porto Ph. 21 2.–

38.89

2/ Milch –20
Kartoffeln 1.10
Butter –96
Kaffee –45
Keks –70
3/ Gabelbissen –50
4/ Milch –20
Brot –48
Mehl –48
Bier 1.25
Wurst –64
Zwiebeln –25
5/ Gurke –40
Fleisch –50
Brötchen –12
6/ Brötchen –12
Backgeld –20
Milch –20
7/ Eis 2.20
Milch –20
Brot –48
Wurst 1.30
Quark –20
Tomaten –45
Bohnen –44
Gurken –39
Kuchen –38
8/ Bo 12.41
9/ Milch –20
10/ Butter –90
Essig –35
Brot –48
11/ Milch –20
Fleisch –45
12/ Brot –48
Mehl –72
Brötchen –09
Keks –50
Bonbon –25
13/ Brötchen –06
Topfe –15
Bohnen –68
14/ Milch –20
Brot –48
Fleisch –80
Eis 2.20
Bo 9.45

45.67

D

März 1944 Ausgaben:

Einnahmen:

3.	Eppis	30.–
10.	"	30.–
17.	"	30.–
24.		30.–
31.		
Mittel Rente		64.50

Ausgaben März 1944.

Miete d. Postscheck	85.–
Zeitung	2.50
Licht	44.–
	131.50

Kleine Ausgaben:

1/ Fahrgeld	–30
Futter Peter	–15
2/ Porto Ph. Bubi, Ulli, Lissie, Klara, Lisa, Ruth (118)	2.40
	1.20
4/ Klingen	
Wybert	–45
7/ Kohle	2.45
Cigaretten	–30
9/ Porto Ph. Bubi Ulli	1.70
(124) Lisa Ruth	–80
Kohletack.	–75
Haarnadeln	–40
Stricknadeln	–25
13/ Strickwolle	7.14
Telefon m/ Spinpapier	–80
15/ Friseur Ruth	3.85
Kartons Ph.	–65
Papier "	–80
Schrankpapier	–45
Clospapier	–60
Packpapier	–50
Messing Leiste Wo.	5.–
Porto Ph. Lisa Ruth	–80
(124)	29.94

	29.94
16/ Porto Ph. Bubi Ulli (128) Lissie Klara	3.–
20/ Wybert Ph.	1.80
Clospapier	–40
Schuhcreme	–35
Dieselwerungen	–90
Cigaretten	–95
23/ Porto Ph. Bubi Ulli Lisa Ruth (134) Lissie Klara	3.–
Postkarten	–60
Kartons	1.–
Bullrich Salz	–16
Haarwaschpulver Ph	–50
Puder Zahnseife	–99
Fahrgeld	–20
27/ Kohle	3.–
28/ Fahrgeld	–20
Cigaretten	–50
29/ Fahrgeld	–20
30/ Fahrgeld	–20
Porto Ph. Bubi Ulli (138) Lisa, Ruth	2.50
Rollmanzünder	–40
Kartons Ph.	4.–
	51.79

1.	Milch	–45
	Brot	–48
	Brötchen	–18
	Mehl	–72
	Kohl	–38
	Butter	–90
	Eier	–38
	Salz	–14
	Ata	–12
2/	Brötchen	–06
3/	Brötchen	–06
	Brot	–48
	Backgeld	–40
	Marg.	–49
	Sauerkohl	–40
	Milch	–60
4/	Brötchen	–30
	Fleisch	3.20
	Wurst	–70
6/	Milch	–30
	Keks Ph.	4.20
	Brote "	1.02
	Kartoffeln	–38
	Kaffee	–46
	Marg.	–80
	Gries	–34
	Nudeln	–47
	Zucker	–53
	Eier	–25
	Butter	–90
	Oel	–24
7/	Backpulver	1.–
8/	Milch	–35
	Brötchen	–48
	Weißbrot	–38
	Suppenwürze	1.50
	Wurst	2.16
	Maizena	–35
9/	Fleisch	–55
	"	1.80
10/	Milch	–50
	Brötchen	–12
	Backgeld	–40
	Butter	–90
	Marg.	–87
		31.81

Juli 1945

Ausgaben:

Miete

Ausgaben:

3/	Fahrgeld	1.60
	Vatis Grab	36.80
5/	Zeitung	– 20
6/	"	– 20
	Seife, Ata	– 25
10/	Zeitung	– 20
16/	Zeitung	– 20
17/	Zeitung	– 20
	Ata, Imi, Soda	– 45
24/	Zeitung	– 20
	Mutti Kleid Arbeitslohn	10. –
25/	Zeitung	– 20
26/	flüssige Seife	– 75
	Mutti Frisör	2.50
	Kino	1. –
26/	Rolle	– 15
27/	Zeitung	– 20
	Schränke i. Wohnung bringen Reinhold	20. –
28/	Frisör	– 95
	Kino	2.20
	Kostüm Mutti	100. –
30/	Zeitung	– 40
31/	Kino	2. –
		180.65

Einnahmen:

2/	Kaffeeersatz	– 36
3/	Brote	1.30
	Brötchen	– 18
	Stachelbeeren	1.60
5/	Brot	– 65
	Zucker u. Kaffeeersatz	– 74
6/	Brot	– 50
	Mehl, Trockenkartoffel	1.06
	Fleisch u. Knochen	– 80
7/	Brot	– 65
	Fleisch-Wurst	4.20
9/	Brot	– 65
	Zucker	– 74
10/	~~Gemüse~~ Mohrrüben	11.75
	Brot	– 68
	Wirsingkohl	1.45
	Schnittlauch	– 40
	Kartoffeln	– 42
12/	Salat	1. –
11/	Brot	– 68
13/	Kohlrabi	3. –
14/	Brote	1.26
	Backgeld	– 20
15/	Fleisch	2.20
16/	Butterschmalz	3.56
	Kaffee	– 46
18/	Mehl	– 63
	Brot	– 68
	Salzkuchen	– 30
19/	Brote	1.36
20/	Brote	1.3[illegible]
21/	Fleisch	3.30
	Brot	– 68
	Backgeld	– 25
24/	Trockenkartoffeln	– 34
	Kartoffelmehl	– 24
	Streichhölzer	– 12
25/	Kaffee	1.46
		51.27

16/	Brote	– 96
	Butter	– 90
	Kartoffeln	– 54
17/	Brötchen	– 12
18/	Brötchen	– 18
	Eier	– 66
19/	Brötchen	– 42
	Brot	– 48
20/	Brötchen	– 12
	Milch	– 30
	Butter	– 90
	Kartoffeln	– 34
21/	Milch	– 15
	Brötchen	– 48
	Brot	– 48
	Obst	– 32
	Backgeld	– 45
	Fleisch u. Wurst	3.40
22/	Fleisch	4.20
	Brote	– 96
	Brötchen	– 18
	2 Weißbrote	– 70
23/	Milch	– 16
	Hühne	7.13
24/	Seife	– 16
	Fleisch	4.60
	Wein	3. –
	Brote	1.12
	Brötchen	– 09

Einnahmen Juli 45

1/	Ruth u. Karla	40. –
8/	" "	40. –
15/	Ruth	
22/		35. –
29/		
	Muttis Rente	35. –
		150. –

Februar 1946

Einnahmen:

Ruth	100.–
Mutti Rente & Mietzins	75.–
Verkauf v. Bubis Oberh.	400.–
Opfer d. Faschismus	450.–
Verkauf v. Knirps	200.–
	1225.–

Ausgaben Febr. 1946

Miete	70.75
Licht	7.36
Zeitung m/ Trinkgeld	4.–
7/ Wäsche	10.35
Strümpfe	7.–
11/ Fahrgeld	–60
12/ Fahrgeld	–40
13/ Fahrgeld	–80
14/ Mutti Friseur	2.75
Bücher leihen	1.20
16/ Fotos ~~Ruth~~ Ulli	25.–
19/ Kohle	200.–
Waschpulver	36.90
Brille Mutti	13.60
~~20~~/ Fahrgeld	–40
Brotpapier	1.–
20/ Seife Ata	10.–
Holz	22.–
Fotos Bubi	24.–
25/ Holz hacken	25.–
Kino	1.10
Bücher leihen	1.60
	465.81

Ausgaben:

1. Wurst	1.55
Citr. Aroma	5.–
Maggi	2.–
Kaffeeersatz	–20
Brote	1.04
Hefe	–20
3/ Zucker	100.–
4/ Wurst	–65
Mehl	–60
Keks	1.80
Marg.	–80
Nudeln	–35
6/ Brote	1.56
Fleisch	1.80
8/ Brote	1.04
Hefe	–20
9/ Zucker	–70
Pumpernickel	–60
Keks	1.95
11/ Brote	1.04
12/ Keks	1.95
Kaffee	1.60
Butter	2.04
	128.67

	128.67
13/ Senf	1.50
14/ Brot	1.04
16/ Hefe	–15
Brote	1.04
Backgeld	–25
19/ Brote	1.04
21/ Mittag	1.20
23/ Mittag	2.20
25/ Mittag	1.20
Brote	1.04
Hefe	–10
Backgeld	–25
Marg.	–70
Essig	–55
Zucker	–20
Bonbon	–35
Pumpernickel	–30
26/ Brote	1.04
Mittag	2.–
28/ Mittag	2.–
Wurst	3.20
Fleisch	1.–
	151.12
	465.81
	616.93

…/8
23/8 12.–
30/8 12.–
(Mi 29/8) 4.–
Wochenlohn 30/8.

345.15
…orgt 17.17
362.32

…gaben August 37
85.– x
…iete
…ücht
Gas
8.15 x
Kr. Kasse
6.50 x
BSO + Ulli
2.60 x
Volkswohl
21.50 x
Israel
10.– x
Schaf…
~~… 4.25~~
Ulli Fahrgeld 2/8 1.90 x
Vorschuss 19.72 x
Ulli Fahrgeld 9/8 1.90 x
Ulli " 9?/8 1.90 x

… –50 x
Torte
Keks 1.–

3/ Fahrgeld –80 x
Rasiercreme 1.40 x
Gulasch –85
Dergn –15
Wurst –40
Butter 1.57
Kaffee 1.25
Kartoffeln –70
Tomaten –40

4/ Brot –56
Bohnen 50
Butter 1.60
Margar. –98
Tomaten –30
Fleisch –70
Würfel 10
5/ Brot –56
Milch –12
Vanzucker –15

Eier
Butter
Mehl
Butter
Fliegen…
Pflaum…
Butter
Zucker
Wurst
Kub. Fleisch
Ulli Fahrg…
7. Ei
Brot
Milch
Brot
Ban…
Hefe
Ban…
Schwei…

1 Anfänge

Die Chotzens sind eine bekannte Familie in ihrer Straße in Berlin-Wilmersdorf. Die vier Söhne, blond und gut aussehend, sind der ganze Stolz ihrer Eltern, Elsa und Josef Chotzen. Der Sohn eines Rabbiners und die Tochter eines protestantischen Bauern sind seit drei Jahrzehnten ein Paar und halten unverbrüchlich zusammen. Hier in der Johannisberger Straße verleben die Söhne eine weitgehend sorglose, glückliche Kindheit, spielen und toben mit Nachbarskindern am Heidelberger Platz und im nahe gelegenen Wäldchen – dieses Gebiet, das sich in jenen Jahren noch am äußeren Stadtrand befindet, wird erst nach und nach bebaut.[1]

Ulli (l.) und Erich, die beiden jüngsten Chotzen-Söhne, mit Akkordeon und Mandoline

Vor allem aber treiben die Jungen Sport, und das von Kindesbeinen an: Schon als Erstklässler sind sie täglich beim Training im BSV 1892, dem renommiertesten und ältesten Sportverein Berlins, der zum zweiten Zuhause wird. Sie spielen Hockey, Handball und Fußball, sie nehmen teil an Meisterschaften, holen Siege im Staffellauf. Mit ihren Erfolgen auf diesem Gebiet machen sie weithin von sich reden. Von ihren Eltern in jeder Hinsicht gefördert, haben sie alles, was Jugendliche sich damals, Anfang der dreißiger Jahre, nur irgend wünschen können. Sie besuchen höhere Schulen, lernen Musikinstrumente, sind allgemein beliebt. Abneigung oder Feindseligkeit vonseiten ihrer Umgebung sind ihnen gänzlich fremd.[2]

In den Schoß war den Eltern dieses gefestigte, bürgerlich-beschauliche Leben beileibe nicht gefallen. Nur unter enormen persönlichen Opfern und gegen den erbitterten Widerstand beider Familien war die Ehe zustande gekommen: Zu groß waren die gegenseitigen Vorbehalte und Vorurteile gewesen, als dass man die Verbindung gleich gutgeheißen hätte – umso mehr, als Elsa, erst 20-jährig, schon bald ein Kind erwartet; es wird unehelich geboren. Doch so überzeugt steht sie zu Josef, ihrer »großen, einzigen, unerschütterlichen Liebe«, dass schließlich die Hürden fallen. »Sie hat sich durch Beharrlichkeit endlich nicht nur die Achtung, sondern auch die Liebe der ganzen

Jugend-Mitgliedskarte

Jahr ... für ... Nr. ...

Wohnung ...

Geburtstag ...

Berliner Sport-Verein 1892 E. V.

Der Vorstand:

Mitgliedskarte BSV 1892

Josef Chotzens Wäschegeschäft

Beim Staffellauf durch Wilmersdorf: Erich übergibt Ulli den Stab, 1931

Erich, Bubi, Ulli und Eppi Chotzen (v. l. n. r.)

Familie errungen.« Wer das berichtet, muss es wissen: Es ist der älteste Sohn, Joseph oder auch Eppi, wie er sich selbst vom Kleinkindalter an nennt. Als seine Eltern sich 1914 endlich das Jawort geben, ist er bereits sieben Jahre alt; bis dahin ist er bei den Eltern der Mutter in Cottbus aufgewachsen. Nun aber ist die Basis für ein Familienleben gegeben: Mit einem Geschäft für »Wäsche-Ausstattungen« hat sich der junge Vater inzwischen eine kleine Existenz aufgebaut; Ende der zwanziger Jahre wird er in eine gut bezahlte Anstellung wechseln. Vom Bezirk Prenzlauer Berg im Nordosten Berlins ziehen Elsa, Josef und Eppi in den Westen nach Wilmersdorf, und in den nächsten Jahren kommen hier drei weitere Kinder zur Welt: Hugo-Kurt, den alle nur Bubi nennen, wird 1915 geboren, zwei Jahre später dann Erich, 1920 schließlich der Jüngste, Ullrich, von allen Ulli gerufen.

In Fragen der Religion sind die Eltern liberal und weitgehend säkularisiert – jüdische und christliche Feiertage werden gleichermaßen gefeiert, doch Kirchen- oder Synagogenbesuche finden in der Regel nicht statt. »Besonders ›religiöse‹ Phasen hatten wir alle vier [...] wohl nur in sehr jungen Jahren«, berich-

Elsa mit Eppi, um 1913

Die Familie wächst: Elsa und Josef mit Eppi, Erich und Bubi, 1919

tet der Älteste später, doch ihr Judentum zu verstecken, daran hätten sie niemals gedacht. Es geht den Eltern vor allem darum, ihre Söhne zu selbständig denkenden Menschen zu erziehen und ihnen die Werte weiterzugeben, die für sie selbst wichtig sind: Das sind in erster Linie Toleranz und ein ausgeprägter Gerechtigkeitssinn, auch und gerade, als die Zeiten immer schwieriger werden. Öffentliche Ereignisse und Entscheidungen der Regierung werden schon in der Weimarer Republik aufmerksam verfolgt und im Familienkreis diskutiert. Besonders Eppi erinnert sich lebhaft an politische Streitgespräche, die er zeit seines Lebens mit der Mutter führt, an ihren wachen Verstand. Auch der Vater hält alle Söhne dazu an, ihren Standpunkt stets zu vertreten. Im Gegensatz zu seiner Frau lässt er sich auf lange Dispute nicht ein, gibt aber, wenn er es für nötig hält, »dringende Empfehlungen« ab.

Es ist ein glückliches Elternhaus, das von herzlicher Zuneigung, Fürsorge und Fröhlichkeit geprägt ist – und von gegenseitigem Verständnis. Etwas Besonderes für jene Zeit ist das Gefühl, das Elsa und Josef jedem einzelnen Kind vermitteln, nicht nur geborgen zu sein, sondern auch – und genauso wichtig –

Nesthäkchen Ulli, Ende der zwanziger Jahre

Familie Chotzen am Heidelberger Platz, Anfang der zwanziger Jahre

stets ernst genommen zu werden. »Die Mutter war es«, wird eine Schwiegertochter später berichten, »die alle mit großer Liebe und Zuneigung umsorgte. Offen und warm gegenüber anderen Menschen, tat sie niemals jemandem Unrecht. Sie war der Mittelpunkt der Familie.« Ihre ganze Liebe und Kraft gehört den Kindern und ihrem Mann.

Eine vielversprechende Zukunft scheint den Chotzen-Söhnen gewiss, als ihre Landsleute sich plötzlich darauf besinnen, dass sie aufgrund ihrer jüdischen Herkunft »anders« sind als die anderen Deutschen. Und diese beginnen, sie als Juden zu meiden, auf Abstand zu ihnen zu gehen. Ausgrenzung und Verfolgung werden bald zur bitteren Wirklichkeit.

Beim Sonntagsspaziergang, 1932

Über Nacht geschieht dies nicht; Braunhemden mit Hakenkreuzfahnen ziehen seit geraumer Zeit durch die Straßen, und auch antijüdische Parolen sind schon verbreitet, bevor sich Adolf Hitler am Abend des 30. Januar 1933 mit einem martialischen Fackelzug als Reichskanzler feiern lässt. »Die gesamte Atmosphäre«, bestätigt später auch Eppi, »ließ sehr deutlich werden, was sich da [...] zusammenbraute. Und als um 1933 das erste Mal bewusst geflaggt wurde, gab es in der Johannisberger Straße nur wenige Lücken, die ohne Hakenkreuzfahne waren.« Überraschend ist wohl aber das Tempo, in dem die neue Regierung die Diktatur etabliert – und sich dabei stets noch den Anschein gibt, »verfassungsmäßig« zu handeln. Frappierend auch, mit welch offener Brutalität sie ihre »Feinde« bekämpft, und das sind neben politischen Geg-

Nach der Machtergreifung: beflaggte Geschäftsstraße in Berlin

nern diejenigen Minderheiten, die gemäß ihrer Ideologie dem »arischen Menschenbild« nicht entsprechen. »Der Jude« wird bald zum Sündenbock für jeden erdenklichen Missstand, und das Regime lässt keinen Zweifel, welches Ziel es anstrebt: jüdische Deutsche aus der Gesellschaft nach und nach auszusondern, durch Boykotte, durch propagandistische Hetze, später auch durch brachiale Gewalt. An die 2000 gegen Juden gerichtete Verordnungen und Gesetze werden im Laufe der Zeit erlassen, die Willkürakte zu legitimieren. Der »Arierparagraph«, der schon im Jahr der Machtübernahme mehrfach zur Anwendung kommt, wird zum Instrument für den unerbittlichen Ausschluss von »Nichtariern« aus einem (schnell breiter werdenden) Spektrum von Organisationen, Berufen, Verbänden, angefangen mit dem öffentlichen Dienst,

Boykott jüdischer Geschäfte am 1. April 1933

gefolgt von Presseberufen. Bald wird auch jüdische Kultur als »undeutsch« verunglimpft werden. »Arisierungen«, die (zunächst) illegale, aber staatlich geduldete Einziehung jüdischen Eigentums, tun ein Übriges, die Bürger jüdischen Glaubens in die Isolation zu drängen; später wird sich dies ausweiten bis hin zur totalen Enteignung.

Mit der Verkündung der »Nürnberger Rassegesetze« auf dem »Reichsparteitag der Freiheit« im September 1935 werden Juden endgültig zu Menschen zweiter Klasse gestempelt: Um »die deutsche Nation für alle Zukunft zu sichern«, verbietet das »Blutschutzgesetz« Eheschließungen zwischen Nichtjuden und Juden und stellt deren als »Rassenschande« bewerteten Geschlechtsverkehr unter Strafe. Das »Reichsbürgergesetz« definiert sie – im Gegensatz zu

Rassistische Klassifizierung: die »Nürnberger Rassengesetze« von 1935

»arischen« Vollbürgern »deutschen oder artverwandten Blutes« – als »Staatsangehörige« ohne jedes politische Recht. Überdies wird genau geregelt, wer als »Volljude« zu gelten habe, wer als »Mischling«, wobei wiederum differenziert wird, ob 1. oder 2. Grades.[3] Der von Elsa mit ihrer Heirat gefasste Entschluss, zum Judentum zu konvertieren, erweist sich in diesem Kontext für die Söhne als folgenschwer; da die ganze Familie der jüdischen Gemeinde angehört, werden Eppi, Bubi, Erich und Ulli als »Geltungsjuden« klassifiziert, als »Mischlinge« mithin, die zur jüdischen Seite gezählt werden und für die somit keinerlei Vergünstigung gilt. Das ist umso absurder, als die »Rasse« hier über die Religionszugehörigkeit definiert wird, obwohl doch die NS-Ideologen immer wieder betonen, beides habe nichts miteinander zu tun. Hätte sich das Ehepaar Chotzen für den christlichen oder gar keinen Glauben entschieden, wären die vier Brüder als »Mischlinge 1. Grades« eingeordnet worden – die Chance zu überleben hätte dies ohne Zweifel erhöht.[4]

Eppi während seiner Lehrzeit in Gera, um 1925

Die Auswirkungen des veränderten politischen Klimas hatte die ganze Familie freilich schon früher zu spüren bekommen: Eppi, nach einer Ausbildung in Gera in den zwanziger Jahren Textilfachmann mit Ambitionen, wird aufgrund seiner Aktivitäten in der Gewerkschaft gleich im Februar 1933 von seinem Betrieb, dem Seidenhaus Michels, gedrängt, die Kündigung einzureichen – seit seiner Lehrzeit politisch engagiert, beobachtet er den Aufstieg der Nationalsozialisten von Beginn an mit Skepsis und Sorge. Wie bedrohlich eng verknüpft politisches Wohlverhalten und das Recht auf Karriere im neuen NS-Staat sind, wird ihm, dem nach eigener Auskunft »radikal Andersdenkenden«, sofort überdeutlich. Noch im selben Jahr wird er verhaftet und im Columbia-Haus in der Fidicinstraße in Kreuzberg, dem berüchtigten Gestapo-Gefängnis, tagelang festgesetzt. Zwar selbst nicht physisch misshandelt, wird er dort jedoch Zeuge, wie die neuen Machthaber mit politischen Gegnern umspringen. Die Schreie seiner Zellennachbarn, gibt er später zu Protokoll, hallen ihm noch nach Jahrzehnten im Ohr. Da man ihm nichts nachweisen kann, kommt er mit dem Schrecken davon und wird auf freien Fuß gesetzt. Seine illegale politische Arbeit – die Verbreitung regimekritischer Schriften – setzt er unter großer Gefahr weiter fort, bis er sie drei Jahre später resigniert einstellen wird. Eine adäquate Beschäftigung findet er nicht mehr, er muss sich von nun an als »Aushilfsarbeiter« durchschlagen, verdingt sich später als Lagerist, ist immer wieder zum Arbeitsplatzwechsel gezwungen. Das ist schon deshalb zusehends schwierig, weil viele Firmen sich weigern,

Eppis große Liebe: Božka

Erich, Anfang der dreißiger Jahre

überhaupt noch Juden einzustellen.[5] Kraft gibt ihm die ganze Zeit über seine große Liebe Božka, mit der er schon seit mehreren Jahren liiert ist. Tschechischer Herkunft und als Wirtschafterin in Diplomatenhaushalten tätig, wird sie für die Chotzen-Familie schon bald unersetzlich werden.

Auch Erich, Jahrgang 1917, dem Zweitjüngsten und »Denker in der Familie«, wie Eppi später erzählt, wird – trotz guter Leistungen – allein seiner Abstammung wegen von seinen Lehrern nahegelegt, das Gymnasium zu verlassen.[6] Den 16-Jährigen, sensibel, begabt, belesen und ein analytischer Kopf, der ohne Zweifel das Abitur und ein späteres Studium anstrebte, holt dies mit aller Härte auf den Boden der Realität. Über die Ziele der Nationalsozialisten hat auch er keinen Zweifel mehr. Er beginnt eine Lehre bei der Firma Blum & Co. im Stadtteil Mitte am Hausvogteiplatz, dem vorwiegend jüdischen Zentrum der Berliner Textilwirtschaft. Nach der »Arisierung« des Unternehmens muss er sich in den nächsten Jahren gleich mehrmals neu orientieren, arbeitet dann als Verkäufer, bis jeweils auch der nächste Betrieb »arisiert« wird. Bubi, der die Schule offenbar schon vor 1933 abgeschlossen hat, bleibt zunächst weitgehend unbehelligt – er arbeitet seit seiner Lehre bei der Textilfirma Berglas, die sich ebenfalls am Hausvogteiplatz befindet. Er hat allerdings auf schmerzliche Weise bereits zu spüren bekommen, wie weit der Arm der neuen Regierung auch ins Private reicht: Seine erste Liebe, Hilde, hat sich, wohl infolge der »Rassegesetze«, nach drei Jahren von ihm getrennt. Sein großer Traum, Sportlehrer zu werden, wird sich bald genauso zerschlagen wie der des jüngsten Bruders Ulli, seine Ausbildung im Tiefbau zu beenden und dann studieren zu können. Den »Ariernachweis«, der dazu notwendig wäre, können sie nicht erbringen.[7]

»Die Penne« betitelte Erich dieses Foto seiner Schule, des Heinrich-von-Kleist-Realgymnasiums, um 1933

Von Anfang an besonders hart trifft es Vater Josef, der, zurückhaltend und stets extrem pflichtbewusst, sein Leben lang hart gearbeitet hat: »Mein Ehemann war zu Beginn des Naziregimes als Einkäufer und Abteilungsleiter bei der Mitteldeutschen-Textil-Einkaufsgesellschaft [Mitex] schon mehrere Jahre tätig (seit 1929)«, berichtet seine Ehefrau später. Da ein Teil der Gesellschafter und der größte Teil des Personals nicht wie er Juden waren, begannen, wie sie sich erinnert, nur zu bald die Schikanen. Auch die längst fällige Gehaltserhöhung enthält man ihm dauerhaft vor. »Aufgrund der laufenden Diffamierungen hatte mein Mann mehrere Nervenzusammenbrüche, und als er im Sommer 1935 sehr stark Ischias hatte und sich kaum bewegen konnte, wagte er es nicht sich krank schreiben zu lassen, um sich die Stellung zu erhalten. Anfang 1936 wurden dann alle jüdischen Angestellten, darunter auch mein

Josef Chotzen (l.) im Büro bei der Mitex, um 1929

Bubis Jugendliebe Hilde, Anfang der dreißiger Jahre

Mann, gekündigt.«[8] »Die Entlassung erfolgt«, so heißt es im Zeugnis lapidar, »um unseren Betrieb arisch zu gestalten.« Mit nur 53 Jahren steht Josef Chotzen vor dem beruflichen Aus. Wie sehr ihn das belastet, ist unschwer zu ermessen. Kurz zuvor war er an einer schweren Beinrose erkrankt, die er niemals ganz würde auskurieren können.

Welchen Betrag er genau bis zu dieser Zeit im Monat nach Hause brachte, lässt sich nicht mit Bestimmtheit sagen. Im sorgfältig ausbalancierten Familienbudget aber macht sich der geschilderte Einschnitt sicher dramatisch bemerkbar. Die Söhne verdienen im folgenden Jahr zwischen 80 und 100 Mark. Da der Vater in der Betriebshierarchie lange Zeit höher stand als sie, die Berufsanfänger, wird sein Einkommen bis zu seiner Entlassung wohl deutlich höher gelegen haben.[9]

Um der sich stetig verändernden Lage auch künftig gewachsen zu sein, beginnt seine Frau nicht lange nach der Kündigung ihres Mannes, ein Haushaltsbuch zu führen. In diese großformatige, braunmelierte Kladde wird »Mutti«, wie sie sich selbst dort nennt, jeden Einzelbetrag, jeden Pfennig, den sie ausgibt, genauestens notieren, Tag für Tag, sorgfältig und mit Bleistift, über neun lange Jahre hinweg.

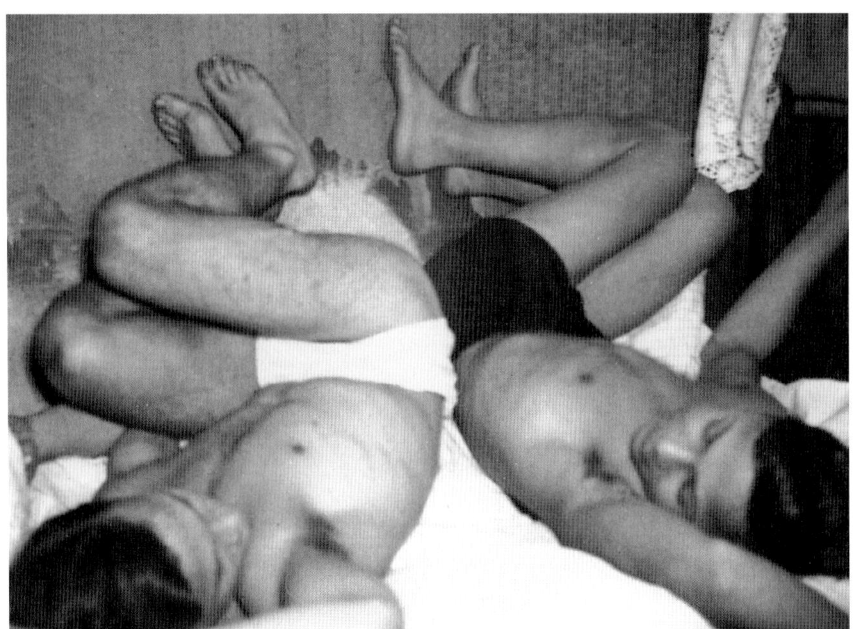

Bubi (l.) und Erich zu Hause in der Johannisberger Straße 3, Mitte der dreißiger Jahre

Am Monatsanfang sind zunächst die Einnahmen verzeichnet, aufgeschlüsselt nach den Einkünften jedes Familienmitglieds. Die Ausgaben sind gestaffelt. Zunächst führt Elsa jeweils die monatlichen Festkosten an: Miete, Licht und Gas, Krankenkasse und Zeitung; die Feuerversicherung wird immer für ein Jahr im Voraus bezahlt. Vor Kriegsausbruch versucht sie zudem jeden Monat ihr Glück mit einem Los bei der Reichslotterie. Was sie beim Anblick des Hakenkreuzes, das groß darauf abgedruckt ist, jeweils gedacht haben mag, wird nur sie selber wissen.

Anschließend listet sie, rubriziert als »Kleine Ausgaben«, die Tageseinkäufe auf: Lebensmittel, Putzutensilien und was sie sonst im Haushalt noch braucht, oft auch Geschenke und Blumen. Jedes Alltagsdetail, jedes Telefonat ist ebenso vermerkt wie Fahrgeld für U- und Straßenbahn, Briefmarken mit dem jeweiligen Adressaten sowie kleine Extravaganzen – (seltene) Restaurantbesuche oder ein edles Kleidungsstück.

Nicht alle Einträge, die sie vornimmt, sind vollends zu entschlüsseln, das wird sich im Laufe der Geschichte, die hier chronologisch erzählt wird, an einigen Stellen zeigen. Darüber etwa, was sich hinter »Volkswohl« verbirgt, kann nur gemutmaßt werden: Monatlich verbucht Elsa Chotzen darunter Kosten in Höhe von 2,60 Mark. Das könnte ganz banal ein Versicherungsbeitrag sein – ein Versicherungsverein gleichen Namens existierte auch damals schon.[10] Es besteht allerdings auch die Möglichkeit, dass der Posten auf eine Mitgliedschaft in der NSV verweist, der Nationalsozialistischen Volkswohlfahrt. Die sich gemeinnützig gebende Organisation, mit zeitweise 17 Millionen Mitgliedern die größte im NS-Staat, war populär, da scheinbar ideologiefern, weshalb ein Beitritt für viele regimekritisch Eingestellte als akzeptabel galt.[11] Als »Arierin« dazu durchaus berechtigt, könnte Elsa diesen Schritt vielleicht in dem Glauben getan haben, mit ihrer Familie gegen weitere Restriktionen etwas besser geschützt zu sein.

Auch ob die Chotzens, die keinerlei Vermögen besitzen, über ein Konto verfügten, ist bislang nicht aufzuklären – entsprechende Unterlagen wurden jedenfalls nicht gefunden. Das Haushaltsbuch gibt darüber ebenfalls keinerlei Aufschluss. Dank Elsas Umsicht kommt die Familie recht lange gerade so über die Runden, vielleicht haben sie auch »Notreserven« im sprichwörtlichen Strumpf; der Eintrag »zugelegt«, den die Mutter mitunter bei den Einnahmen vermerkt, legt diesen Schluss nahe. Dann, als die Zeiten schlimmer werden, macht sie bei den Menschen Schulden, denen sie noch vertrauen kann. Sie ist Sachwalterin des Budgets, lässt anschreiben, begleicht Außenstände, spart auf nötige Ausgaben hin. Hatte sie schon seit den schwierigen Zeiten vor ihrer Eheschließung in beeindruckender Weise gezeigt, welch besonderes Maß an Duldsamkeit, Integrität und Charakterfestigkeit sie besaß, so stellt sie diese Eigenschaften nun mehr denn je unter Beweis. Darüber hinaus legt sie ein Durchhaltevermögen und eine Willensstärke an den Tag, die, wie sich zeigen wird, ihresgleichen suchen.

Zunächst ist das Haushaltsbuch vor allem ein Spiegel des Bemühens um Aufrechterhaltung einer bürgerlichen Ordnung, die nach außen hin noch intakt scheint, in ihren Grundfesten 1937, als Elsa mit den Notizen beginnt, aber schon erschüttert ist. Mit den Jahren wird das Buch aber auch Dokument

»Papas Siegesallee« nannten die Söhne diese 1930, 1933 und 1936 entstandene Serie des Vaters. Der Name bezieht sich auf die gleichnamige Straße im Berliner Tiergarten, die von Statuen ruhmreicher preußischer Generäle gesäumt war.

Karneval mit Kollegen in glücklichen Zeiten. Josef (3. v. l.) und Elsa Chotzen (Mitte) sind in der hinteren Reihe zu erkennen, 30. Januar 1932.

des verzweifelten Kampfes einer Mutter um ihre Kinder, die das totalitäre System tagtäglich mehr in die Enge treibt. Wie ein Logbuch führt es durch die Familiengeschichte, ist Tagebuch, Bilderbogen und Zeitdokument in einem. Und es ist das beeindruckende Zeugnis des geistigen Überlebenswillens einer Frau, die unter schwierigsten Umständen nicht aufzugeben bereit ist: Stück für Stück geht eine Welt entzwei, doch ihre Buchführung setzt niemals aus.

1 »Die Johannisberger Straße war sozusagen ›meine Straße‹, die Anfang der zwanziger Jahre auf der einen Seite, unserer Häuserzeile gegenüber, noch Getreide- und Kartoffelfelder hatte und sonst noch unbebaut war. Von der ersten Querstraße, der Nauheimer Straße, bis zum Breitenbachplatz war sie nur zum Teil Ackerland, sonst Brach- oder Laubenland. Die Trasse hatte zwar Kanalisationsschächte, wie ich mich

erinnere, aber bis zum Breitenbachplatz gab es nur Trampelpfade. An der Stelle der jetzigen Lindenkirche stand ein Wäldchen, zwischen dessen Bäumen wir gern tobten oder [...] Fußball spielten. An der Westseite dort war schon die noch jetzt vorhandene Villa, von allen ›Hodicks-Villa‹ genannt (sicherlich nach dem Inhaber). Davor hängten Hausfrauen der Umgebung ihre Wäsche auf oder legten sie ins Gras.« So der älteste Sohn Eppi Chotzen in seinen Erinnerungen *Die Endlösung hat uns eingeholt*, Berlin 1983, S. 27f. Das Manuskript wurde in weiten Teilen abgedruckt bei Barbara Schieb, *Nachricht von Chotzen*, Berlin 2000.

2 »Ich kann mich bis zur Nazizeit keiner Besonderheit im Umgang mit unserer Nachbarschaft erinnern, die auch nur den Hauch von Feindseligkeit oder gezeigter Abneigung gehabt hätte«, wird Eppi später berichten. Alle im Folgenden geschilderten Eindrücke, die Familie betreffend, beziehen sich, so nicht weiter konkretisiert, auf seine Aussagen.

3 Da er »von mindestens drei der Rasse nach volljüdischen Großeltern abstammte«, wird Vater Josef als »Volljude« klassifiziert. Als »jüdischer Mischling« gilt, wer ein oder zwei »der Rasse nach volljüdische« Großelternteile hat.

4 Vgl. Schieb, a.a.O., S. 72.

5 »Nach vielen Bemühungen war ich ab 16.3.36 in schlecht bezahlten Stellungen als Lagerist tätig; zuerst bis 30.6. bei der Textilimportfirma E. Stier und anschließend bis 30.6.38 bei dem Futterstoffgrossisten D. Baumann. Als diese jüdische Firma mich nicht mehr weiterbeschäftigen konnte, versuchte ich als Arbeiter bei der Brunnenbaufirma Fr. Rutzen Fuß zu fassen.« So in Eppis Erinnerungen, Typoskript, zit. bei Schieb, a.a.O., S. 67.

6 Schieb, a.a.O., S. 65.

7 »Die Prüfungskandidaten müssen den Nachweis ihrer arischen Abstammung erbringen«, so die Bekanntmachung vom 25. Mai 1937, die Bubis Wunschtraum zunichte macht. Vgl. Joseph Walk, *Das Sonderrecht für Juden im NS-Staat. Eine Sammlung der gesetzlichen Maßnahmen und Richtlinien*, Heidelberg 1981, S. 190.

8 Elsa Chotzen: »Kurzer Lebenslauf meines verstorbenen Ehemannes«, in: *Entschädigungsakte Josef Chotzen sen.* Nr.: 3274, S. A 8, 9.11.1953. Zit. nach Schieb, a.a.O., S. 62. Das folgende Zitat vgl. ebd., S. 64.

9 Ein Angestelltengehalt betrug um 1932, so eine Quelle, im Durchschnitt 182 Mark, 1936 199 Mark und 1939 231 Mark. Vgl. Wolfgang Schneider (Hg.), *Alltag unter Hitler*, Berlin 2000, S. 85. Selbst wenn das Gehalt also nicht mehr erhöht wurde, wird es höchstwahrscheinlich bei weit über 100 Mark gelegen haben.

10 Die Volkswohl Bund Versicherungen wurden bereits 1919 als »Versicherungsverein auf Gegenseitigkeit« gegründet. Vgl. *www.volkswohl-bund.de*

11 Die Realität sah anders aus: Ihre Arbeit, so etwa die Organisation von »Winterhilfswerk« und »Hilfswerk Mutter und Kind«, war von klaren »Selektionskriterien« bestimmt, so wurden vor allem »rassisch wertvolle« Bedürftige unterstützt, während »Asoziale«, Alte und Kranke der (geringen) Unterstützung der öffentlichen Fürsorge überlassen wurden. Vgl. Wolfgang Benz, Hermann Graml, Hermann Weiß (Hg.), *Enzyklopädie des Nationalsozialismus*, München 2001, S. 619.

Werbeplakat der Nationalsozialistischen Volkswohlfahrt (NSV)

5	Brot	1.20
5	Butter	–.33
50	Wurst	–.45
45	Kartoffeln	–.55
20	Gurke	–.10
74	31/ Citrone	–.20
10	Fahrgeld +	1.45
47	Bratwurst	–.40
	Wurst	–.50
98	Salat	–.12
36	ATA	–.50
45	Essig	1.20
55	Butter	1.20
34	Eier	–.20
	Ulli Fahrgeld +	–.87
32	Mutti Medizin +	–.30
74	Gebäck	–.56
1 20	Brot +	–.15
38	Ulli Schuhe	
36		
60		

Ausgaben Juni 38

	+ 85.–
Miete	+ 7.70
Licht	+ 6.35
Gas	10.8
Kr. Kasse gemeldet 6.64 selbst 4.24	+ 2.6
Volkswohl	× 15.
Sepp	+ 9.
Ulli	+ 16.
Israel	–
Jüd. Hilfsverein	× 6
Vorschuss	+
Los	
Seife f. Mutti / Rest	*
Waschfrau & Küche	+
Bading	
Telefon	23.59
Ulli Fahrgeld	5/6
Sepp Englisch	

260.65

Einnahme Juni 1938

20		+ 90.–
×	Erwin	+ 83.–

2 Alltag 1937/38

In jenem Sommer 1937, als Elsa Chotzen das Haushaltsbuch zu führen beginnt, erscheint die Situation für die Familie zumindest äußerlich noch gefestigt. Eppi hat nach längerer Pause eine neue Arbeit gefunden, Bubi und Erich gehen ihren Berufen nach, Ulli, der eine Baugewerkeschule für Tief- und Brunnenbau besucht, absolviert nebenher gerade ein Praktikum.

Bubi (r.) im Büro bei der Firma Berglas, Mitte der dreißiger Jahre

Zwar ist die Haushaltskasse alles andere als gut gefüllt – die Einnahmen liegen bei 400 bis 500 Mark, manchmal auch noch darunter –, doch durch Zuwendungen von Verwandten, wie etwa Elsas Eltern in Cottbus (in den Einträgen kenntlich gemacht durch »von Großmama« oder »aus Cottbus«), wird sie mitunter ergänzt. »Rückzahlungen« für Warmwasser und Heizung sowie »Vorschüsse« für die Söhne überbrücken in dieser Anfangszeit manch kurzfristigen Engpass. Die »Wirtschaftshilfe« und »Elternhilfe«, die vermutlich staatliche Wohlfahrtseinrichtungen noch anderthalb Jahre lang leisten, bessern das Familienbudget darüber hinaus um bis zu 20 Mark auf.[1]

In ihren Hobbys werden die Söhne, obwohl inzwischen erwachsen, immer noch unterstützt, vor allem der Jüngste, der kaum etwas verdient (4,40 Mark beträgt sein Einkommen anfangs pro Woche). Der Beitrag für den Sportverein von 6,50 Mark im Monat wird anstandslos bezahlt, und auch für die nötigen Accessoires hat Elsa stets etwas parat: Für knapp 6 Mark gibt es im September für Eppi ein »Handballhemd« sowie »Sportsocken« für ihn und Ulli, und »Ulli Schuhe«, die insgesamt 12,90 Mark kosten, zahlt die Mutter mit 3,90 an. In diesem Kontext finden sich auch Hinweise auf renommierte Berliner Geschäfte, die, ursprünglich jüdisch, damals längst in »arischer Hand« sind: »Bubi Leiser« etwa verweist auf das älteste Schuhhaus der Stadt, und für den Kauf von Bekleidung geht Elsa nicht selten zu »Wertheim«.

An den Wochenenden fährt die Familie im Sommer seit jeher hinaus nach Wernsdorf an den Krossinsee zum Sonnenbaden, Schwimmen und Rudern. Das für Freibäder und Badeanstalten geltende Badeverbot für Juden, bereits

Mit Freunden im Grünen an »Gärischs Strand«: Božka (4. v. l.), »Mami« (5. v. l.), Familienfreund »Quietsche« und Bubi (6. u. 7. v. l.), Hilde und Erich (8. u. 9. v. l.), 1934

Lebensmittelladen von Kaufmann Gärisch

vier Jahre vorher verhängt und seitdem ständig erweitert, wird auf diese Weise umgangen. Verpflegung gibt es beim Wernsdorfer Kaufmann Gärisch, der auch die Remisen vermietet, in denen man übernachten kann. Die Bilder, die hier in jener Zeit entstehen, zeigen die – immer von einem großen Freundeskreis umgebene – Chotzen-Familie glücklich, ausgelassen und braun gebrannt beim Picknick, beim Kartenspiel, auf dem Segelboot »Alte Liebe«. Der Aufenthalt an der frischen Luft ist ein Lebenselixier, das sie die beklemmende Stimmung der Stadt zeitweise vergessen lässt. Alle Söhne sind versierte Fotografen, die Familienfeste, sportliche Aktivitäten und Ausflüge mit Freunden ausführlich dokumentieren: Für »Bildabzüge«, »Fotos und Ecken« fallen laut Haushaltsbuch häufig kleinere Summen an.

Dass das vermeintliche Idyll bereits einige Risse zeigt, fällt im Haushaltsbuch zum ersten Mal bei den Aufzeichnungen vom Ende des Sommers auf: Den Vereinsbeitrag, den Elsa für Ulli zuvor unter »BSV« notierte, sucht man im

Eppi vor der Wochenendunterkunft in Wernsdorf, um 1935

September vergebens. Stattdessen erscheint dort ein anderes Kürzel, nämlich »JSG«. Die Summe ist dieselbe, der Zweck der Ausgabe auch, und doch hat sich die Situation für die Söhne inzwischen grundlegend geändert. Als letzter der vier Brüder wird auch der Jüngste in diesem August aus dem Verein ausgeschlossen, für den sie alle von Kindheit an so viele Siege errangen. Für Bubi und Erich war das Aus bereits im Frühjahr erfolgt: Die Reise im März nach Grünberg in Schlesien mit der Handballmannschaft zu einem Auswärtsspiel war für sie die letzte dieser Art. Das ist für alle ein harter Schlag, besonders aber für Bubi – zumal sich ja auch sein erklärtes Ziel, den Sport zum Beruf zu machen, in diesem Jahr zerschlägt.

Um ihren sportlichen Aktivitäten überhaupt weiter nachgehen zu können, schließen sie sich im Herbst der Jüdischen Sportgemeinschaft 1933 an, abgekürzt JSG. Sie ist dem »Schild« assoziiert, dem Sportverband des »Reichsbunds Jüdischer Frontsoldaten«.[2] Die Wahl der Brüder fällt damit auf eine nichtzio-

Bubi (l.) und Erich (r.) mit Sportkameraden des BSV, 1934

Hockey im BSV, mit Bubi (3. v. l.)

Handball in der JSG:
Bubi (2. v. r.) und Erich (5. v. r.) auf dem Grunewald-Sportplatz, Herbst 1937

nistische Gruppe – und das hat seinen Grund: Vater Josef hatte im Ersten Weltkrieg gekämpft, und im »Schild« fanden sich viele Juden zusammen, die den vom Staat geschürten antijüdischen Ressentiments mit einem bewussten Bekenntnis zum Deutschtum entgegentreten wollten. Begehrte Spieler sind die Brüder auch in ihrem neuen Verein; wie vorher schon führt vor allem Bubi darüber gewissenhaft Buch: Spielverläufe werden protokolliert, Ausflüge mit Kameraden aus der Handball- und Fußballmannschaft in Gedichtform gebracht, Zeitungsausschnitte eifrig gesammelt und sorgfältig eingeklebt. Die Kommentare in den Alben jedoch zeugen von seiner tiefen Enttäuschung.

In der JSG lernt Bubi nach kurzer Zeit ein junges Mädchen kennen, Lisa Scheurenberg. Auch sie hat, da beide Eltern Juden sind, die Drangsalierungen des neuen Regimes früh zu spüren bekommen, sicher noch mehr als die Chotzens: »1934 kam meine Schwester, vierzehnjährig, in die Lehre«, berichtet ihr Bruder später. »Sie musste nehmen, was sich gerade bot, denn für ein jüdisches Mädchen gab es nur noch wenige Chancen im Beruf. So kam sie zu Bella Schornstein, die Korsetts und Miederwaren herstellte und vertrieb, speziell für dicke Damen. Meine sehr schlanke Schwester [...] muss sich da seltsam ausgemacht haben. Zuerst lernte sie Büstenhalter nähen, dann Korsetts. Später durfte sie auch bedienen und den dicken Damen beim An- und Auskleiden helfen. Keine sehr angenehme Tätigkeit für ein kleines Mädchen.«[3] Nun ist sie

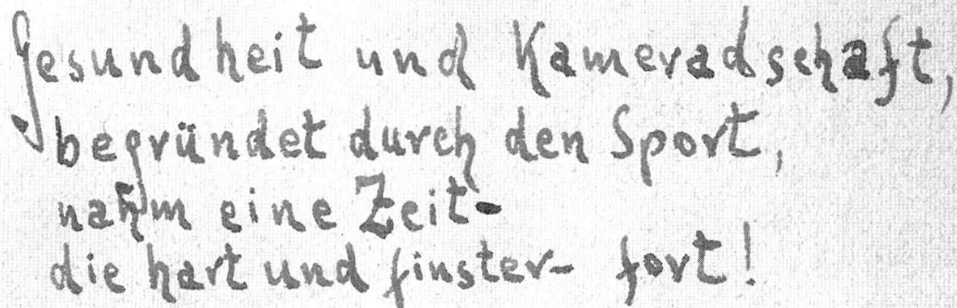

Bubis Fotoalbum als Spiegel tiefer Enttäuschung, auf dem Foto Bubi (7. v. r.)

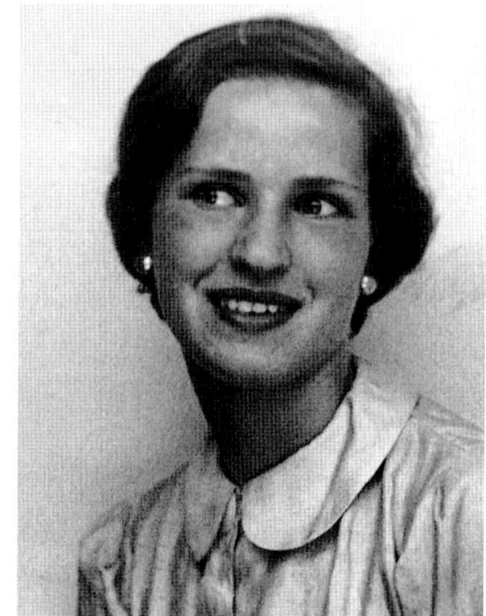

Lisa Scheurenberg

siebzehn Jahre alt und, wie so viele ihrer Generation, vorzeitig erwachsen geworden. Durch sie gewinnt Bubi in einer Zeit, die für ihn besonders schwer ist, neuen Mut und Selbstvertrauen; er lebt auf, ist sichtlich stolz auf sie, die attraktive, zerbrechliche junge Frau, die er beschützen will und die ihm gleichzeitig Kraft gibt. Sie wird bald ein Teil der Familie, auch wenn sie in Elsas Haushaltsbuch erst sehr viel später auftauchen wird, nämlich am 9. April 1939 mit dem Eintrag »Kaffee Lisa –,35«.

Spektakulär sind die Einblicke, die man anhand des Ausgabenbuchs in diesem ersten Jahr ins Alltagsleben dieser Familie erhält, ansonsten keineswegs, zumindest nicht beim ersten Hinsehen. Zuvörderst sind es die vertrauten Din-

Junges Glück: Bubi und Lisa im Berliner Umland

Sommerglück in Wernsdorf, Pfingsten 1934

ge, die dem Leser ins Auge fallen, Produktnamen, die auch nach fast siebzig Jahren noch jedem Kind in Deutschland bekannt sind – Symbole eines scheinbar stabilen bürgerlichen Lebens, dessen Normen und Träume auch die Chotzens verinnerlicht haben. Mehrmals im Monat füllt die Mutter den Putzschrank mit Imi, Ata und Vim, Sofix und Sidol. Gewürzt wird mit Maggi und Knorr, gewaschen zumeist mit Persil, und für die Körperpflege fehlt es nie an Nivea und Creme Mouson, Kaloderma und Kölnisch Wasser.

Der Lebensstandard in dieser Zeit ist bescheiden, ermöglicht aber noch ein recht behagliches Dasein. Die Dreizimmerwohnung mit Bad und Balkon, die Elsa penibel sauber hält, ist ihr ganzer Stolz. Der Kanarienvogel »Peterchen« wird genauso gehegt und gepflegt wie die zahlreichen Pflanzen und Blumen, »Sprechkörner« und »Vogelsand für Peter« werden regelmäßig gekauft. Das Putzen und Kochen übernimmt Elsa selbst, die Wäsche gibt sie außer Haus;

Ständige Posten im Haushaltsbuch: Marken, die heute noch jeder kennt

»Waschfrau und Küche« ist und bleibt ein Fixposten am Monatsanfang, die »Weißwäscherin« und »Plättwäsche« werden separat bezahlt. Jeder, der ihr einen Dienst erweist, wird selbstverständlich mit Trinkgeld bedacht, ob nun »Zeitungsfrau« oder »Portier«, »Milchmädchen« oder die »Waschfrau«; auch Weihnachtsgeld für die Lieferanten wird in jedem Jahr verbucht. Darüber hinaus wird gespendet: für die »jüdische Haussammlung« etwa oder die »jüdische Winterhilfe«. Nur ein einziges kleines Luxusritual gesteht sie sich selbst zu: den Gang zum Friseur, die »Dauerwelle« wird sie sich nie ganz versagen, zwischen 50 Pfennig und 8,50 Mark gibt sie dafür jeweils aus. Größere Anschaffungen sind in der Regel in dieser Zeit schon nicht mehr möglich, das Geld, das die Söhne verdienen, reicht gerade fürs Nötigste aus: für Nahrungsmittel und kleine Dinge des täglichen Bedarfs, im Sommer etwa einen »Fliegenfänger« und natürlich viel »Eis« für den Kühlschrank.

Da ihre Männer tagsüber meistens außer Haus sind, gibt Elsa ihnen Geld fürs Mittagessen: »Vati Mittag und Bier«, »Vati Kaffee«, »Erich Mittag und Zeitung«, »Eppi und Ulli Mittag bis Montag« notiert sie anfangs immer wieder; dass das bald nicht mehr erschwinglich sein wird, kann sie jetzt noch nicht ahnen. Fürs Abendessen bringt sie, so lange es geht, Abwechslung auf den

Die Eltern in der Johannisberger Straße

Tisch. Die Kosten für die Lebensmittel, meist kleinste Mark- oder Pfennigbeträge, lassen Schlüsse zu auf die Ernährung, die so anders als heute nicht ist, wenn auch Exotisches fehlt.

Da sind Obst und Gemüse aus der Region, der Jahreszeit entsprechend: im Sommer viel Frisches wie Waldbeeren, Kirschen, Pfirsiche und Aprikosen, Salat und Gurken, Tomaten und Lauch, wichtig im Frühjahr auch Spargel, wahrscheinlich ist es der begehrte aus Beelitz nahe Berlin. Im Winter dann Haltbareres: Äpfel und Birnen, Kohl und Kraut, Möhren, Kartoffeln und Zwiebeln. Selten gibt es südländische Früchte wie beispielsweise Bananen, die Elsa im Juli 1939 – besonders ungewöhnlich – gleich mehrmals einkaufen wird. »Quark mit Schnittlauch«, manchmal auch »Majonäse«, »Makkaroni«, Graupen und Brot wird es bei Chotzens bis in den Krieg hinein geben, auch Butter, Milchprodukte, Käse und Wurst stehen lange Zeit auf dem Speiseplan. Dass das alles andere als selbstverständlich ist, wird sich nur allzu bald zeigen.

Auch in ganz banalen Dingen spiegelt Elsas Haushaltsbuch Eigenheiten der Zeit. Gleich zu Anfang, im Sommer 1937, fällt »Fettkarten« bei den Einnahmen als fixer Posten auf. Es handelt sich dabei um ein typisches Phänomen der staatlichen Mangelwirtschaft: Margarine, Butter, Speck und Schmalz, Fleisch und Speiseöl sind im Versorgungssystem des NS-Staats der Schwachpunkt schlechthin, fast die Hälfte des Bedarfs wird durch Importe gedeckt. Auf die sogenannte »Fettlücke« wird zunächst mit dem »Fettplan« reagiert, Margarineverkauf und -konsum werden bald kontingentiert und »Reichsverbilligungscheine« für Bedürftige eingeführt, der Butterpreis wird gestützt.[4] Je mehr die ohnehin knappen Devisen in die Rüstung geleitet werden, desto schwieriger wird die Einfuhr der benötigten Lebensmittel. Zur Verbrämung dieses Problems kommt Ideologie ins Spiel: »Kanonen statt Butter« und »Nahrungsfreiheit« sind die Schlagworte des Regimes, mit denen es die Bevölkerung auf Verzicht einschwören will. Das Ziel ist vorgegeben: Der »Vierjahresplan« soll schnellstmöglich umgesetzt werden, um »Autarkie« zu erreichen und Deutschland letztlich in kürzester Zeit »kriegsfähig zu machen«.[5] In diesem Bereich scheitert die Propaganda, die absurde Züge trägt, gründlich: Polemiken gegen den »Schweinefleischfresser« und das »ewige Butterbrot« zeigen kaum eine Wirkung, ein Umdenken findet nicht statt. Butter und tierische Fette müssen nach wie vor eingeführt werden, sind bald allgemein streng rationiert und zum Teil bezugsscheinpflichtig.

Auch Elsa tischt der Familie weiterhin fast wöchentlich Fleisch und Fett auf: Mit »Schweinebauch«, »Rinderbrust«, »Schabefleisch« und »Bratwurst«,

Haushaltswarengeschäft in den dreißiger Jahren

»Rückenfett«, »Gulasch« und »Speck«, oft auch »Kotelett« und »Rippchen« trotzt sie der Anti-Fleisch-Kampagne bis in schwerste Zeiten hinein. Dass das entsprechend ins Geld geht, bleibt dabei nicht aus: Fleisch ist in der Tat (wie auch Butter) stets einer der teuersten Posten.[6] Doch man isst gerne im Hause Chotzen, und die Kinder danken es ihr.

Getreu der später von Eppi zitierten Devise von Vater Josef, man müsse »jede Gelegenheit wahrnehmen, um zu feiern«, macht Elsa nach Möglichkeit auch Alltagssituationen zum Fest. Sonntags gibt es – eine unumstößliche Regel und für alle nicht wegzudenken – schon zum Frühstück einen Kuchen, und für Geburtstage denkt sie sich immer etwas Besonderes aus. Auch in den düstersten Zeiten werden sie zelebriert, mit Gabentisch und Blumenstrauß sowie einem kleinen Festmahl. Wenn sie einmal einen Überschuss in der Kasse hat, verwendet sie ihn in der Regel zugunsten ihrer Familie: Als »Ausflug und Essen für alle« liest sich das im Haushaltsbuch, auch »Eisdiele« vermerkt sie im Sommer einmal. Gäste sind stets willkommen, obschon die Freunde aus

Landpartie am Wochenende. Rechts: Elsa und Josef Chotzen

früheren Zeiten zusehends auf Abstand gehen, ja selbst nahe Verwandte »Mischehen« nicht mehr akzeptieren.

Das Zusammenleben mit den anderen Bewohnern der Johannisberger Straße ist in dieser Zeit recht erträglich, abgesehen von den erklärten Nazis. Einer von ihnen wohnt bei Chotzens im Haus, ein »besonders unangenehmer, unsympathischer Zeitgenosse«, so Eppi noch nach Jahrzehnten, ein Spitzel und Denunziant, der in seiner Funktion als »Zellenleiter« alles daransetzt, Juden das Leben täglich mehr zu verleiden.

Sonst aber sind sie noch wohlgelitten. Das zeigen auch die Kontakte, die Elsa mit Umsicht pflegt. Kein Festtag, kein Jubiläum wird je von ihr vergessen, sie verschickt Glückwunschkarten und Blumen, mal auch ein »Tischgesteck«.

Am Steg in Wernsdorf: Eppi (Mitte), »Quietsche« (vorn), Ulli (unten r.)

Über einige Adressaten ist weiter nichts bekannt: »Frau Buxbaum« etwa oder die »Wilsbergs« tauchen anfangs häufig auf. Treue und verlässliche Freunde sind die Nachbarn, Familie Raschinski, die Chotzens auch in den folgenden Jahren stets zur Seite stehen. Mitunter fährt man am Wochenende in ihr Sommerhäuschen nach Kaulsdorf, und als die Lage schwieriger wird, helfen sie wohl auch finanziell. Selbst zu Verwandten und Freunden im Ausland bricht die Beziehung nie ab: An »Quietsche« und »Mami«, die schon früh nach Australien gingen, schickt Elsa monatlich Briefe und Päckchen (»Porto Australien«, manchmal sogar per »Luftpost«), und auch die Cousinen in Budapest – Töchter einer Schwester des Vaters – erhalten oft Post aus Berlin. Wenn es irgendwie machbar ist, fährt die Mutter zu ihren Eltern nach Cottbus.

Eppi und Božka

Das alles ist nur möglich, weil Elsa ganz genau rechnet. Nichts überlässt sie dem Zufall, nie lässt sie die Zügel schleifen, schon um der Gerechtigkeit willen: Bis auf Heller und Pfennig tüftelt sie aus, welchen Obolus welches Familienmitglied jeweils zu entrichten hat; eine solche Rechnung findet sich als Notiz im Haushaltsbuch ganz hinten im inneren Einbanddeckel. Wohl im Mai 1939 vermerkt sie dort: »ab 1. Juni zu zahlen: Miete wöchentlich pro Verdiener 5,–, übrige feste Ausgaben pro Verdiener 6,45, Lebensmittel: bei 23,– [pro Woche] Abgabe 11,55, bei 19,22 [Abgabe] 8,22«. Wenn sie, wie darunter notiert, für »feste Ausgaben Mk 200,– monatlich« und für »Lebensmittel Mk 160,– monatlich« veranschlagt, trifft sie mit ihrer Kalkulation ziemlich genau ins Schwarze.

Beim Bäcker Martin, dem Fleischer Niklas und im Lebensmittelladen von Kühne ist sie mit den Jahren eine treue Kundin geworden, man kennt und schätzt ihre freundliche Art, vertraut ihr voll und ganz. Und das kommt ihr jetzt zugute: Was sie nicht sofort begleichen kann, wird anstandslos angeschrieben. Die Schulden, die sie im Ausgabenbuch mit einem Kreuz markiert, begleicht sie umgehend bei nächster Gelegenheit. Und auch ein Dank bleibt nicht aus: Mit kleinen Gesten zeigt sie sich für die Großmütigkeit erkenntlich, die ihr mit den Jahren immer öfter zuteil und mit der Zeit auch wertvoller wird. »Blumen Martin –,45« verbucht sie etwa im Juni 1938; einem Kalkül entspringt dies sicher nicht, wohl eher einem echten Bedürfnis.

Wie sehr die Zeichen auf Sturm stehen, bleibt bei aller Routine des Alltags keinem der Chotzens verborgen. Hatte der Staat im Vorjahr der Olympiade wegen, die die internationale Aufmerksamkeit auf Deutschland lenkte, noch recht maßvoll agiert, schlägt der »Führer« auf dem »Reichsparteitag der Arbeit«, der im September in Nürnberg stattfindet, vor seinen Anhängern nun andere Töne an. Er ruft auf zu einer neuen judenfeindlichen Welle – die doch längst im Gange ist und, massenwirksam inszeniert, ihr Ziel keineswegs verfehlt. Die Propagandaausstellung »Der ewige Jude« etwa, die in mehreren Städten gezeigt wird, verzeichnet allein in München Hunderttausende von Besuchern. Durch einseitige, die Wirklichkeit verfälschende Fotos und diffamierende Texte soll die Minderwertigkeit der »jüdischen Rasse« an sich, der vermeintlichen »Verderber Deutschlands«, »wissenschaftlich« belegt und dargestellt werden. Auch die Verordnungen und Erlasse, deren Zahl stetig steigt, sprechen eine deutliche Sprache: Seit April 1937 dürfen Juden nicht mehr den Doktortitel erwerben, ab Juli müssen jüdische Gaststätten entsprechend ge-

»Mit dem Vergrößerungsglas kann man lesen, was am 50. gewesen!« steht im Fotoalbum unter der Zeichnung zu Elsas Geburtstag.

Vater Josef (l.), um 1935

kennzeichnet sein, ab August werden in Berlin Straßenbänke aufgestellt, die die Aufschrift »Nur für Arier« tragen. Im September entzieht man jüdischen Ärzten die Krankenkassenzulassung. Prozesse gegen Juden wegen außerehelichen Verkehrs mit »arischen« Frauen nehmen in dramatischem Ausmaß zu und enden mit drakonischen Strafen. Dass die Repressionen verschärft werden, hat die Familie auch in ihrem direkten Umfeld bereits im Sommer erfahren, als Erika Jakubowski, eine Cousine der Brüder, wegen illegaler politischer Agitation vor dem Volksgerichtshof landet. Das Urteil: lebenslängliche Haft.

Für Elsa, ihren Mann und die Söhne geht wenigstens das letzte Drittel des Jahres 1937 ohne Zwischenfälle vorbei. Die Mutter lässt für den Winter Kohlen und Holz anliefern und weckt Obst und Gemüse ein. Am 31. Oktober wird sie fünfzig Jahre alt und von der Familie gebührend gefeiert – natürlich nicht ohne sie ihrerseits nach Kräften zu verwöhnen. Es ist ein glücklicher, schöner Tag, wohl der letzte festliche Anlass, den sie unbeschwert genießen. Der Staubsauger, den ihr die Kinder bei dieser Gelegenheit schenken, damals sicher ein

»Höhensonne« nannten die Brüder dieses um 1935 entstandene Bild von Eppi.

großer Luxus, kommt gleich zum Einsatz, als sie sich im November an den jährlichen Hausputz macht. Sie schrubbt, saugt und bohnert, klopft Teppiche aus und kauft für die kalte Jahreszeit einen »Gummibaum«. »Schlafschuhe« und »Hausschuhe« für »Vati« werden ebenfalls angeschafft, später auch ein »Nachtgeschirr«. »Citronat und Sultaninen«, »Paranüsse« und »Äpfel«, »Zitronen« und »Pfefferkuchen« sowie »Wunderkerzen« weisen im Dezember auf Weihnachtsvorbereitungen hin; am 24. gibt es eine »Gans«, zum Jahreswechsel »Rum«. Für Erkältungskrankheiten wird zwischen Januar und März oft »Inspirol« und »Brusttee« besorgt, und Schnupfennasen werden mit »Nasencreme« kuriert (Bubi, März 1938).

Das neue Jahr beginnt allerdings gleich mit einem Schock: Schon im Februar wird Vater Josef, so berichtet jedenfalls seine Frau, zur Zwangsarbeit verpflichtet. Das Haushaltsbuch legt diesen Schluss ebenfalls nahe – auch wenn

Ein letzter Besuch: Erich (2. v. r.) mit den Verwandten in Budapest, Sommer 1938

Auf dem Weg zur Zwangsarbeit: Josef Chotzen und Herr Buxbaum, März 1938

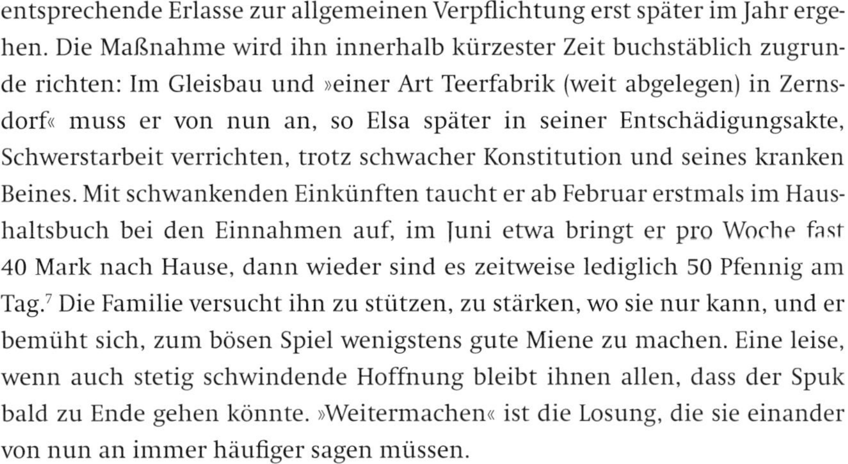

entsprechende Erlasse zur allgemeinen Verpflichtung erst später im Jahr ergehen. Die Maßnahme wird ihn innerhalb kürzester Zeit buchstäblich zugrunde richten: Im Gleisbau und »einer Art Teerfabrik (weit abgelegen) in Zernsdorf« muss er von nun an, so Elsa später in seiner Entschädigungsakte, Schwerstarbeit verrichten, trotz schwacher Konstitution und seines kranken Beines. Mit schwankenden Einkünften taucht er ab Februar erstmals im Haushaltsbuch bei den Einnahmen auf, im Juni etwa bringt er pro Woche fast 40 Mark nach Hause, dann wieder sind es zeitweise lediglich 50 Pfennig am Tag.[7] Die Familie versucht ihn zu stützen, zu stärken, wo sie nur kann, und er bemüht sich, zum bösen Spiel wenigstens gute Miene zu machen. Eine leise, wenn auch stetig schwindende Hoffnung bleibt ihnen allen, dass der Spuk bald zu Ende gehen könnte. »Weitermachen« ist die Losung, die sie einander von nun an immer häufiger sagen müssen.

Im Hochsommer unternehmen die Brüder letzte Urlaubsreisen, als ahnten sie, dass es schon bald immer schwieriger werden würde, aus der Stadt herauszukommen. Erich fährt nach Budapest zu seinen Cousinen und Tanten.

Allgegenwärtige Flaggen: Ahlbeck an der Ostsee (aus Bubis Fotoalbum, August 1938)

Ulli macht einen Abstecher in die Umgebung Berlins, Eppi unternimmt mit Božka und Freunden eine Bootsfahrt über Brandenburgische Seen. Wie in jedem Jahr gibt Mutter Elsa allen laut Haushaltsbuch etwas dazu: »Erich für Urlaub 5,–« und »Ulli für Urlaub 10,–« verbucht sie schon Anfang Juni.

Bubi erfüllt sich einen lang gehegten Traum und reist nach Ahlbeck an die Ostsee, genießt die Meeresluft, Sonne und Sand und vielleicht eine Ahnung von Freiheit. Dass Juden wenig erwünscht sind, hält man auch hier nicht verborgen. Längst wehen überall im Land die unvermeidlichen Hakenkreuzfahnen – und deren Botschaft ist unmissverständlich. Auf dem letzten Bild dieser Reise in seinem Fotoalbum sind Schienenstränge zu sehen, ein Schnappschuss von der Rückfahrt, aus dem Zug heraus entstanden. »Auf zu neuen Taten« hat er darüber notiert.

1 Offiziell hatten Juden bis Ende 1938 noch den gleichen Anspruch auf öffentliche Fürsorge wie die anderen Deutschen, allerdings herrschte Willkür in der Verwaltung. Ob die Unterstützung, die die Chotzens erhielten, also von der jüdischen Wohlfahrtspflege oder einer anderen öffentlichen Institution stammte, ist nicht mit Bestimmtheit zu sagen. Vgl. hierzu Wolf Gruner, *Öffentliche Wohlfahrtspflege und Judenverfolgung. Wechselwirkung lokaler und zentraler Politik im NS-Staat (1933–1942)*, München 2002.

2 Vgl. hierzu Günther B. Ginzel, *Jüdischer Alltag in Deutschland*, Düsseldorf 1984, S. 222.

3 Klaus Scheurenberg, *Ich will leben*, Berlin 1982, S. 25.

»Auf zu neuen Taten«

4 Dies im Detail auszuführen ist hier nicht der Ort, es kann nur kurz angerissen werden, worum es sich jeweils handelt. Eine ausführliche Darstellung zum Thema gibt Gustavo Corni, *Brot, Butter, Kanonen. Die Ernährungswirtschaft in Deutschland unter der Diktatur Hitlers*, Berlin 1997, S. 309–363 sowie Ulrich Kluge, »Kriegs- und Mangelernährung im Nationalsozialismus«, in: *Beiträge zur Historischen Sozialkunde* 2 (1985), S. 67–73.

5 »Ob mit oder ohne Butter, damit werden wir fertig. Aber wir werden nicht fertig ohne Kanonen!«, hatte Propagandaminister Goebbels schon 1936 verkündet. So bei Grube/Gerhard Richter, *Alltag im Dritten Reich*, Hamburg 1982, S. 68.

6 Die von der Mangelwirtschaft verursachte allgemeine Preissteigerung sorgte offenbar allgemein für Unmut. Wolfgang Schneider (*Alltag und Hitler*, Berlin 2000, S. 101) bestätigt dies insofern, als er vor allem bei Butter und »Schweinebauch« zwischen 1932 und 1939 einen erheblichen Anstieg verzeichnet; bei Kartoffeln und Milch hingegen bleibt der Preis in etwa gleich, Roggenbrot wird laut dieser Quelle sogar billiger. Auch Eier, vor Kriegsbeginn im Hause Chotzen meist in Zehnerportionen geliefert, werden zusehends teurer. Es gibt sie zwar weiterhin, doch in geringeren Mengen.

7 Vielleicht handelt es sich um die »Pflichtarbeit«, die arbeitslose Wohlfahrtsempfänger vielerorts leisten müssen, als »Gegenleistung« für Unterstützung. Gruner, *Öffentliche Wohlfahrtspflege*, a.a.O., S. 93 erwähnt eine solche Maßnahme als zusätzliches Instrument der Diskriminierung.

…uli 38.

Aus Juli 38.

Datum			Ausgabe		Betrag	
		90.–	Miete	+	85.–	Fahrgeld
		85.–	Licht	+	6.50	Mittag
		85.–	Gas	+	6.01	Butter
		7.50	Kr.K. – 14.50 / 5.10	+	9.65	Zucker
4/7.		11.82	Vorschuß	+	17.35	Zahnpasta
8/7.	11.82		Volkswohl	+	2.60	Milch Zahnbürste
		4.–			10.–	Citrone
		14.14	Seife	+	9.–	Van. Zucker
15/7.		1.50	Ulli	+	1.50	Mandeln
		10	Telefon	+		Käse
		5.90	Israel	+	11.–	Mehl
18/7		180.–	Jüd. Hilfsverein	+	1.–	2. Eis
		15.–	Los (für Ulli)	+	–50	Schinken
24/7			Waschfrau Küche	+	4.25	Wurst
			Bading			Italiener
			Ulli Fahrkarte 2/7	+	1.80	Schinken
			Vati Englisch	+	1.25	Schweinefleisch
			Ulli Spanisch	+	–50	Leber
			Ulli Fabrik 10/7.		3.10	Mehl

3 1938 bis 1940: Der Weg in die Isolation

In jenen glücklichen Monaten, die allzu schnell vorbeigehen, fällt in Elsas Haushaltsbuch mehrfach ein Posten auf, der für die Chotzens, denen höhere Bildung versagt bleibt, recht ungewöhnlich erscheint, zumal er weder davor noch danach eine Rolle spielt: Am 1. Mai sind 2 Mark für ein »Englisch Buch« für ihren Mann verzeichnet, und Ende April, im Mai, Juni und Juli wird wiederholt »Vati Englisch« bezahlt. Auch der jüngste Sohn lernt in diesem Sommer intensiv eine Sprache – Ausgaben für »Ulli Spanisch« vermerkt die Mutter im Juni und Juli ebenfalls gleich mehrmals. Aufschluss über diese Aktivitäten gibt der älteste Bruder Eppi. In seinen Erinnerungen berichtet er, dass die ganze Familie in dieser Zeit nach Mitteln und Wegen fahndet, aus Deutschland herauszukommen. »Wir [...] hatten alle möglichen Anstrengungen unternommen; Anträge gestellt, Formulare ausgefüllt, Ämter besucht, Sprach- und andere Auswanderungskurse, zum Beispiel bei der Jüdischen Gemeinde, belegt. Ich entsinne mich, dass wir endlich [...] dringend versuchten, eine Auswanderung nach Argentinien zu erreichen. Es war ein Projekt, größere Familien mit jungen Menschen aufs Land zu bringen. Wir waren ja vier Brüder mit dazugehörenden jungen Frauen. Aber auch das klappte nicht, nachdem wir immer wieder vertröstet worden waren.« Die Bemühungen, Spanisch zu lernen, dürften in die Periode fallen, als man auf eine Ausreise nach Südamerika hofft. Schon im Frühherbst desselben Jahres sind diese Träume zerschlagen; so plötzlich, wie der Posten im Ausgabenbuch auftauchte, ist er nun wieder verschwunden. Einzig Bubi, erzählt sein Bruder, unternimmt bis weit in den Krieg hinein immer neue Versuche, ins Ausland zu entkommen (»Argentinien 1,78« steht noch am 15. Juni 1943 in Elsas Haushaltsbuch, was ein Hinweis auf diese Bemühungen sein könnte) – doch stets ohne Erfolg.

Das Werbeplakat trägt den Zeichen der Zeit Rechnung.

Im Hinblick auf die Politik des Regimes mag dies auf den ersten Blick erstaunen, schließlich gehörte die Auswanderung der Juden explizit zu den Zielen der Nationalsozialisten.[1] Doch gerade hier zeigt sich erneut die Perfidie

Stets gepflegt: Bubi am Heidelberger Platz

Elsa und Josef beim Sonntagsspaziergang in Wilmersdorf, 1932

ihres Vorgehens, denn durch »Arisierungen« und Zwangsabgaben werden die jüdischen Bürger zugleich ausgeplündert, und ohne Geldmittel ist eine Emigration kaum durchführbar.[2] Für die Chotzens, finanziell ohnehin nicht eben verwöhnt, kommt erschwerend hinzu, dass der günstigste Zeitpunkt für ein solches Vorhaben bereits verstrichen ist: Mit steigender Zahl der Flüchtlinge aus Deutschland gibt es seitens der Aufnahmeländer zunehmend Vorbehalte – und es werden Quoten eingeführt: Einwanderungen nach Südamerika, bis dato noch recht problemlos, werden 1938 drastisch beschränkt. Viele Länder verlangen nun zudem ein sogenanntes »Vorzeigegeld«, manche, wie die Vereinigten Staaten, sogar einen Bürgen im Land. Auch bürokratische Hürden und mangelnde Chancen auf Arbeit sind Gründe für so manchen, die Pläne aufzugeben.[3]

Zunächst war die jüdische Emigration nur schleppend vonstatten gegangen: Bis Ende 1937 hatte erst ein Viertel der in Deutschland lebenden Juden die Heimat für immer verlassen. In der Mehrheit verstanden sie sich nämlich als vaterlandsliebende Deutsche, tief verwurzelt in Tradition und Kultur ihres Landes. Dass diese Bindungen nun nichts mehr gelten sollten, wollten viele nicht wahrhaben – auch dann nicht, als die stetigen Restriktionen untrügliche Zeichen setzten. Erst als es fast zu spät ist, versuchen sie noch zu entkommen.

Zwei Posten, die im Haushaltsbuch zunächst einige Rätsel aufgeben, könnten in diesem Zusammenhang erklärbar sein; da es von der Familie keine Aussagen hierzu gibt, bewegt sich die Deutung allerdings im Bereich der Spekulation. Augenfällig ist jedenfalls die regelmäßige Zahlung von einer Mark, die Elsa ab März 1938 bis August des folgenden Jahres jeweils am Monatsanfang unter »Jüdischer Hilfsverein« verbucht. Ursprünglich der Verbesserung der sozialen Stellung und Bildung der Juden in Deutschland verpflichtet, bot der »Hilfsverein« nach 1933 Unterstützung in allen Fragen der Emigration in sämtliche Länder mit Ausnahme Palästinas, bis er im Jahr des Kriegsausbruchs in der »Reichsvereinigung« aufging.[4] Es ist also durchaus möglich, dass die Bemühungen der Chotzens auszuwandern sich auch in diese Richtung bewegten.

Zum anderen ist da im Haushaltsbuch der Fixposten »Israel«: Ab Juli 1937 verbucht die Mutter dort monatlich Beträge in erklecklicher Höhe, bis zu 25 Mark. Zwar ist »Eretz Israel«, die hebräische Bezeichnung für das britische Mandatsgebiet Palästina, auch unter den deutschen Juden damals durchaus geläufig. Der Wunsch, nach Palästina zu gehen, dürfte jedoch kaum sehr ausgeprägt sein – zionistisches Gedankengut liegt ihnen insgesamt fern, zudem ist auch die Einwanderung dort nun fast unerschwinglich geworden. Familien ohne Vermögen wie Chotzens, die nur kaufmännische Berufe anzubieten haben, sind praktisch chancenlos.[5] Andererseits könnte die Beharrlichkeit, mit der Elsa die Zahlungen (oft auch in Raten) leistet, darauf hindeuten, dass sie mit wachsender Verzweiflung versucht, für die Söhne einen Ausweg zu finden: Im August 1937 ist dieser Posten gleich zweimal vermerkt, einmal mit dem Zusatz »Ulli«. 1938 zahlt sie im August auch für »Eppi«, zwischen Juli und Oktober für »Erich Israel« zusätzlich zum fixen Posten kleine Beträge ein. Die Randnotiz »Erich/Israel 3/8. 1,40, 3/9. 1,–, 3/10. 1,–« oben auf der entsprechenden Seite macht deutlich, dass sie die notwendigen Summen offenbar regelrecht abstottert, auch »Anzahlung Israel« taucht recht häufig auf. Dass dies im April 1939 dann plötzlich aufhört, könnte zum einen der Geldnot geschuldet sein, zum anderen aber auch damit zusammenhängen, dass die Britische Mandatsregierung die jüdische Einwanderung durch das »White Paper« drastisch begrenzte beziehungsweise auf lange Sicht von der Haltung der Araber abhängig machte.[6]

Das alte Leben: Bubi auf dem Weg ins Büro am Hausvogteiplatz …

Wie Tausende andere hatten die Chotzens einfach zu lange gewartet, zu ausdauernd daran geglaubt, dass sich alles zum Guten wenden würde. Enttäuschte Hoffnung lässt sie schließlich resignieren, möglicherweise werden sie aber auch überrollt von den Geschehnissen dieses Herbstes.

Nach der Zwangsverpflichtung von Vater Josef zu Jahresbeginn müssen schon im September 1938 auch Bubi und Erich auf jegliche Perspektive verzichten. Durch »Arisierung« verlieren beide ihre Anstellung und müssen fortan für Hungerlöhne niedrigste Arbeit verrichten. Erich wird zum Kartoffel- und Rübenbuddeln nach Podelzig bei Frankfurt an der Oder geschickt, auch Schneeschippen, Brunnenbau, Müllabfuhr und Kohlenschleppen gehören ins Repertoire der ständig wechselnden Tätigkeiten, zu denen die Brüder im Laufe der Zeit herangezogen werden.

Die »Legitimation« dieses Vorgehens könnte zynischer nicht sein. Aus freien Berufen, Kultur und Wirtschaft inzwischen fast völlig verdrängt, sind jüdische Deutsche in immer größerer Zahl ins soziale Abseits gedrängt. Als ihnen im Juli dann auch noch der Hausierhandel untersagt wird, ist vielen die einzige noch verbliebene Verdienstmöglichkeit genommen. Eine Flut von Bedürftigen droht dem Staat nun auf der Tasche zu liegen, Fürsorgeleistungen zu erbringen ist dieser jedoch nicht willens – es bestehe keinerlei »Interesse

… die neue, bittere Realität: Bubi mit Kollegen bei der Zwangsarbeit als Brunnenbauhelfer, 1940/41

daran, die Arbeitskraft der einsatzfähigen arbeitslosen Juden unausgenutzt zu lassen und diese unter Umständen aus öffentlichen Mitteln ohne Gegenleistung [sic!] zu unterstützen.«[7] Da zudem in der bereits auf Hochtouren laufenden Rüstungsproduktion ein Arbeitskräftemangel besteht, ist eine Lösung schnell bei der Hand. Ideologisch ist der Boden bereitet, die Zeit scheint nun reif dafür: Als »arbeitsscheu« diffamiert, zieht man die Juden kurzerhand heran für schwerste Zwangsarbeit »in Betrieben, Betriebsabteilungen, bei Bauten [...], abgesondert von der Gefolgschaft.« »Dienstverpflichtung«, so heißt die Maßnahme lapidar im Deutsch der NS-Behörden. Der gnadenlosen Ausbeutung sind fortan keine Grenzen gesetzt. Immer wieder müssen die Chotzen-Brüder in den kommenden Jahren beim Jüdischen Arbeitsamt an der Fontanepromenade in Kreuzberg (im Volksmund bald nur noch »Schikanepromenade«

genannt) vorstellig werden, immer wieder werden ihnen neue, schwerste körperliche Arbeiten zugeteilt.

Wie sehr die Zwangsarbeit die Gesundheit untergräbt, spiegeln die steigenden Ausgaben für Verbandszeug und Arzneien: »Arztschein« sowie »Medizin«, Salben, Vaseline und Cremes für die geschundenen Glieder tauchen im Haushaltsbuch viel öfter als vorher auf, auch »Hansaplast« und »Leukoplast« sind immer stärker vonnöten – im Dezember 1940 etwa kauft Elsa die Pflaster gleich haufenweise ein, und für »Medikamente Bubi« wird im Juli 1942 mit 3,98 Mark eine recht hohe Summe notiert. Erichs Rücken ist durch die schweren Lasten, die er ungeschützt tragen muss, schließlich »nur mehr eine einzige Wunde«, so berichtet die Mutter später, und Bubi zieht sich bei der Schichtarbeit in einer Waffenfabrik eine Bleivergiftung zu, die ihn wochenlang außer Gefecht setzt.[8]

FRANZ RUTZEN & Co.
Inh.: REGIERUNGS-BAUMEISTER a. D. Dr. Ing. BRAUER
Brunnenbau / Grundwasserabsenkungen / Baugrunduntersuchungen

I. Sämtliche Maschinen, Werkzeuge, Geräte für Brunnenbau, Grundwasserabsenkungen und Erdbohrungen
II. Wasserversorgung für Privathäuser, Fabriken, Gemeinden usw. in jedem Umfang. Enteisenungs-Anlagen, Technische Gutachten.

BERLIN-NEUKÖLLN, den 10. Dezember 1938
NIEMETZSTRASSE 25

ZEUGNIS

Herr Josef Chotzen, Berlin-Wilmersdorf, Johannisberger Str. 3, war bei uns vom 9. Juli 1938 bis 10. Dezember 1938 als Helfer tätig. In dieser Zeit wurde er bei Brunnenbauten, Baugrunduntersuchungen, dem Auf- und Abbau von Grundwasserabsenkungsanlagen und mit Instandsetzungsarbeiten in der Werkstatt beschäftigt. Er hat die ihm übertragenen Arbeiten zu unserer vollen Zufriedenheit ausgeführt, sodass wir ihm bald selbständige Aufgaben übertragen konnten. Die Entlassung erfolgte wegen Uebergangs der Firma in arischen Besitz.

FRANZ RUTZEN & CO.
Dr. Ing. Brauer
Regierungs-Baumeister a.D.

MASCHINENWERKSTÄTTEN IN BERLIN-NEUKÖLLN, NIEMETZSTR. 25
FERNSPRECHER: 62 86 59 / POSTSCHECK-KONTO: BERLIN NR. 1098 07
BANKKONTO: COMMERZ- UND PRIVATBANK, DEP.-KASSE R6, BERLIN W 15

Eppis Arbeitszeugnis: »Die Entlassung erfolgt wegen Übergangs der Firma in arischen Besitz.«

Eppi, Mitte der dreißiger Jahre

Als die Brunnenbaufirma Franz Rutzen, bei der Ulli volontiert, im Dezember 1938 ebenfalls »in arischen Besitz« übergeht, muss auch er seine Ausbildung abbrechen und als »ungelernter Arbeiter« schuften; zur Abschlussprüfung lässt man ihn nicht mehr zu. Eppi, der seit Juli im selben Betrieb als Arbeiter beschäftigt ist, wird zur gleichen Zeit entlassen. Seine Odyssee, der ständige erzwungene Wechsel des Arbeitsplatzes weit unter Bildungsniveau, setzt sich weiter fort.[9]

Die ganze Familie erträgt diesen Einbruch mit bemerkenswerter Haltung und Würde, versucht sich zu arrangieren, den Mut nicht zu verlieren. Über die fortgesetzte Willkür und die wachsenden Entbehrungen retten sie sich noch in schlimmster Zeit mit bitterem Galgenhumor hinweg. »Mutti hat statt Kohfmichs jetzt / das Haus mit Arbeitern besetzt, / ich kann Euch sagen, das ist nicht schön / ihr müsstet blos [sic] die Wäsche sehn«, dichten die Brüder zu Erichs Geburtstag im Januar 1940.

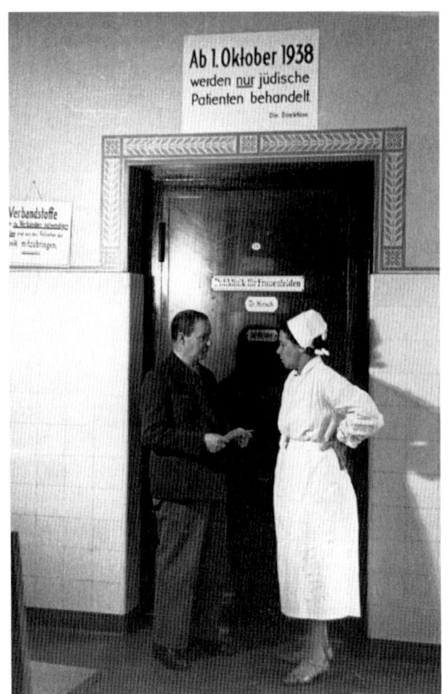

Fortschreitende Ausgrenzung 1938: Jüdische Ärzte verlieren die Approbation und dürfen nur noch Juden behandeln.

Mit 20 Mark pro Person und Woche schlagen die Einnahmen aus der Zwangsarbeit ab Mitte September zu Buche. Die Mutter verwaltet das knappe Budget mit Umsicht und Disziplin, auch weiterhin gelingt es ihr, das Geld zusammenzuhalten: Durch einen »Bestand von August 41,53« ist sie Anfang des Monats im Plus, und mit den Löhnen und Gehältern verfügt sie über gut 500 Mark. Da sind sogar ein paar Ausgaben möglich, die länger gewartet haben: »4 Oberb[etten]., 8 Kissen 48,–« notiert sie am 20. und 21. September. Auch »Stühle reparieren« für »4,65« wird nun in Angriff genommen, »Glühbirnen 6 Stück 4,52« und eine »Taschenlampe –,95« werden gekauft, Eppi, der Vater und sie selbst werden mehrfach mit »Strümpfen« versorgt, und Ulli erhält gleich zu Monatsbeginn einen »Schlafanzug« von Wertheim. Selbst die lange anstehende Reparatur ihrer »Broschen« kann endlich ausgeführt werden, 5,50 Mark zweigt sie zu diesem Zweck vom Haushaltsgeld noch ab, im Oktober dann gibt sie mehr als 20 Mark für »blauen Stoff« und ein »Kleid« aus (13,– und 10,50). Auch »Schulden« werden getilgt. Ein Überschuss hält sich – erstaunlicherweise – bis ins nächste Frühjahr hinein, so dass Elsa, ungewöhnlich in diesen Jahren, sich sogar einmal im Monat eine Putzfrau leisten kann: »Reinemachen« weist ihr Ausgabenbuch von Februar bis Juni des folgenden Jahres aus.

Dass Unheil in der Luft liegt, ist schon seit Monaten spürbar: Ausschreitungen gegen Juden, durch Himmlers Sicherheitsdienst (SD) der SS und Gliederungen der »Partei« von langer Hand organisiert, gibt es seit dem Frühsommer in etlichen Städten im »Reich«; willkürliche Verhaftungen, Razzien und antisemitische Hetze mehren sich. Ein Übriges tun die Erlasse, die nun mit atemberaubendem Tempo auf die Juden niedergehen: Seit Ende April sind Vermögensverhältnisse genauestens offen zu legen, im Juni werden jüdische Betriebe behördlich erfasst, später ergeht auch für sie eine strikte Kennzeichnungspflicht.[10] Allein im Juli hat Wolf Graf Heinrich von Helldorff, Polizeipräsident von Berlin, insgesamt 76 [!] Richtlinien erlassen, die keinen anderen Zweck verfolgen, als die jüdische Bevölkerung der Stadt planmäßig zu drangsalieren.[11] Viele davon sind in ihrer Absurdität schlicht empörend – und verfehlen doch nicht ihre Wirkung: Für Automobile werden besondere »Judennummern« verlangt, um jüdischen Deutschen das Fahren nach Kräften zu verleiden – »Verkehrssünder« seien, dies die Begründung, so einfacher dingfest zu machen.[12] Ihre Führerscheine sind beim geringsten »Vergehen« aus dem Verkehr zu ziehen. Wer eine Straße nicht »geradlinig« überquert, muss ein Bußgeld von bis zu 300 Mark entrichten; der »Delinquent« gilt als vorbestraft.[13] Sämtliche Straßen mit jüdischen Namen werden umbenannt.

Andere Restriktionen bedeuten für die Betroffenen einen tiefen, verstörenden Einschnitt: Verschärfte Brandschutz-, Hygiene- und Preiskontrollen sollen jüdische Ladenbesitzer zur Geschäftsaufgabe zwingen – eine besonders subtile Art, »Arisierungen« einzuleiten; neue Gewerbeanmeldungen werden für Juden grundsätzlich verboten. Grundstückshandel, Heiratsvermittlung und Fremdenführergewerbe sind für sie fortan tabu. Ab Ende Juli dürfen sie nicht mehr als Anwälte tätig sein, wenig später verlieren jüdische Ärzte ihre Approbation. Bald darauf wird eine spezielle Kennkarte eingeführt, gestempelt mit einem »J«, die bis Ende Dezember zu beantragen ist. Ab dem 1. Januar des folgenden Jahres, so wird im August verkündet, müssen jüdische Deutsche, die keinen »anerkannt jüdischen« Vornamen tragen, zusätzlich den Zwangsvornamen Israel beziehungsweise Sara führen. Mit »Kennkarte 3,–« schlagen sich diese Schikanen am 16. Januar 1939 im Chotzen'schen Haushaltsbuch nieder.

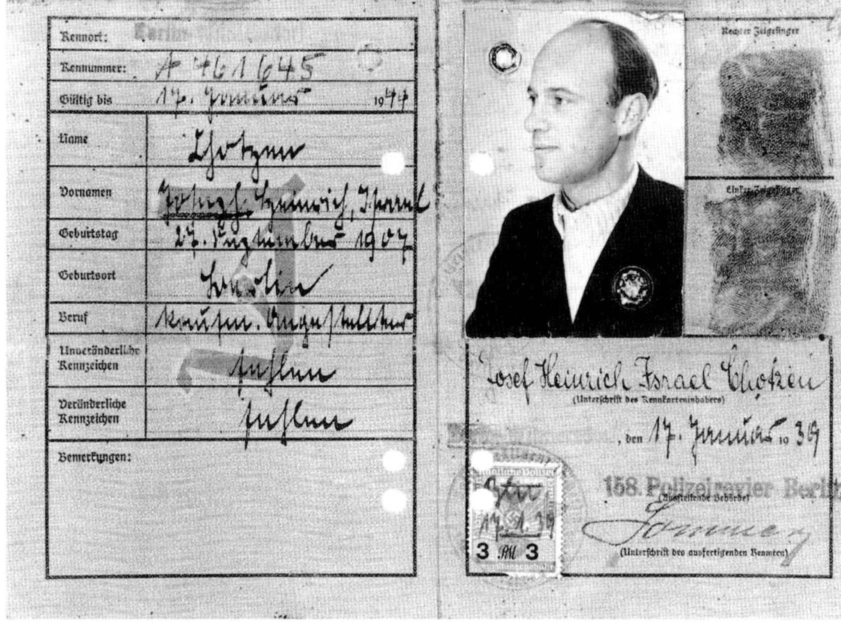

Kennort:
Kennnummer: A 461645
Gültig bis 17. Januar 1944
Name: Chotzen
Vornamen: Josef Heinrich Israel
Geburtstag: 27. September 1907
Geburtsort: Berlin
Beruf: Kaufm. Angestellter
Unveränderliche Kennzeichen: fehlen
Veränderliche Kennzeichen: fehlen
Bemerkungen:

Rechter Zeigefinger
Linker Zeigefinger

Josef Heinrich Israel Chotzen
(Unterschrift des Kennkarteninhabers)
, den 17. Januar 1939
158. Polizeirevier Berlin
(Ausstellende Behörde)
(Unterschrift des ausfertigenden Beamten)
3 RM 3

Stigmatisierung: Eppis jüdische Kennkarte mit dem Zwangsvornamen »Israel« vom 17. Januar 1939

Eppi erinnert sich nur zu genau, wie die propagandistische Anheizung der antijüdischen Stimmung allgemein ihre Wirkung zeigte: »Es war schon erheblich mehr als erstaunlich, was für ein eisiger Wall auf einmal um uns herum vorhanden war. Die Verständigung mit der Umgebung wurde schneller und schneller immer weniger und war plötzlich zu ausgesprochener Sprachlosigkeit geworden. Nur ganz vereinzelt wurde noch – meist klammheimlich – zu grüßen versucht. [...] Da wir lange genug beobachten konnten und mussten, erkannten wir auch einige nicht-nazistische Nachbarn. Zum Beispiel eine ältere Dame – sie wohnte Johannisberger Straße 4 –, Frau Hoppe. Eine freundliche, einfache, natürliche Person, die sich ihren menschlichen Stil, solange sie lebte, nicht nehmen ließ. Im Gegenteil, sie grüßte jeden von uns ostentativ

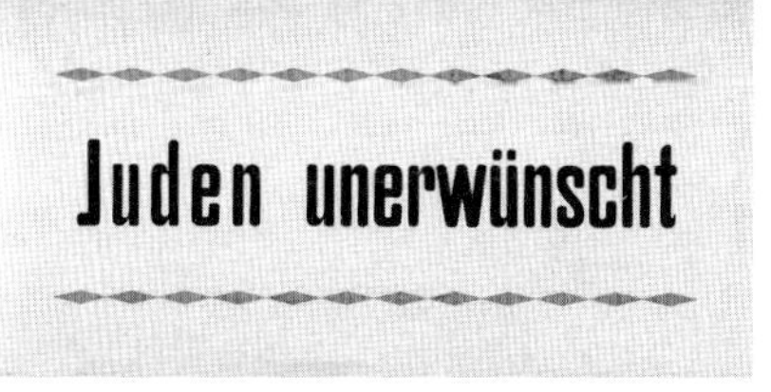

Unmissverständliche Botschaft

Der Stürmer

Deutsches Wochenblatt zum Kampfe um die Wahrheit

HERAUSGEBER: JULIUS STREICHER

Nummer 48 | Nürnberg, im Dezember 1938 | 17. Jahr 1938

Ist die Judenfrage gelöst?

Die Vergeltungsmaßnahmen gegen die Juden / Die weltgeschichtliche Aufgabe Deutschlands / Der Kampf geht weiter

Mordjude

Die Juden sind unser Unglück!

Titelseite des antisemitischen Hetzblattes »Der Stürmer« vom November 1938

in dieser ganzen Zeit. Wenn es nicht anders ging, über den Damm rufend mit besonderer Freundlichkeit. Das war nicht ungefährlich für sie und eventuell auch für uns. Aber es erwärmte unser Gemüt.«

Dann, am Abend des 9. November, bricht der Terror los: Vorwand ist das Attentat, das Herschel Grynszpan, ein junger Jude, auf den Legationsrat des deutschen Botschafters in Paris, Ernst vom Rath, verübt hat, um gegen die brutale Vertreibung von 17000 polnischen Juden aus Deutschland zu protestieren. Der Pogrom, wegen der vielen zerbrochenen Scheiben später auch als »Kristallnacht« bezeichnet, ist reichsweit organisiert. Die Weisung kommt telefonisch gegen Mitternacht aus München, wo die Parteiführung den 15. Jahrestag des »Hitler-Putsches« begeht. Allerorten werden von der SA, der SS und Angehörigen der Hitlerjugend Tausende jüdische Wohnungen und Geschäfte geplündert und verwüstet, Synagogen werden geschändet und gehen in Flammen auf. 91 Personen, so die offizielle Bilanz, verlieren dabei ihr Leben, an die 30000 jüdische Männer werden festgenommen und in Konzentrationslager verschleppt.

Spontan aufwallender »Volkszorn«, wie die gleichgeschaltete Presse glauben machen will, ist also keineswegs die Ursache, auch wenn die Bevölkerung nur in den seltensten Fällen einzuschreiten bereit ist. »Ich putsche richtig auf. Gegen jede Sentimentalität. Nicht Gesetz ist die Parole, sondern Schikane«[14], hatte Propagandaminister Joseph Goebbels schon am 11. Juni mit spürbarer Genugtuung in sein Tagebuch notiert, vier Monate später heißt es hämisch: »190 Synagogen verbrannt und zerstört! Das hat gesessen.« (13. November)

Auch das bürgerliche Wilmersdorf ist nicht vor Exzessen gefeit: Tags darauf, so berichtet zumindest Eppi, wird den Chotzens ein Fenster eingeschlagen. »Der Mauerstein, mit dem das geschah, lag im Schlafzimmer meiner Eltern. Wir, die ganze Familie, waren an diesem Tag in Hochspannung; und wir vier Brüder saßen noch in Trainingsanzügen, wie oft, diskutierend zusammen. Als die Scheiben klirrten, stürzten wir auf die Straße, um uns zur Wehr zu setzen. Sicherlich eine gefährliche, vom Gefühl getriebene Reaktion. Es war aber vorerst niemand trotz unserer Schnelligkeit zu entdecken. Bestimmt zum Glück! Als wir noch vor unserem Haus standen, schlenderten zwei uns wohl bekannte Straßennachbarn – ›ehrenwerte‹ Bürger – vorbei, scheinbar zufällig und in angeregtem Gespräch, und fragten uns, was wir denn wohl hier trieben? Als wir von unseren eingeschlagenen Scheiben sprachen, lächelten sie höhnisch und meinten, wir hätten wohl geträumt. Sie hätten nichts davon bemerkt, ob wir sie nicht selbst zertöppert hätten? Wir sollten mal lieber

Nach der Pogromnacht: Zerstörte Geschäfte

Die Opfer müssen die Schäden selbst beseitigen.

schnellstens schlafen gehen. Wir mussten zurück. Was sonst wäre 1938 sinnvoll gewesen?«

Seine Mutter ordnet den Vorfall später zeitlich anders ein. Als sie drei Jahre nach dem Krieg ihren Nachbarn, den Zellenleiter Quastenberg – einen »fanatischen Judenfeind«, der kein Hehl macht aus seiner Gesinnung und verantwortlich war für den Steinwurf –, wegen Verbrechens gegen die Menschlichkeit anzeigt, gibt sie als Tatzeitpunkt den 10. November 1939 an, die Nacht nach dem gescheiterten Attentat von Georg Elser auf Hitler im Münchner Bürgerbräukeller.[15] Dass diese Datierung richtig ist, legt Elsas Haushaltsbuch nahe: »Glaser 7,80 Mark« ist dort für den 23. verzeichnet; vergleichbare Einträge sind ein Jahr zuvor nicht vorhanden. Dem »ehrenwerten Bürger«, Studienrat von Beruf, lag es im Übrigen fern, sich die Hände selbst schmutzig zu machen. Er stiftete, berichtet Elsa, gleich mehrere Nachbarn an.[16]

Nach dem Pogrom lässt das Regime die Maske endgültig fallen. Eine Zeit des permanenten Ausnahmezustands beginnt. Was längst im Gange war, wird nun unverhüllt proklamiert – und, wie so häufig in Hitlers Staat, nachträglich legalisiert. »[...] den Juden aus der Wirtschaft heraus- und in das Schuldbuch hineinzubringen [...]«, so lautet die offizielle Devise.[17] Jetzt kommt die Büro-

Spaziergänge im Tiergarten werden 1939 verboten. Zweiter von links: Bubi

kratie zum Zug und leistet mit einer wahren Verordnungsflut ganze Arbeit: Für die beim Pogrom entstandenen Schäden haben Juden selbst aufzukommen, darüber hinaus werden mehr als 1 Milliarde Reichsmark als »Sühneleistung« veranschlagt, die durch horrende Steuerzahlungen aufzubringen ist.[18] Ab 1. Januar des folgenden Jahres besteht ein Gewerbeverbot für Juden; Firmen, Vermögen und Immobilien werden »zwangsarisiert«, jüdische Arbeitnehmer ausnahmslos entlassen. Juwelen, Schmuck und Antiquitäten sind (weit unter Wert) zu verkaufen, Bankkonten werden gesperrt. Zum Jahresende wird in Berlin die Enteignung zu Ende geführt sein: Die ursprünglich über 6000 Geschäfte in jüdischem Besitz sind »arisiert« oder ganz geschlossen. Die »Verordnung zur Ausschaltung der Juden aus dem deutschen Wirtschaftsleben« vom 12. November ist in die Tat umgesetzt.

Auch in den übrigen Lebensbereichen werden Entrechtung und Ausgrenzung zügig vorangetrieben. Auf den Wegfall jeglicher Wohlfahrtshilfe folgt die »Rassentrennung im Schulwesen« – der Besuch »deutscher« Lehranstalten ist Juden nicht mehr erlaubt – und im Dezember der »geschlossene Arbeitseinsatz«. Jüdische Zeitungen werden gleich nach dem Pogrom verboten, zulässig ist nur noch das streng zensierte »Jüdische Nachrichtenblatt«, im Haushaltsbuch der Chotzens fortan sporadisch mit 3 Mark pro Monat vermerkt.

Aus dem aktiven Kulturbetrieb seit langem ausgeschlossen, wird Juden nun selbst die passive Teilnahme grundsätzlich untersagt: Theater-, Konzert-, Museums- und Kinobesuche sind endgültig nicht mehr möglich, auch zu Stadien und Sportanlagen, Schwimmhallen und Badeanstalten haben sie keinen Zutritt mehr. Kraftfahrzeug- und Führerscheine werden ausnahmslos eingezogen, und an zahlreichen Hotels, Restaurants und Geschäften hängen Schilder »Für Juden verboten«. Besonders infam ist auch der »Judenbann«, der es ihnen verbietet, ganze Straßenzüge oder Bezirke überhaupt zu betreten, ein Verbot, das im Laufe der folgenden Jahre stetig erweitert wird. Zunächst sind es Teile der Innenstadt, bald darauf wird auch der Tiergarten für jüdische Besucher gesperrt.

Wie so viele andere jüdische Familien müssen auch die Chotzens ihr Leben unter diesen Bedingungen meistern. Frappierend zeigt das Haushaltsbuch auch und gerade in diesen Wochen, wie der Alltag in scheinbarer Normalität weiterhin seinen Gang geht. Die Welt gerät für die ganze Familie Stück für Stück aus den Fugen, doch die Verrichtungen im Haus, die kleinen und großen Routinen werden fortgeführt. Mit »Feuerversicherung 8,–« verbucht Elsa

Ende Oktober die jährlich fällige Rate, kurz bevor in Deutschland die Synagogen brennen; wenige Tage später kauft sie ihr »Los« der großen Reichslotterie. Am 9. November dann notiert sie arglos »Anzünder« für 10 Pfennig, tags zuvor lässt sie sich wieder einmal eine Dauerwelle legen. Für die Stullen, die sie den Söhnen täglich mit auf den Weg gibt, besorgt sie innerhalb weniger Tage mehrmals »Butterbrottüten«, und für den Berg schmutziger Wäsche, der durch die Zwangsarbeit anfällt, kauft sie Seifenprodukte auf Vorrat: »12 Kölnisch Wasser Seifen 2,40, 10 Ia Kernseife 1,80, 12 bitt. Lanol.seife 1,35«. Nach Budapest und Australien werden Päckchen und Briefe verschickt, und für ein gelungenes Weihnachtsfest geben alle etwas dazu: »von allen für Weihnachten 15,–« wird bei den Einnahmen verbucht, aus Cottbus (20,–) und von Verwandten aus Mannheim (15,–) trifft Geld »für Weihnachten« ein.

Werbeplakat der Reichslotterie

Auch im folgenden Jahr scheint sich dieser Rhythmus zunächst nicht wesentlich zu verändern, obschon sich die Lage im Land von Monat zu Monat verschärft. Auffällig ist, wie sehr die Brüder nach wie vor auf ihr Äußeres achten; das wird sich trotz wachsender Schwierigkeiten auch nicht ändern. Die Mutter unterstützt sie hierin stets, wo immer sie nur kann: »Blütenseife«, »Kölnisch Wasser«, »Schuhcreme« und »Lederfett« werden immer noch häufig gekauft. Auch die sorgfältig ausgewählten Kleidungsstücke, die sie ihren Söhnen besorgt, mögen dies belegen: mal ein »Hemd«, ein »Binder« und ein »Cachenez« (Bubi im März 1939), mal auch ein »seid. Tuch« (für Ulli im September). Wie wichtig ihnen eine gepflegte Erscheinung ist, zeigen ebenfalls die Fotos aus diesen Jahren: Am Sonntag sieht man sie stets gut gekleidet mit Anzug und Krawatte. In ihrer Lage ist dies wohl auch ein Zeichen wortlosen Protests, ja Beweis ungebrochenen Stolzes – keinem von ihnen käme es je in den Sinn, sich in irgendeiner Hinsicht gehen zu lassen, denn das hieße letztlich, der Hetze von den verkommenen Juden in die Hände zu spielen. Und diese ist allgegenwärtig: Täglich wird ihnen vor Augen geführt, dass sie die Entrechteten sind, dem Gewaltregime in fast allen Sphären wehrlos ausgeliefert. Nicht aufzufallen, niemandem Angriffsflächen zu bieten wird oberstes Gebot. Auch das ist eine Form der Erniedrigung.

Die Furcht vor der Unberechenbarkeit ihres Umfelds ist latent immer vorhanden und belastet alle schwer. Das generelle Verbot jüdischer Sportvereine, das bereits im November erging, trifft die Brüder besonders hart, nimmt es ihnen doch jede Chance, ihre Hobbys legal zu betreiben. Was von Kindheit an Teil ihres Lebens war, soll nun nicht mehr erlaubt sein? Das ist zweifellos nur schwer vorstellbar. Allen Risiken zum Trotz nehmen sie sich das Recht, ihrer

Ulli und Bubi bei der Zwangsarbeit

In der wenigen freien Zeit …

Leidenschaft weiter nachzugehen – und zeigen damit ein Selbstbewusstsein, das so mancher in ihrer Lage schon lange nicht mehr hat. Über Bekannte schließen sie sich einer illegalen jüdischen Sportgruppe an, die sich auf einem Anwesen nahe Berlin regelmäßig zusammenfindet. »Gut Winkel«, so der Name des Treffpunkts, ist ein Zentrum der Hachschara (»Ertüchtigung«), in dem durch das Erlernen praktischer Arbeitstechniken Jugendliche auf eine Emigration nach Palästina vorbereitet werden. Höchst willkommen sind die Fuß- und Handballspiele, die oft veranstaltet werden. Gut zwei Jahre lang fahren die Chotzen-Söhne immer wieder hinaus aufs Land und nehmen an regelrechten Turnieren teil. Was diese kleinen Momente des Glücks für alle vier Brüder bedeuten, kann nicht hoch genug eingeschätzt werden: Das Zusammensein mit Gleichaltrigen, das Gefühl, sich wenigstens an diesem Ort ohne Furcht bewegen zu können und sportlich aktiv zu sein, sind Ansporn und Trost zugleich und tragen sicher entscheidend dazu bei, sie vor Verzweiflung und Depression zu bewahren. »Fahrgeld«, einmal auch ein »Ball« tauchen im Haushaltsbuch in dieser Zeit auf.

Inzwischen hat auch Erich die Liebe seines Lebens getroffen: die Schülerin Ilse Schwarz, ein junges »bildhübsches Mädchen«[19] aus jüdischem Elternhaus, deren offenes, fröhliches Wesen jeden sofort für sie einnimmt. Eine Freundin der Familie, die damals mit Ilses älterer Schwester eine Handelsschule besucht, berichtet über die beiden: »Bei einem meiner [...] Besuche [im Hause Schwarz] war Ilse am Telefon, glückstrahlend und wie verzaubert nahm das Gespräch lange kein Ende. Sie hatte Erich Chotzen kennen gelernt und erzählte mir von ihm. Es dauerte nicht lange, bis ich ihn [...] persönlich traf.« Die Einladung bei Chotzens ergeht schon bald darauf: »Schwarz 5,–« notiert Elsa noch distanziert bei den Einnahmen im Juli 1938 – doch wie Lisa wird auch Ilse in die wachsende Chotzen-Familie mit großer Herzlichkeit integriert.

… gepflegt trotz aller Schikanen

Nichts als pure Schikane ist der Musterungsbescheid, den Eppi Ende April 1939 erhält: Am 26. Mai hat er im Viktoriagarten in der Wilhelmsaue 114 vorstellig zu werden. Zwar werden »Mischlinge 1. Grades« noch bis 1940 zur Wehrmacht eingezogen, doch sein Ausschluss als »Geltungsjude« ist von vornherein klar. »Jude!« steht handschriftlich als Begründung auf der Bescheinigung, auf der der Name »Israel«, seit Anfang des Jahres ja Pflicht, übrigens fehlt.

Nur ein gutes Vierteljahr später, am Morgen des 1. September, marschiert das Deutsche Reich nach selbst inszenierten »Grenzzwischenfällen« und einem vermeintlichen polnischen Überfall auf den deutschen Sender Gleiwitz im Nachbarland Polen ein. Der Zweite Weltkrieg beginnt. Ein weiteres Mal macht sich der Täter auf schamlose Weise zum Opfer: Entgegen der propagandistischen Meldung Hitlers, man habe auf gezielte Provokationen hin lediglich »zurückgeschossen«, sind die Vorbereitungen für den Krieg seit langer Zeit im Gange, die »auslösenden Zwischenfälle«, die den Vorwand bieten, bis ins letzte Detail geplant. Auch die brutalen, ja sadistischen Ausschreitungen gegen jüdische Zivilisten, die Verschleppungen und Morde im Gefolge des deutschen Vormarschs sind von höchsten Stellen sanktioniert und gezielt ins Werk gesetzt.

Mit Freunden der Hachschara: Lisa (2. v. l.), Ilse (mit weißer Bluse), Ulli (hinten, 2. v. r.), Eppi (Mitte, 2. v. r.), Erich und Bubi (vorne r.), um 1939/1941

Deutsches Gebiet wird das Kriegsgeschehen erst sehr viel später erreichen; für die Bevölkerung macht sich die veränderte Lage dennoch direkt bemerkbar, und das nicht nur durch die Verdunklung, die von nun an allgemein Pflicht ist. Bereits seit dem 28. August sind die wichtigsten Grundnahrungsmittel, Brennstoffe und Kleider nur noch gegen Bezugsschein zu haben, auch diese Maßnahme war im Geheimen bereits seit zwei Jahren geplant. Die Lebensmittelkarte wird Grundlage der Versorgung. Besonders wer dem »arischen Menschenschlag« im Sinne des Staats nicht entspricht, dem bläst von diesem Zeitpunkt an ein noch schärferer Wind ins Gesicht: Sind die Rationen schon für den »Normalverbraucher« nicht eben üppig bemessen, so steht Juden als Angehörige einer »minderwertigen Rasse« von Anfang an weniger zu. Und dies ist nur der Auftakt zum schrittweise erfolgenden Nahrungsentzug, denn für jeden »Versorgungszeitraum« (er umfasst jeweils mehrere Wochen) wird das Quantum neu festgesetzt beziehungsweise verringert, darüber hinaus werden immer mehr Waren für Juden verboten.[20]

Spielpause in Gut Winkel. Zu erkennen sind Eppi (2. v. l.) und Lisa (hinten Mitte).

Wehrnummer
Berlin IX 07/158/16/10

Polizeil. Meldebehörde
158. Pol. Revier

Wehrbezirkskommando
Berlin IX

Ausschließungsschein

Jude!

Der Arbeiter
(Beruf, Vor- und Familienname)
Joseph Chotzen

geb. am 27. 9. 1907 zu Berlin
(Tag, Monat, Jahr) (Ort)

(Gemeinde, Kreis usw., Regierungsbezirk, Land)

wird hiermit vom Dienst in der Wehrmacht im Frieden
ausgeschlossen.
Er scheidet auf die vorstehend eingetragene Dauer aus dem Wehrpflichtverhältnis aus.

Berlin, den 26. V. 1939
(Musterungsort) (Tag, Monat, Jahr)

Die Kreispolizeibehörde
(Unterschrift)

Der Wehrbezirkskommandeur
(Unterschrift)
Oberstleutnant

Zur Beachtung
1. Alle Eintragungen sind mit Tinte oder mit Hilfe der Schreibmaschine auszuführen.
2. Der Verlust dieses Scheines ist sofort dem zuständigen Wehrmeldeamt zu melden.
3. Fälschung und mißbräuchliche Benutzung dieses Scheines wird als Urkundenfälschung gerichtlich verfolgt.

Eppis »Ausschließungsschein« mit der handschriftlichen Begründung »Jude!«, April 1939

Gleich am 1. September werden sie überdies mit einem Ausgehverbot belegt, das im Winter ab 20, im Sommer ab 21 Uhr gilt. Auch das Recht auf Information wird weiter eingeschränkt – Rundfunkgeräte in jüdischem Besitz, so ein Erlass nur drei Wochen später, sind sämtlich abzuliefern. Selbst im Kleinen versuchen die Behörden, der ausgestoßenen Minderheit das Dasein noch mehr zu vergällen: Das Schokoladenverbot, das im November ergeht, ist sicherlich nicht der Mangelwirtschaft geschuldet. Im Hause Chotzen setzt man sich souverän darüber hinweg – in diesem Jahr gibt es in der Adventszeit Süßes in Hülle und Fülle: Am 11. Dezember zeigen Elsas Notizen gleich viermal den Eintrag »Konfekt«, zweimal »Lebkuchen«, »Plätzchen« und »Herzen«, »Chokolade« und »Leibnitzcakes«.

Es ist Eppis Freundin Božka, durch ihre Botschaftskontakte besser gestellt als selbst »normale« Bürger, die der Familie die Situation in entscheidender Weise erleichtert. Verbotenes, aber auch Mangelware schafft sie immer wieder heran, als die Versorgung mit lebensnotwendigen Gütern weiter eingeschränkt wird – in Elsas Notizen sind diese Gaben durch das Kürzel »Bo«

kenntlich gemacht. Reis etwa, seit Januar 1940 für Juden nicht mehr zu kaufen, kommt bei Chotzens auch in den folgenden Jahren recht häufig auf den Tisch. Die knappen Butter- und Fettrationen ergänzt Božka schon zwei Jahre vorher – im Haushaltsbuch taucht sie mit »Butter Božka« seit Herbst 1937 immer wieder auf. Seit Kriegsbeginn liefert sie regelmäßig, nicht selten mehrmals pro Monat, Sahne, Margarine und Butter, Käse und auch Kaffee. Im Laufe der Zeit wird sich das Spektrum mehr und mehr erweitern: Schon im Folgemonat, am 11. Oktober, sind es diverse Gewürze (»Thymian«, »Basilikum«, »Estragon«, »Pfefferkörner« und »Senf«), wenig später und immer öfter die so wichtigen Backzutaten, kurz zuvor auch mal ein »Huhn«, im November und zu Weihnachten schafft sie gar eine »Ente« herbei. Im Februar 1940 dann ein Vorgeschmack auf ihre Rolle in kommenden Zeiten: Insgesamt neunmal liefert sie alles, was sie hat auftreiben können, von »Tomatenpürree« über Obst und Gemüse bis hin zu Fisch, Butter, Fett, Fleisch und Wurst; gerade Fleischwaren sind heißer begehrt denn je und zunehmend schwer zu bekommen (der Wucherpreis von mehr als 7 Mark für »Wurst« am 2. Februar beweist es).

Božka mit Hund »Puffi«

Eppi

Kurz nach Kriegsbeginn, im Herbst 1939, trifft auch der jüngste Chotzen-Sohn im Haus eines Freundes sein Glück: Ruth Cohn – sie wird später die einzige Zeugin sein, die von damals berichten kann. Ihre beiden Eltern sind Juden, im NS-Jargon gilt sie wie Lisa und Ilse somit als »Volljüdin«, die von keiner Schikane verschont bleibt. Wie so viele waren auch Cohns vor 1933 vollständig assimiliert, wie so viele wurden sie seither schrittweise ausgegrenzt, gezielt und unerbittlich: Auf den Verlust der Arbeitsstelle – Vater und Mutter waren lange Zeit im Textilhandel tätig – folgt aus »rassischen Gründen« die Kündigung der Wohnung, immer wieder und stets aus demselben Grund werden sie danach

Ulli und Ruth (2. und 3. v. r.) mit Freunden, um 1939/40

zum Umzug gezwungen: von Reinickendorf an den Bayerischen Platz im Stadtbezirk Schöneberg, von dort in die Brunnenstraße nahe dem Scheunenviertel in Mitte. Es blieb ihnen, so Ruth im Rückblick, kaum Zeit, sich einzurichten, eine wirkliche Existenz aufzubauen; als Hitler Reichskanzler wurde, war das Leben für sie vorbei. Auswanderung ist für die Eltern trotz alledem niemals ein Thema; der Vater, bei der Machtergreifung gerade mal Anfang 30, glaubt lange Zeit fest daran, dass der Nationalsozialismus ebenso schnell verschwinden würde, wie er gekommen war. Die 1922 geborene Ruth hingegen, anders als Elsas Söhne dem Zionismus eng verbunden und in einem Jugendverband aktiv, hat schon früh die feste Absicht, nach Palästina zu gehen, obwohl sie sich ihrem Heimatland zutiefst verbunden fühlt. »Ich wusste, da war keine Zukunft – ein Studium, das war mir klar, würde nie möglich sein, und ständig wurden Gesetze erlassen, die uns vor Augen führten, wie aussichtslos die Lage für uns war.«

Da die Eltern sich weigern, sie allein ziehen zu lassen, hat sie auf Rat ihres Vaters zunächst eine Lehre begonnen. Die jüdische Firma Wegner, in der Leipziger Straße gelegen, stellt künstliche Blumen und Federn her; hier lernt Ruth seit 1936 den Beruf der Kontoristin, bis der Betrieb im Jahr des Kriegsbeginns ebenfalls »arisiert« wird. Nun hat auch sie keine Möglichkeit mehr, die Ausbildung zu beenden. Als sie Ulli Chotzen begegnet, sind sie und ihre beiden jüngeren Schwestern schon zur Zwangsarbeit abgestellt. Man hat sie alle drei der Firma Schaede zugeteilt, einer »Glimmerfabrik« in Kreuzberg, die feuerfestes Material für Munition herstellt. Nicht schlecht habe man sie dort behandelt, gibt Ruth später zu Protokoll, doch die Arbeit ist hart, monoton und zermürbend in ihrem Stumpfsinn.

Ruth Cohn

Von Ulli Chotzen und seiner Familie, der sie bald vorgestellt wird, ist sie sofort tief beeindruckt – und wie die Freundinnen der älteren Brüder wird auch sie mit offenen Armen empfangen. Im Haushaltsbuch tritt sie noch in diesem Herbst zum ersten Mal in Erscheinung: Am 9. November verbucht Elsa (noch förmlich) 6 Mark bei den Ausgaben an »Frl. Cohn«; zur Feier des Tages gibt es die von Božka besorgte »Ente« (mit 9,80 Mark teuer bezahlt). Schnell wird das Verhältnis vertrauter, immer öfter ist Ruth nun zu Gast, und das nicht nur der äußeren Zwänge wegen, sondern weil sie die Atmosphäre bei Chotzens als einzigartig empfindet. »Die große Verbundenheit, die zwischen allen bestand, war sofort und unmittelbar zu spüren. In dieser Intensität ist mir das nirgends je wieder begegnet, einer hat buchstäblich für den andern gelebt. Nie war da ein lautes Wort, niemals ein ernsthafter Streit. So jung ich damals auch war, das fiel mir gleich ins Auge und hat mich für den Rest meines Lebens geprägt.« Sie begreift schnell, die Basis des Ganzen ist die Harmonie zwischen Elsa und Josef, die beiden stärken einander, ergänzen sich perfekt, er ruhig, sie eher lebhaft.

Dass Ruth nur wenige Wochen später Silvester bei Chotzens verbringt, ist dann schon fast selbstverständlich: »Alle waren so zuvorkommend und freundlich, dass ich mich sofort aufgehoben fühlte. Die Mutter hatte einen Kuchen gebacken, außerdem gab es Mohnstrudel« – »Hefe«, »Sultaninen«, »Citronen«, »Van.zu.«, »Backpu« und »Milch« hat sie dafür eingekauft –, »im Kamin brannte ein Feuer, und wir haben getanzt und Musik gemacht. Eppi hat Geige gespielt, Erich Mandoline und ich hatte mein Akkordeon dabei, ein anderer Freund hat

Eier a | Eier c | Eier b | Eier d

Auf die obigen Abschnitte a bis d werden Eier innerhalb der Zeit vom 12. 2. 1940 bis 10. 3. 1940 gemäß besonderem Aufruf ausgegeben.

Selbstversorger dürfen auf die aufgerufenen Abschnitte Eier nicht beziehen.

Gültig vom 12.2. bis 10.3.1940

Reichskarte für Marmelade, Zucker und Eier

J A № 037468

Meierei C. Bolle 97

Ernährungsamt Berlin

Name: ....

Wohnort: ....

Straße: ....

Ohne Namenseintragung ungültig!
Nicht übertragbar! Sorgfältig aufbewahren!

Der Versorgungsberechtigte kann entweder 400 g Marmelade oder 160 g Zucker beziehen. Gemäß seiner Wahl ist beim Bezug von 160 g Zucker der Bestellschein b, beim Bezug von 400 g Marmelade der gesamte Bestellschein a und b abzutrennen. Der Bestellschein a gilt nur in Verbindung mit dem Bestellschein b.

100 g Marmelade oder 40 g Zucker 3 26. 2.—10. 3. 40	100 g Marmelade oder 40 g Zucker 1 12. 2.—25. 2. 40
100 g Marmelade oder 40 g Zucker 4 26. 2.—10. 3. 40	100 g Marmelade oder 40 g Zucker 2 12. 2.—25. 2. 40
250 g Zucker 3 26. 2.—3. 3. 40	250 g Zucker 1 12. 2.—18. 2. 40
250 g Zucker 4 4. 3.—10. 3. 40	250 g Zucker 2 19. 2.—25. 2. 40

Karge Rationen: mit »J« gestempelte Lebensmittelkarte von 1940

gesungen. Es war ein bescheidener, aber sehr schöner Abend, der sicher die Grundlagen schuf für manches, was später kam.« Bald sind sie und Ulli ein unzertrennliches Paar, das sich häufig und gern in seinem Elternhaus trifft. Der Besuch von Konzerten, der Gang ins Theater und Kino ist ihnen bekanntlich verwehrt. Ein wenig von der Kultur, die allen umso mehr fehlt, als sie nun unerreichbar ist, holen sie sich nach Haus: Sie hören Schallplatten, musizieren und lesen, tauschen Bücher aus, denn auch der Besuch von Bibliotheken ist Juden nicht mehr erlaubt. Immer wieder ist Ruth beeindruckt von der klaren Urteilskraft der Brüder, ihrer Zielstrebigkeit, auch von den politischen Diskussionen, die sie in diesem Kreis erlebt, in dem sie stets das Gefühl hat, völlig offen reden zu können.

Die Erlasse, die 1940 ergehen, erschweren den Alltag noch mehr: Schon allein der Einkauf in »Judenläden«, seit September des Vorjahres Pflicht, schließt den Erwerb von zahlreichen Gütern (ob nun rationiert oder nicht) von vornherein gänzlich aus.[21] Hinzu kommt nun, dass die Lebensmittelkarten der männlichen Familienmitglieder seit März mit einem »J« gestempelt sind, und im Juli ergeht der Erlass über »Judeneinkaufszeiten«: In Berlin wird dafür jeweils am Nachmittag die Stunde zwischen 16 und 17 Uhr festgesetzt.

Demütigend und besonders infam ist der Entzug der Kleiderkarten zum Jahresbeginn 1940: Juden erhalten nun weder Textilien noch Sohlenmaterial oder Schuhe mehr. Die »Kleiderkammern« der Jüdischen Gemeinden, die als einzige Bezugsquelle übrig geblieben sind, können die große Nachfrage in keinerlei Weise decken[22] – »den Wintermantel, den ich brauchte«, das bestätigt auch Ruth, »haben wir auf dem Schwarzmarkt gekauft.«

Für Elsa Chotzen bedeutet all das eine weitere große Belastung. Klaglos nimmt sie alles in Kauf; wie hart das für sie ist, wird sie gegenüber ihrer Familie niemals auch nur erwähnen. Erst Jahre danach gibt sie zu: »Es war eine schwere Qual für mich, fünf kräftige, schwer arbeitende Männer mit dem, was sie auf ihre J-Karten bekamen, zu ernähren und ohne Kleiderkarten ihre von ausgesprochener Dreckarbeit zerfetzten Sachen zu flicken beziehungsweise in Ordnung zu halten.«[23] Die »Schneiderin« und die »Ausbesserin« müssen nun immer häufiger in Anspruch genommen werden. Und die Mutter legt auch selbst Hand an: Die Ausgaben für »Nähseide und Zwirn«, »Kurzwaren und Knöpfe«, »Gummiband«, »Garn & Stopfgarn«, zuweilen auch für einen »Gummifinger«, steigen seither erheblich.

Zur bedrückenden Allgemeinsituation kommen in diesem Frühjahr nun auch noch persönliche Sorgen: Vater Josef, gesundheitlich angeschlagen, fällt als Verdiener mehr und mehr aus – monatelang hat er sich zuvor, das zeigt das Haushaltsbuch, immer wieder noch aufgerafft, um sich zur Arbeit zu schleppen, doch mehr als ein bis zwei Wochen am Stück ist ihm dies kaum mehr möglich. Was er sich seiner Familie zuliebe in dieser Zeit zumutet, geht weit über seine Kräfte – »zwischendurch«, so berichtet Elsa später, »bekam er immer wieder durch die großen ungewohnten Anstrengungen die Rose im Bein.« Er versucht trotzdem, die Zähne zusammenzubeißen und etwas hinzuzuverdienen; seinen »Dienst« kann er allerdings wohl nur stundenweise verrichten: Löhne von 50 Pfennig am Tag, peinlich genau aufgeführt, legen diesen Schluss nahe. Von September 1938 an ist es offensichtlich auch damit vorbei – bei den Einnahmen tritt der Posten »Vati« jedenfalls nicht in Erscheinung. Erst im Herbst 1939, ein ganzes Jahr später also, ringt er sich im September, Oktober und November für jeweils eine Woche den Gang zur Zwangsarbeit ab, im Dezember holt ihn die Krankheit dann mit voller Wucht wieder ein. Dennoch lässt er im folgenden Frühjahr eine wahre Tour de force folgen,

Zur Zwangsarbeit bald nicht mehr fähig: Vater Josef, März 1938

Großeltern Arndt in Cottbus

Lisa und Bubi, um 1940

wohl weil es nicht anders geht: Seit März gerät Elsa mit ihren Finanzen erstmals in erhebliche Schwierigkeiten. »Vati 10,–« notiert sie bei den Einnahmen am 29. nach monatelanger Pause, und am 5., 13., 20., 26. April und auch noch am 10. Mai trägt er mit jeweils 20,– Mark wie früher zum Einkommen bei. Die Überanstrengung rächt sich: 12,50 Mark sind es noch am 16. Mai, aber die 5 Mark, die seine Frau am Montag, dem 20. Mai 1940 einträgt, sind endgültig der letzte Verdienst, den er nach Hause bringt.

Vom Vertrauensarzt der Ortskrankenkasse wird ihm bestätigt, dass er nur für sitzende Bürotätigkeit befähigt ist, eine solche aber ist ihm als Juden ja verwehrt. Eine Zeitlang verzeichnet das Haushaltsbuch noch wöchentlich »Krankengeld«, mal 15, mal 27,50 Mark, schließlich bleibt auch das aus. Die Kinder müssen das Einkommen nun völlig allein bestreiten. »Hätten wir unsere vier Söhne nicht zur Seite gehabt, so hätten wir verhungern können«, bestätigt die Mutter nach dem Krieg.[24]

Als wäre die Lage nicht schon schwierig genug, folgt ausgerechnet in dieser Zeit ein weiterer Schicksalsschlag. Am 30. April 1940 erreicht die Chotzens ein trauriger Anruf aus Cottbus: Marie Arndt, Elsas Mutter, ist soeben gestorben. Unverzüglich werden die Koffer gepackt, und alle sechs machen sich auf den Weg, um dem Großvater beizustehen. »Fahrt Cottbus 38,15« notiert Elsa am 2. Mai; da die Kosten für die Fahrten, die sie sonst meist allein unternimmt, bisher jeweils mit 6,30 Mark beziffert sind, ist anzunehmen, dass sie diesmal mit Mann und Kindern reist. Am 6. Mai, zurück in Berlin, deutet die Anschaffung von »Armflohr [sic] Mutti –,50« auf den Trauerfall hin, am 15. gibt Elsa dann »Blumen Großmama« im Wert von 1,50 Mark in Auftrag. Etwa einmal im Monat fährt sie von nun an zu ihrem verwitweten Vater, bis das zusehends knappe Haushaltsgeld auch das nicht mehr erlaubt. Da auch Chotzens in diesem Herbst, wie alle Berliner Juden, ihr Telefon abgeben müssen (ab November fehlt die Gebühr auf Dauer im Ausgabenbuch), ist bald nur noch Briefkontakt möglich.

Dass die Familie bei so viel Bedrängnis und Traurigkeit nicht verzweifelt, ja sogar noch optimistisch bleibt, kann eigentlich nur verwundern. Was ihnen trotz allem die Kraft gibt, die Demütigungen zu ertragen und auch jetzt noch nach vorne zu blicken, ist das unverrückbare Gefühl unbedingten Zusammenhalts: »[...] wir stehen Hand in Hand, / und Liebe ist die Richtschnur zum Weg in besseres Land. / Wenn auch die Lage sehr flau ist, 's ändert sich alles ein mal [...]« reimen die Kinder zu Vater Josefs Geburtstag am 3. Juli. »Wir werden das Glück mal ereilen, Kopf hoch, die Zukunft wird gut!!«

LISA SARA SCHEURENBERG
HUGO-KURT ISRAEL CHOTZEN
Verlobte
14. September 1940
Berlin N 4 — Elsässer Straße 54
Berlin-Wilmersdorf — Johannisberger Str. 3

Verlobung in schwieriger Zeit: Anzeige vom 14. September 1940

Es ist wohl nicht zuletzt diese Haltung, die Bubi und Lisa darin bestärkt, sich bald darauf zu verloben: Am 14. September wird das Ereignis im kleinen Kreise begangen. Mutter Elsa geht zur Feier des Tages vorher noch schnell zum »Frisör« und besorgt für die Schwiegertochter in spe einen »Blumenstrauß«. Die Eltern freuen sich, die beiden glücklich zu sehen, und doch ist ihnen eng ums Herz – dass die Zukunft wirklich gut werde, hoffen alle aus tiefster Seele. Ob sie es auch glauben, ist fraglich.

1 »Das Ziel der Judenpolitik muß die restlose Auswanderung der Juden sein. [...] Den Juden sind die Lebensmöglichkeiten – nicht nur wirtschaftlich genommen – einzuschränken. Deutschland muß ihnen ein Land ohne Zukunft sein, in der wohl die alte Generation in ihren Restpositionen sterben, nicht aber die junge leben kann, so dass der Anreiz zur Auswanderung dauernd wach bleibt.« So Reinhard Heydrich, Leiter des Sicherheitsdienstes der SS (SD), schon im Mai 1934. Zit. nach Michael Schäbitz, »Flucht und Vertreibung der deutschen Juden 1933–1941«, in: Beate Meyer, Hermann Simon (Hg.), *Juden in Berlin 1938–1945*, Berlin 2000, S. 51 ff. Zum folgenden Abriss vgl. diesen Beitrag sowie Wolfgang Benz, *Geschichte des Dritten Reiches*, München 2003, S. 163–166.

2 Vgl. hierzu Schäbitz, a.a.O., S. 51: »Die Perfidie des Regimes zeigt sich hier besonders deutlich. Die Juden wurden regelrecht vertrieben, nachdem sie vorher jeglichen Besitzes beraubt worden waren. Gleichzeitig sollte die Anwesenheit der verarmten Juden in aller Welt den Antisemitismus verstärken und Verständnis für die deutsche Judenpolitik hervorrufen.«

3 Die Aufnahmeländer wählten die Kandidaten zusehends sorgfältig aus, und viele der deutschen Juden hatten da wenig Chancen: »Bei der heutigen wirtschaftlichen Struktur der deutschen Juden fehlen vielfach die Voraussetzungen für den Aufbau einer Existenz im fremden Lande«, heißt es schon 1933 in einem Arbeitsbericht des Zentralausschusses für Hilfe und Aufbau im Central-Verein. »Kenntnis fremder Sprachen ist nicht immer vorhanden, landwirtschaftliche und manuelle Berufe sind sehr schwach vertreten und für die zahlreichen kaufmännischen Angestellten und Angehörigen der freien Berufe bieten die fremden Länder wenig oder gar keine Chancen.« Zit. nach Wolfgang Benz, *Die Juden in Deutschland*, München 1979, S. 478.

4 Zur Arbeit des Vereins, dessen offizielle Bezeichnung bis 1935 »Hilfsverein der Deutschen Juden«, nach Erlass der Nürnberger Gesetze 1935 dann »Hilfsverein der Juden in Deutschland« lautete, vgl. *Enzyklopädie des Holocaust. Die Verfolgung und Ermordung der europäischen Juden*, hg. von Eberhard Jäckel, Peter Longerich u. a., München 1998, S. 608 f. 1939 wurde der »Hilfsverein« zwangsweise eingegliedert in die »Reichsvereinigung der Juden in Deutschland«, die zunächst noch die Auswanderung, später auch die Deportationen mit organisieren musste.

5 Es ist unmöglich, eine derart komplexe Thematik wie die jüdische Auswanderung (nach Palästina und anderswo) in diesem Zusammenhang auch nur annähernd zu erfassen, zumal dies im Fall der Chotzens, was Palästina betrifft, im Großen und Ganzen Spekulation bleiben muss. Die Hürden für eine Einreise nach Palästina waren sehr hoch, sie sollte nur entsprechend des Bedarfs an Arbeitskräften zugelassen werden. Umgangen werden konnte dies lediglich durch das sogenannte Haavara (=Transfer)-Abkommen: Der Auswanderungsanwärter

meldete sich bei der Paltreu (Palästinensische Treuhandgesellschaft) an und zahlte Vermögen auf Konten ein. Von diesem Geld kaufte die Haavara-Gesellschaft Tel Aviv deutsche Waren, um sie in Palästina wieder zu verkaufen; der Erlös wurde an die Auswanderer bei ihrer Ankunft in Palästina als transferiertes Vermögen wieder ausgezahlt. Das verhinderte zum einen den Devisenabfluss aus dem Reich (zunächst einer der Hauptgründe für den NS-Staat, die Emigration zu beschränken), zum anderen wurde so dem Auswanderer gestattet, Vermögen zur Existenzgründung ins Ausland mitzunehmen, statt durch erhebliche Zwangsabgaben restlos geschröpft zu werden. Der Vorteil: Nach Einzahlung von Teilbeträgen hatte der »Kandidat« immer noch das Recht, das Geld zurückzuverlangen, wenn er beispielsweise andere Möglichkeiten der Emigration gefunden hatte. Der Nachteil: Zunächst galt das Abkommen nur für Einwanderer, deren Vermögen 1000 Palästina-Pfund überschritt, das entsprach damals etwa 12 500 Reichsmark. Neben diesen sogenannten »Kapitalisten« konnten Angehörige freier Berufe und Handwerker (Mindestkapital von 250 bis 500 Pfund) einreisen. Als sich der Weg über die Haavara 1935 als die einzige Möglichkeit erwies, aus Deutschland herauszukommen, wurden für bestimmte soziale Gruppen geringere Sätze eingeführt. Selbst wenn man für die Chotzens einen Satz von etwa 100 Pfund annimmt, so hätte Elsa bei einer Zahlung von 20 Mark im Monat 62,5 Monate (mehr als fünf Jahre) einzahlen müssen, um zum Ziel zu gelangen. Vgl. hierzu Werner Feilchenfeld, Dolf Michaelis, Ludwig Pinner, *Haavara-Transfer nach Palästina und Einwanderung deutscher Juden 1933–1939*, Tübingen 1972.

6 Mit dem White Paper revidierte Großbritannien letztlich jede Verpflichtung gegenüber dem Zionismus, und das, obwohl es mit der Balfour-Erklärung von 1917 die Schaffung einer nationalen Heimstätte für Juden verbindlich zugesagt hatte. Doch in Anbetracht der Kriegsgefahr in Europa sah es 1939 die arabische Unterstützung oder wenigstens Neutralität als unabdingbar an. Vgl. *Enzyklopädie des Holocaust*, a.a.O., S. 1581.

7 So die am 20. Dezember 1938 nachgeschobene Legitimation des »geschlossenen Arbeitseinsatzes« durch den Präsidenten der Reichsanstalt für Arbeitsvermittlung und Arbeitslosenversicherung. Dies und das Folgende zit. nach Barbara Schieb, *Nachricht von Chotzen*, Berlin 2000, S. 67.

8 So Elsa Chotzen in den Entschädigungsakten ihrer Söhne Hugo-Kurt und Erich, zit. nach Schieb, a.a.O., S. 68.

9 »Es gelang mir aber nach einigen Wochen, bei der kleineren Brunnenbaufirma W. Engelmann, Cöpenick, wieder Arbeit zu finden. Nach zwei Jahren musste ich aber auf Eingreifen des Arbeitsamtes für Juden, Fontanepromenade, auch hier aufhören. Daraufhin wurde ich in den äußerst gesundheitsschädigenden Betrieb: Sandstrahlbläserei Strauss, Eisenbahnstraße zwangsvermittelt.« So Eppi in seiner Entschädigungsakte, zit. nach Schieb, a.a.O., S. 67.

10 Vgl. auch Wolf Gruner, *Judenverfolgung in Berlin 1933–1945. Eine Chronologie der Behördenmaßnahmen in der Reichshauptstadt*, Berlin 1996. So in der 3. Verordnung zum »Reichsbürgergesetz« vom 14. Juni 1938.

11 Gruner, a. a. O., Verordnung vom 20. Juli 1938.

12 Hermann Simon, »Das Jahr 1938«, in: Meyer, Simon (Hg.), a.a.O., S. 19.

13 Gruner, a. a. O., S. 55 ff.

14 *Die Tagebücher von Joseph Goebbels*, hg. von Elke Fröhlich, Teil 1, Bd. 3, München 1993, S. 452. Zu den Ausschreitungen im Sommer 1938 vgl. Christian Dirks, »Die ›Juni-Aktion‹ 1938 in Berlin«, in: Meyer, Simon (Hg.), a.a.O., S. 33 f.

15 Strafanzeige vom 25.3.1948 der Witwe Elsa Chotzen, geb. Arndt, in Berlin-Wilmersdorf, Johannisberger Str. 3, vertreten durch

Rechtsanwalt Dr. Franz Henschel, Berlin-Wilmersdorf, Johannisberger Str. 5, gegen den früheren Studienrat Fritz Quastenberg in Berlin-Wilmersdorf, Johannisberger Str. 3, wegen Verbrechens gegen die Menschlichkeit, vorgelegt beim Generalstaatsanwalt bei dem Landgericht Berlin, Turmstr. 91, Berlin NW 40, 3 Seiten, Nachlass Chotzen, Gedenkstätte Haus der Wannseekonferenz, vgl. Schieb, a.a.O., S. 56.

16 So zu lesen in der o. g. Strafanzeige Elsa Chotzens.

17 Zu den im Folgenden geschilderten Maßnahmen sowie zum Göring-Zitat vom 12. November vgl. Albert Meirer, »›Wir waren von allem abgeschnitten‹. Zur Entrechtung, Ausplünderung und Kennzeichnung der Berliner Juden«, in: Meyer, Simon (Hg.), a.a.O., S. 94ff., sowie Gruner, a.a.O., S. 59ff. und Benz, *Geschichte*, a.a.O., S. 117f.

18 Die in vier Raten zu zahlende »Sühneabgabe« in Höhe von 20 Prozent bei Vermögen über 5000 Mark (sie wurden im Frühjahr 1938 erfasst) blieb den Chotzens wohl erspart.

19 Dazu und zum Folgenden vgl. Ilse Rewald, zit. nach Schieb, a.a.O., S. 79ff.

20 Vgl. Benz, *Die Juden in Deutschland*, a.a.O., S. 605f. sowie ders., *Geschichte*, a.a.O., S. 131.

21 Vgl. hierzu Joseph Walk (Hg.), *Das Sonderrecht für Juden im NS-Staat. Eine Sammlung der gesetzlichen Maßnahmen und Richtlinien*, Heidelberg 1981, S. 304 sowie Gruner, a.a.O., S. 73ff.

22 Vgl. Benz, *Juden*, a.a.O., S. 608 sowie Uwe Dietrich Adam, *Judenpolitik im Dritten Reich*, Düsseldorf 1976, S. 260f.

23 Elsa Chotzen in ihrer Entschädigungsakte, zit. nach Schieb, a.a.O., S. 69.

24 Zit. bei Schieb, a.a.O., S. 87.

	Fahrgeld	45		Hausputz	40
–	Rolle				
–		2.75	16.	Bading	2.–
5.–	5. Friseur Mutti	1.25	13	Vati	1.16
5.–	Kaule	5.–	17	Trauringplatz	5
5.	Ausbesserung			Fahrgeld	–4
30.–	Vogelfutter	1.40			
25.–	Strümpfe Alice	1.75	18	Rollbus abtrag	2
25.–	8	15		Fahrgeld	2
20.–	Fahrgeld	2.–		Kirch. Mutti	
23.–	Vati	50		Rasierzeug Willi	2
96.–	–9 24 Ringschrauben	25		Parfüm	
	5 Hakenschrauben	76		Kerzen	
	1 Lampe 15 Watt	10		Karamellen	1
	2 Sicherungen	15		Nagelpflege Lisa	
	Vogelsand	30		Heringe Ernst	
	Brotpapier	1.30		Pfefferkuchen	
	Kerzen	1.70		Bonbons	
	10 Zoll [illegible]	1.35	19.	Strümpfe abstopfen	
	11. Strümpfe stopfen	20		Konfekt	
1940	Fahrgeld	4.–		3 Netze	
85.–	v. d. Reichsversich.	5		Parfüm	

4 Das letzte gemeinsame Jahr: Weihnachten 1940 bis Ende 1941

Trotz kriegsbedingter Einschränkungen, trotz Geldknappheit und zunehmender Bedrängnis richtet Elsa Chotzen das Weihnachtsfest 1940 wie zu Friedenszeiten aus. Als ahnte sie, welche Tragödie sich anbahnt, treibt sie diesmal vielleicht sogar noch mehr Aufwand als sonst. Insgesamt 496,– Mark weist das Haushaltsbuch im Dezember bei den Einnahmen aus. Abzüglich der Fixkosten – für Miete, Volkswohl, Krankenkasse, Licht und den »Lokalanzeiger« sind fast 120 Mark zu bezahlen – werden die Wochenlöhne der Söhne zu großen Teilen in die Festvorbereitung gesteckt, willkommen sind auch die 100 Mark vom Großvater aus Cottbus.

Schon am 12. des Monats setzt, wie Elsas Notizen zeigen, eifrige Betriebsamkeit ein: Für 1,80 Mark besorgt sie einen Baum, der mit den seit langem gehüteten Kugeln und Sternen liebevoll geschmückt wird. Sie kauft Pfefferkuchen, Gewürze und Nüsse, backt selbst Weihnachtsplätzchen, deren Duft durch die Wohnung zieht, stellt im Wohnzimmer Kerzen auf, verteilt Schälchen mit »Karamellen«. Allenthalben macht sich im Hause Chotzen nun Festtagsstimmung bemerkbar. Am 18. beginnt die Mutter mit dem Geschenkekauf; monatelang hat sie für diesen Zweck gespart, wann immer sie die Gelegenheit sah, etwas Geld zurückgelegt – in diesem Jahr soll der Gabentisch so üppig wie möglich bestückt sein. Nun schröpft sie die Haushaltskasse, kombiniert für jedes Familienmitglied Praktisches wie Notwendiges mit kleinen Luxusartikeln: Ulli erhält »Rasierzeug« und mehrere »Parfüms«, auch Erich schenkt sie »Parfüm«, »Weingeist« und ein Paar »Socken«, Bubi bekommt einen »Ring«. Ruth, Ilse und Lisa werden unter dem Weihnachtsbaum nicht allein »Hausschuhe« finden, sondern auch »Manicüre« und eine »Nagelpflege«, für Božka vermerkt sie »Nähbeutel« und eine »Kartentasche«. Für Eppi und Božka gemeinsam ersteht sie »Plattenalben«. Wenig später kauft sie »Vati« für 12 Mark einen »Hut«, und sogar sich selbst macht sie mit einem »Muff« ausnahmsweise ein kleines Geschenk.

Für Juden seit November 1939 verboten, doch bei Chotzens stets vorhanden: Schokolade

»Božkas Weihnachtsschatten« steht im Album unter diesem Bild.

Bei Tisch in der Johannisberger Straße 3

Die Gaben werden verpackt und sorgfältig versteckt, dann wird noch schnell das ganze Haus zum Fest blitzblank geputzt: Drei Tage vor Weihnachten füllt Elsa den Schrank mit Imi, Ata und Vim, Henko und Seifenpulver, und die Tischwäsche wird zu den Feiertagen besonders schön gestärkt. Bevor am 24. das große Kochen beginnt, wird vorsorglich ein weiteres Mal der Süßwarenvorrat ergänzt: Allein für Pfeffernüsse und die (verbotene) »Choko« trägt sie insgesamt 12,60 Mark ins Haushaltsbuch ein, auch Nüsse, »Konfekt« und »Bonbons« dürfen auf keinen Fall fehlen. Für das Festessen am Heiligen Abend ergattert die Mutter seltene Köstlichkeiten, die in »Judenläden« seit Jahr und Tag nicht mehr zu haben sind: 3,20 Mark kostet der »Sauerbraten«, es gibt Fisch und Schweinefleisch, Zitronen, Apfelsinen und Äpfel. Wie rar gerade das Obst ist, legt wieder die Buchführung offen: 4 bis 5 Mark gibt Elsa gleich mehrmals für Äpfel aus – sonst überschreiten die Kosten für Lebensmittel die Zweimarksgrenze nur höchst selten. Aus dem »Pudding«, den »Rosinen« und »Mandeln« und vielleicht auch der »Marmelade«, die Božka kurz zuvor mitgebracht hat, entstehen diverse Desserts. Abgerundet wird das Mahl laut Ausgabenbuch durch »Rotwein«; auch Alkohol wird Juden alsbald verboten sein. Am großen Tag selbst besorgt Elsa noch für 80 Pfennig »Lametta«. Später dann, als es dunkel wird, ist es endlich so weit: Die Kerzen werden entzündet, Geschenke ausgepackt, und die ganze Familie versammelt sich um den festlich gedeckten Tisch. Für die Dauer von einigen Stunden vergessen sie alle womöglich, in welcher Lage sie sind. Sie reden, genießen das Essen, sind glücklich, zusammen zu sein, musizieren vielleicht auch ein wenig. Die Scheiben spiegeln den Kerzenschein, während draußen der Schnee in dichten Flocken herabfällt und alles ganz friedlich erscheint – selbst das Wetter spielt in diesem Jahr mit und beschert den Berlinern die einzige weiße Weihnacht im Krieg.

Weihnachtsbaum im Hause Chotzen

Nur drei Tage später fallen im Haushaltsbuch folgende Einträge auf: »Gerichtskosten 16,–«, »Gütertrennung 35,–« ist da am 27. Dezember zu lesen. Bei einer derart engen Verbindung, wie sie zwischen Elsa und Josef besteht, ist dies mit Sicherheit nicht als Zeichen persönlichen Zwists, sondern als eine Art Vorsichtsmaßnahme zu deuten, die, wie das Kommende zeigen wird, nur allzu gerechtfertigt ist.

1941 – das Jahr, in dem sich das Schicksal der deutschen Juden noch dramatischer zuspitzen wird – beginnt für die Familie relativ ruhig. Dass die dunklen Wolken bedrohlicher werden, ist dennoch unübersehbar. Eppi, der zu dieser Zeit in der Spätschicht arbeiten muss (sie endet abends um 22 Uhr), berichtet von einer scharfen Wohnungskontrolle, die wohl im Januar erfolgt – Verstöße gegen das Ausgehverbot werden streng bestraft, bei jedem Klingeln an der Tür fährt allen der Schreck in die Glieder: »Wir Juden mussten ja um 20 Uhr wieder in der Wohnung sein. Verbotenerweise haben wir alle das sehr oft aus verschiedenen Gründen nicht eingehalten. An einem Abend, als ich zum Glück ordnungsgemäß gegen 23 Uhr zuhause klingelte, stand hinter der Entréetür, die einer meiner Brüder aufmachen wollte, ein bewaffneter Schupo! Im Wohnzimmer saßen um den Tisch im Nachthemd oder Schlafanzug meine Mutter, mein Vater und meine zwei Brüder. Der dritte war noch ange-

Der Älteste und der Jüngste: Eppi und Ulli, 1936

Bubi als Zwangsarbeiter bei der Müllabfuhr, Mai 1940

zogen. [...] Am Kopfende des Tisches vernahm anhand einer Liste ein Zivilist eingehend in rüdem Ton alle Anwesenden. [...] Besonders wurde geprüft, ob alle gemeldeten Personen entsprechend der Verordnung anwesend und vor allem keiner sich bei uns darüber hinaus aufhielt. Erst als ich die notwendige Ausnahmebewilligung vorweisen konnte, blieben wir unbehelligt. Es war eine von vielen deprimierenden Situationen, an die ich mich erinnere.«

Sie ist umso deprimierender, als auch Chotzens befürchten müssen, der »Entjudung des Wohnraums«, wie es ohne Beschönigung heißt, zum Opfer zu fallen, die inzwischen auf höchsten Befehl intensiviert wird.[1] Nachdem der Mieterschutz für die bei »arischen« Vermietern wohnenden Juden schon im Frühjahr 1939 aufgehoben und bald darauf der Zuzug in bestimmte Stadtviertel untersagt worden ist, müssen jüdische Mieter ihre Wohnungen nun immer öfter für nichtjüdische Deutsche räumen und werden, auch dies ist wohl kalkuliert, auf Ersatzunterkünfte verteilt, die nicht weit voneinander entfernt sind.[2] Wie beiläufig beginnt so mit der Einweisung in »Judenhäuser« die Ghettoisierung. Ihr eingangs erläuterter »rassenrechtlicher Status« macht die Situation auch für die Chotzens immer prekärer: »Privilegierte Mischehen« sind, so hatte Hitler entschieden, von den Maßnahmen nicht betroffen, doch als »Geltungsjuden« mit jüdischem Vater genießen die Brüder keinerlei Schutz.[3]

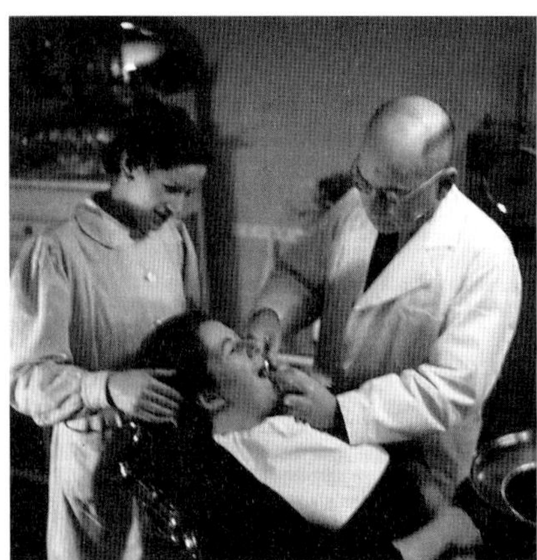

Lisa als Zahnarzthelferin, Dezember 1940

Angesichts des Alltags der Zwangsarbeit, der Willkür und der ständigen Angst vor Schikanen wird es immer schwerer, den Mut nicht sinken zu lassen. Auch Lisa hat ihre Stelle inzwischen durch »Arisierung« verloren, sie arbeitet nun als Sprechstundenhilfe bei einem jüdischen Zahnarzt. Von Elsas Schützlingen hat sie es damit offenbar noch am besten getroffen, denn die Tätigkeit sagt ihr im Rahmen des damals Möglichen sogar einigermaßen zu.[4] Die Brüder hingegen sind Tag für Tag mit Demütigungen konfrontiert, die entwürdigenden Arbeitsumstände belasten sie alle auch psychisch. Gerade Bubi, nach Auskunft seines ältesten Bruders ausgeprägt emotional veranlagt, geht es besonders nahe, als ehemalige Sportkameraden ihn eines Tages in einer »Judenkolonne« sehen – er ist inzwischen zwangsweise bei der Abfallbeseitigung tätig. Schweigend wenden sie sich ab, keine Geste, kein Gruß, keine Hilfe. Feindseligkeit oder gar Aggression ist dahinter wohl kaum zu vermuten, zu schmachvoll erscheint ihnen einfach sein Anblick, als dass sie ihn wahrhaben wollen.[5] Die Ausgrenzung hat ihn für sie zum Fremden gemacht, die jüdische Realität, in der er nun lebt, hat mit der »arischen« nichts zu tun.[6] »Berlin wird von den Juden gereinigt« notiert er doppeldeutig-lakonisch wenig später unter ein Bild, das ihn bei der Müllabfuhr zeigt.

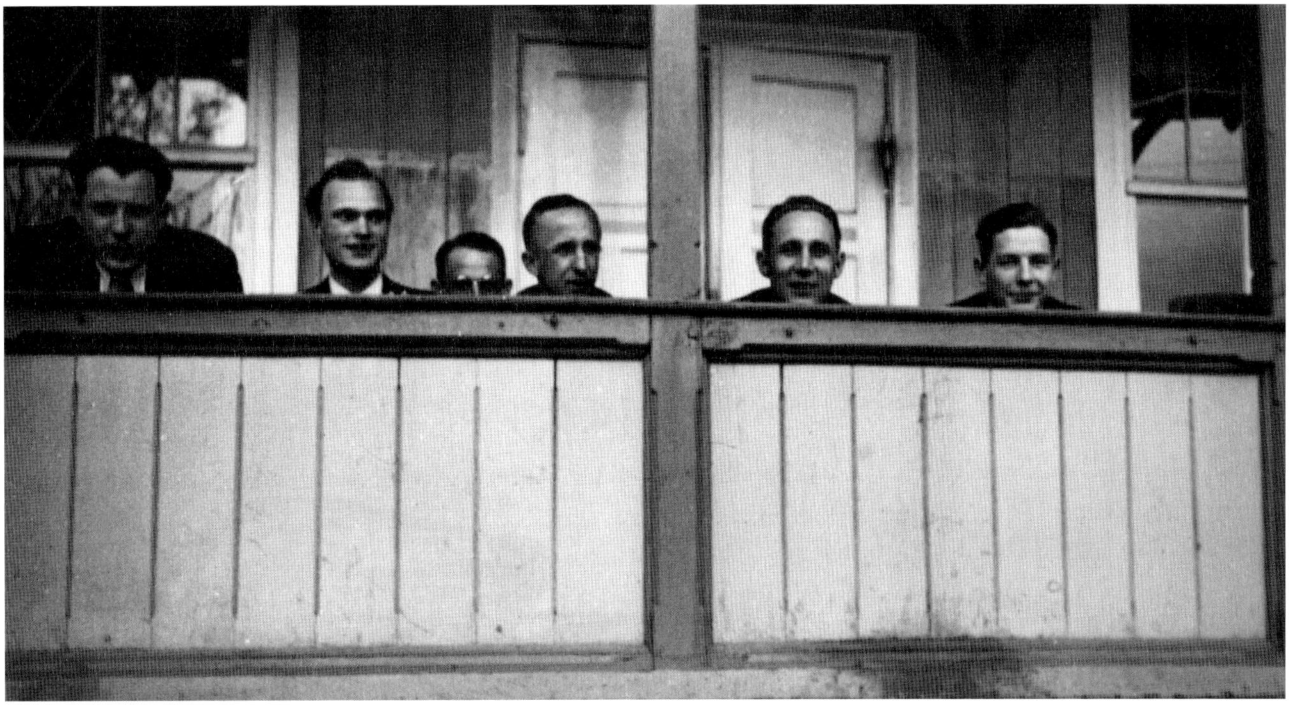

Je größer die äußeren Zwänge, desto stärker verlagert sich das Leben der Kinder in den Innenraum – mehr denn je, da anders als früher wird die Wohnung der Eltern zum Schutz- und Rückzugsort vor den Unwägbarkeiten des Alltags, verwaltet von Mutter Elsa, die über alle wenigstens hier schützend die Hand halten kann. Die Familie vollzählig um sich zu haben ist ihr so wichtig wie nie. Sie tut, was sie nur kann, um den Anschein der Normalität so weit

Schöne Erinnerung: mit Kameraden aus der Handballmannschaft in Dessau, 1936

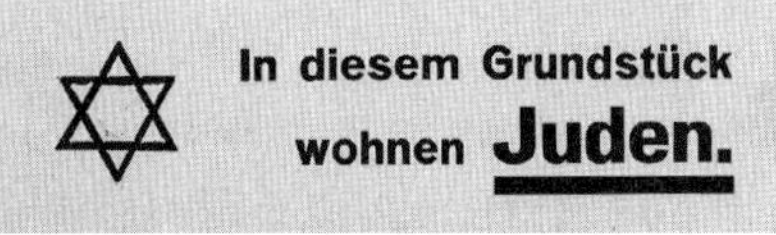

Fortschreitende Ghettoisierung

Der sonntägliche Kuchen: ein festes Ritual. Von links nach rechts: Bubi, Josef, Erich, Elsa, Ulli Chotzen, 10. Juni 1934

wie möglich zu wahren, Geborgenheit zu vermitteln, ein wenig Freude zu stiften. Geburtstage spielen dabei, wie es scheint, eine entscheidende Rolle: Mit Hingabe und Einfallsreichtum besorgt sie kleine Geschenke, arrangiert, überlegt, reibt sich auf. Am 28. Januar ist Erich an der Reihe: Am Vortag notiert sie »Kerzen« und »Backgeld« für den Kuchen, am folgenden Morgen drapiert sie dann schnell, was sie hat auftreiben können – »Blumen« und »Füller Erich« sind im Haushaltsbuch vermerkt. Zwei Monate später zelebriert sie für Bubi dasselbe Ritual; für ihn hat sie eine »Cravatte« und sogar eine »Uhr« (27,–) gefunden. Auffällig häufig beschafft sie im Frühjahr die sonst seltenen »Apfelsinen«, und den wachsenden Schwierigkeiten zum Trotz gelingt es ihr noch immer, den Speiseplan für die Familie recht abwechslungsreich zu halten.

Reis, Obst und Gemüse, Fleisch, Tee und Kaffee werden nach wie vor gekauft. »Jede Woche«, erinnert sich Ruth, »backte sie einen Kuchen – mal Käsekuchen, mal Apfelkuchen, manchmal auch einen Strudel, und wenn die Zeit irgendwie dafür reichte, lud sie die wenigen Freunde ein, die wir damals noch hatten. Sie hat uns alles erleichtert.«

№107552 ✻

Reichsseifenkarte

Landeswirtschaftsamt Karlsruhe

M

Name ....

Wohnort ...., Straße ....

Ausgabestelle ...... BÜRGERMEISTERAMT EPFIG

Ohne Namenseintragung ungültig! Nicht übertragbar!

Gültig vom 1. Oktober 1942 bis 31. Mai 1943

1 Stück Rasierseife Februar bis Mai 1943

Mai 1943 1 Stück Einheitsfeinseife	April 1943 1 Stück Einheitsfeinseife
Mai 1943 50 g Wasch-(Seifen-)Pulver	April 1943 50 g Wasch-(Seifen-)Pulver
Mai 1943 50 g Wasch-(Seifen-)Pulver	April 1943 50 g Wasch-(Seifen-)Pulver
Mai 1943 50 g Wasch-(Seifen-)Pulver	April 1943 50 g Wasch-(Seifen-)Pulver
Mai 1943 50 g Wasch-(Seifen-)Pulver	April 1943 50 g Wasch-(Seifen-)Pulver
Mai 1943 50 g Wasch-(Seifen-)Pulver	April 1943 50 g Wasch-(Seifen-)Pulver

März 1943 1 Stück Einheitsfeinseife	Februar 1943 1 Stück Einheitsfeinseife	Januar 1943 1 Stück Einheitsfeinseife	Dezember 1942 1 Stück Einheitsfeinseife	November 1942 1 Stück Einheitsfeinseife
März 1943 50 g Wasch-(Seifen-)Pulver	Februar 1943 50 g Wasch-(Seifen-)Pulver	Januar 1943 50 g Wasch-(Seifen-)Pulver	Dezember 1942 50 g Wasch-(Seifen-)Pulver	November 1942 50 g Wasch-(Seifen-)Pulver
März 1943 50 g Wasch-(Seifen-)Pulver	Februar 1943 50 g Wasch-(Seifen-)Pulver	Januar 1943 50 g Wasch-(Seifen-)Pulver	Dezember 1942 50 g Wasch-(Seifen-)Pulver	November 1942 50 g Wasch-(Seifen-)Pulver
März 1943 50 g Wasch-(Seifen-)Pulver	Februar 1943 50 g Wasch-(Seifen-)Pulver	Januar 1943 50 g Wasch-(Seifen-)Pulver	Dezember 1942 50 g Wasch-(Seifen-)Pulver	November 1942 50 g Wasch-(Seifen-)Pulver
März 1943 50 g Wasch-(Seifen-)Pulver	Februar 1943 50 g Wasch-(Seifen-)Pulver	Januar 1943 50 g Wasch-(Seifen-)Pulver	Dezember 1942 50 g Wasch-(Seifen-)Pulver	November 1942 50 g Wasch-(Seifen-)Pulver
März 1943 50 g Wasch-(Seifen-)Pulver	Februar 1943 50 g Wasch-(Seifen-)Pulver	Januar 1943 50 g Wasch-(Seifen-)Pulver	Dezember 1942 50 g Wasch-(Seifen-)Pulver	November 1942 50 g Wasch-(Seifen-)Pulver

Seit Juni 1941 nur »Ariern« vorbehalten: »Reichsseifenkarte«

Elsa Chotzen lässt anschreiben, macht Schulden, holt sich Vorgestrecktes zurück, um wieder mehr Luft zu haben. Im März beispielsweise sieht ihre Bilanz folgendermaßen aus: Bei Einnahmen von 445 Mark (davon 100 Mark »geborgt«, eine Schuld, die sie durch Geld aus Cottbus später tilgen kann) belaufen sich die Ausgaben insgesamt auf 491,48 Mark. Durch die 39,45 »zurück«, die sie – fein säuberlich aufgeführt – bei den Kindern, Raschinskis und Lisa am Monatsende eintreibt, schrumpft das Minus, das sie macht, auf überschaubare 7,03 Mark. Für gewöhnlich hält sie den Kassenstand gerade eben noch im Lot.

Die Kette der staatlichen Verordnungen reißt auch in diesem Jahr nicht ab.[7] Nahrungsmittel, die Juden eventuell durch Pakete aus dem Ausland erhalten, sind ab 20. April von ihren (stetig reduzierten) Zuteilungen abzuziehen, ab Juni werden die mit einem »J« gekennzeichneten Lebensmittelkarten gesondert ausgegeben, ab 7. August entfallen für Juden die Schwerstarbeiterzulagen. Im Juni 1941 wartet die Bürokratie mit besonderer Niedertracht auf: Um jüdische Männer durch Bärte als solche kenntlich zu machen, erhalten sie keinerlei Zusatzscheine für Rasierseife mehr, auch der Kauf von Seife ist ihnen nun untersagt. Wie Mutter Elsa dies weiterhin in ausreichender Menge beschafft, wird ihr Geheimnis bleiben; im Ausgabenbuch notiert sie beides auch künftig, mitunter als Hamsterkauf: »6 Stück Seife« etwa am 28. November. Entwürdigend ist auch der Erlass, der am 10. Oktober ergeht: Selbst Nähmaterial wird Juden nun weitgehend vorenthalten, nur vierteljährlich ist es künftig zu beziehen – für maximal 20 Pfennig. Allein das »Strümpfe stopfen«

Kleine Eskapaden: die Fahrten aufs Land. Das Bild zeigt Eppi auf dem Steg am Krossinsee.

fällt bei den Chotzens etwa einmal pro Woche an; in der Haushaltskasse schlägt es im Durchschnitt mit 1,50 Mark zu Buche. Die Beschaffung dringend benötigter Utensilien wie »Garn«, »Gummiband« oder »Zwirn« ist noch schwieriger als zuvor.

Elsa muss rechnen, mehr denn je: Der Zustand des Vaters ist inzwischen so labil, dass er nicht mehr arbeiten kann, nicht einmal mehr wochenweise wie noch im vorigen Jahr. Er kann wohl aufstehen, das Haus verlassen und leichte Arbeit verrichten, zur Schwerstarbeit aber, zu der man ihn zwang, ist er längst nicht mehr in der Lage – und Unterstützung im Krankheitsfall ist »Ariern« vorbehalten. Hinzu kommen Resignation und Zukunftsangst, die Sorge um seine Familie. Stets hatte er sich als Teil dieses Landes gesehen, für das er sogar in den Krieg gezogen war; nun ist er einer von unzähligen Juden, die das Regime in die Knie zwingt. Der nervlichen Belastung, die das für ihn bedeutet, hält er immer weniger stand. Einzig mit »Vati 2,–« pro Woche taucht er 1941 im Haushaltsbuch noch auf – eine Art Taschengeld wohl, das seine Frau ihm zusteckt. Das Verhältnis zwischen den beiden wird dadurch nicht getrübt, Elsa gibt ihm weiterhin Rückhalt, sie steht zu ihm, komme, was wolle.

So manchen Freiraum lassen sich die Brüder auch in diesem Sommer nicht nehmen: An den Wochenenden treiben sie bei Gelegenheit – verbotenerweise – Sport, und auch das strikte Badeverbot übertreten sie, wann immer es geht. Die Fahrten nach Wernsdorf zu Gärischs Strand und zu den Seen rund um Berlin, die sie nach wie vor unternehmen, sind kleine Eskapaden, die allen, wie Eppi berichtet, wahre Glücksgefühle bescheren – geboren aus dem Bewusstsein, dem System die Stirn zu bieten, und sei es auch nur im Kleinen.

Bei mindestens zehn Stunden Arbeit pro Tag und den sich mehrenden Restriktionen sind die Möglichkeiten zur Freizeitgestaltung ansonsten sehr begrenzt. Um dennoch ein wenig für sich zu sein und Abstand zu gewinnen, halten sich alle Chotzen-Kinder nicht nur häufig zu Hause auf, sondern gerne

Verbotenes Bad im See

Momente der Zweisamkeit …

… auf dem Dach bei Scheurenbergs, 1941

auch auf dem Dach. Die Fotos, die dort entstehen, zeigen auf wehmütige Weise ungebrochenen Lebensmut – zu resignieren, sich abzufinden kommt für keinen von ihnen in Frage.

Zu Pfingsten Anfang Juni wagen Bubi und Lisa noch einmal eine kleine Reise aufs Land: Im Örtchen Güstebiese, etwa 80 Kilometer nordöstlich der Hauptstadt an der Oder gelegen, besuchen sie Lucie Bauer, eine Schwester von Lisas Vater. Für ein paar Tage sind die beiden bei ihr einquartiert, atmen auf, genießen die Ruhe, die unverfälschte Natur. Es ist das letzte Mal für lange Zeit, dass sie Berlin verlassen; nur wenige Monate später wird dies für Juden unmöglich sein.

Leichtsinnig, aber nur zu verständlich mag auch der Ausflug erscheinen, den sie knapp drei Wochen nach ihrem Kurzurlaub unternehmen: Gegen das ausdrückliche Verbot, die Innenstadt zu betreten, fahren die beiden am Sonntag, dem 22. Juni 1941, demonstrativ ins Zentrum. In der Nacht haben deutsche Truppen – dem »Nichtangriffspakt« mit Stalin zum Trotz – die Sowjetunion überfallen. Es ist ein strahlender Sommertag, wie andere Paare flanieren sie die Straße Unter den Linden entlang zum Brandenburger Tor. Sie fotografieren einander mehrfach wie Touristen in Friedenszeiten, doch Freude oder

Gewagter Spaziergang in die Innenstadt …

… am 22. Juni 1941

gar Unbeschwertheit zeigen ihre Gesichter nicht, eher Sorge über das Wagnis, das dieser Spaziergang bedeutet. Sie wissen: Für den totalitären Staat gehören sie nicht mehr dazu.

Nach dem Einmarsch der deutschen Truppen in Russland tritt die »Judenpolitik« des Regimes in eine neue Phase: Hatte man in der Parteispitze lange noch die Auswanderung forciert, auch eine »territoriale Endlösung« oder »Judenreservate« erwogen, werden solche Pläne nun in eine dezidierte Politik der Vernichtung überführt.[8] Faktisch ist das Morden bereits in vollem Gange: Seit Beginn des Russlandfeldzugs haben die unter SS-Befehl stehenden »Einsatzgruppen«, bereits in Polen erprobt und eigens für diese Zwecke geschult, im Baltikum, in Weißrussland, auf der Krim und in der Ukraine in unfassbarem Ausmaß gewütet. Bis April 1942 werden mehr als eine halbe Million Menschen – Geistliche, Intellektuelle, Politiker, »weltanschauliche Gegner« – auf brutalste Weise ermordet, darunter fast die gesamte jüdische Zivilbevölkerung. Männer, Frauen und Kinder werden zusammengetrieben, mit Maschinengewehren buchstäblich niedergemäht und in Massengräbern verscharrt. Allein in der Schlucht von Babi Jar bei Kiew sterben Ende September 1941 auf diese Weise fast 34 000 Menschen.

Offen ausgesprochen wird der Kurswechsel in Richtung Völkermord nicht, und doch ist die Vollmacht, die »Reichsmarschall« Hermann Göring, formell in letzter Instanz für die »Judenfrage« zuständig, im Hochsommer 1941 abfasst, für Eingeweihte unmissverständlich. »[...] für eine Gesamtlösung [...] im deutschen Einflussgebiet in Europa«, so teilt er Reinhard Heydrich, dem Chef des Reichssicherheitshauptamts, am 31. Juli mit, seien zum einen »alle erforderlichen Vorbereitungen in organisatorischer, sachlicher und materieller Hinsicht« zu treffen. Zum anderen erwarte er für die »Endlösung der Judenfrage [...] in Bälde einen Gesamtentwurf«.[9] Konkreter muss Göring nicht werden. Heydrich, SS-General und Prototyp des intelligenten, eiskalten Strategen, macht sich unverzüglich ans Werk – der groß angelegte Massenmord wird perfekt organisiert. Mit der Vorbereitung der Deportationen, die dazu erforderlich sind, beauftragt er Adolf Eichmann, den Leiter des berüchtigten Referats IV B 4 für »Judenangelegenheiten« in seiner Behörde; dieser hatte sich schon 1938 bei der Vertreibung der Juden aus Österreich nach dem »Anschluss« einen Namen gemacht. Bei der Durchführung der massenhaften Vernichtung soll das bereits 1940 errichtete Lager Auschwitz in Polen eine entscheidende Rolle spielen. Sein Kommandant, Rudolf Höß, wird mit der Aufgabe betraut, in Zusammenarbeit mit Eichmann entsprechende Strukturen zu schaffen. Der zu erwartende Aufwand, das ist allen Beteiligten klar, wird beträchtlich sein. Man nimmt ihn ohne Zögern in Kauf.

Lisa Unter den Linden, 22. Juni 1941

»Im übrigen sagt der Führer mir zu, die [...] Juden so schnell wie möglich [...] in den Osten abzuschieben«, notiert Propagandaminister Goebbels Mitte August triumphierend in sein Tagebuch. »Dort werden sie dann unter einem härteren Klima in die Mache genommen.«[10] Der Sprachduktus dieser Eintragung bedarf keiner weiteren Erläuterung.

Die Maschinerie gerät ins Rollen, wenn auch in den einzelnen Abläufen noch nicht alles sofort funktioniert. Nicht einmal sechs Monate werden vergehen, bis diese »Probleme« gelöst sind. »Endlösung«, das jedenfalls steht jetzt bereits fest, meint von nun an nichts anderes mehr als Verschleppung mit dem Ziel der Vernichtung.

In der Johannisberger Straße laufen an jenem Tag, an dem Göring den Massenmord delegiert, die Vorbereitungen, um gleich aus zwei Gründen zu feiern: Am 2. August wird Nesthäkchen Ulli 21 Jahre alt, volljährig also, am 3. wollen er und Ruth sich offiziell verloben. »Besteck« für »17,50« kauft Mutter Elsa dem jungen Paar am 31. Juli, drei Tage vorher hat sie für 20 Mark bereits

Bubi am Brandenburger Tor, 22. Juni 1941

Im Namen des Führers und Reichskanzlers

Dem Kaufmann Josef C h o t z e n

in Berlin - Wilmersdorf

ist auf Grund der Verordnung vom 13. Juli 1934 zur Erinnerung an den Weltkrieg 1914/1918 das von dem Reichspräsidenten Generalfeldmarschall von Hindenburg gestiftete

Ehrenkreuz für Kriegsteilnehmer

verliehen worden.

Polizeipräsident in Berlin – Polizeiamt Schöneberg-Wilmersdorf

Berlin, den 29. November 1935.

Der Polizeipräsident

I.A.

Nr. C. 137 /35.

Absurdum mit zynischem Beigeschmack: das Josef Chotzen noch 1935 verliehene »Ehrenkreuz für Kriegsteilnehmer«

ein »Service« erstanden. Am 1. August treibt sie für ihren Jüngsten »Oberhemd« und »Cravatte« auf, wobei sie mit insgesamt 19 Mark wieder tief in die Tasche greift – und sicher (wie schon im März bei Bubi) einen hohen Zeitaufwand betreibt und verbotene Wege beschreitet, denn Kleiderkarten gibt es für Juden bekanntlich schon lange nicht mehr. Trotzdem dürfen tags darauf auch »Blumen Ulli« nicht fehlen. Zweifellos werden beide Anlässe mit sehr gemischten Gefühlen begangen; was alle gleichermaßen umtreibt, bedarf keiner Worte: Die Kinder sind jung, intelligent und gesund und doch fast ohne Perspektive. Normalerweise wäre dies der Moment, hoffnungsvoll hinaus ins Leben zu gehen, doch im neunten Jahr der Diktatur, die nun seit beinahe zwei Jahren Krieg führt, ist ihnen dies verwehrt. Das Bewusstsein, die eigene Jugend verloren zu haben, ist in jedem Augenblick präsent.

Bedrückend, beengend, berichtet auch Ruth, sei diese Lage gewesen, die ihnen Tag für Tag weniger Luft zum Atmen lässt: »Wenn ich das mit meinem späteren Leben vergleiche, dann wird mir umso schmerzlicher bewusst, wie eingeschränkt wir waren, eingesperrt, zur Untätigkeit verurteilt. Kultur, Theater, Konzerte, das alles war seit langem verboten, wir durften ja nicht einmal mehr in den Park und einfach auf einer Bank sitzen, überall war die klare Botschaft ›Juden unerwünscht‹. Vielleicht hat uns das noch enger verbunden – wir waren froh, beieinander zu sein, hielten zusammen wie ein Klan, aber für echte Fröhlichkeit war in diesen Zeiten kein Platz.«

Offene Diskriminierung: Auch die Chotzen-Söhne müssen ab dem 19. September 1941 den Judenstern tragen.

Bald darauf, am 1. September 1941, beschließt der Staat jene Maßnahme, die die schon zutiefst Erniedrigten offen stigmatisiert: Laut einer entsprechenden Polizeiverordnung ist die Kleidung eines jeden Juden vom sechsten Lebensjahr an mit einem gelben Davidstern zu versehen. Die Stoffsterne, die in hebraisierender Schrift die Aufschrift »Jude« tragen, sind von den Betroffenen gut »sichtbar auf der linken Brustseite [...] fest aufgenäht zu tragen«.[11]

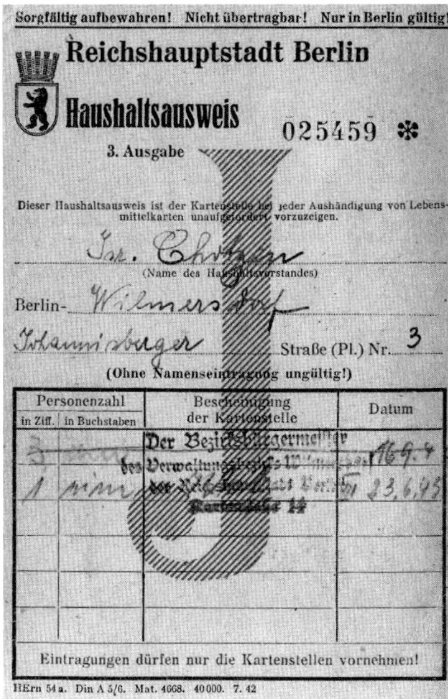

Sorgfältig aufbewahren! Nicht übertragbar! Nur in Berlin gültig!

Reichshauptstadt Berlin

Haushaltsausweis 025459

3. Ausgabe

Dieser Haushaltsausweis ist der Kartenstelle bei jeder Aushändigung von Lebensmittelkarten unaufgefordert vorzuzeigen.

(Name des Haushaltsvorstandes)

Berlin-

Straße (Pl.) Nr. 3

(Ohne Namenseintragung ungültig!)

Personenzahl in Ziff.	Personenzahl in Buchstaben	Bescheinigung der Kartenstelle	Datum
		Der Bezirksbürgermeister des Verwaltungsbezirks ...	

Eintragungen dürfen nur die Kartenstellen vornehmen!

HErn 54 a. Din A 5/6. Mat. 4668. 40000. 7. 42

Jüdischer Haushaltsausweis

Ab dem 19. tritt die neue Diskriminierung im ganzen »Reich« in Kraft; die Ausgrenzung ist damit perfekt, ein Verdecken des Sterns wird unter Strafe gestellt.[12] Mit der Verordnung geht das Verbot einher, die Wohngemeinde ohne Genehmigung zu verlassen sowie Orden oder Abzeichen zu tragen.[13] Das »Ehrenkreuz für Kriegsteilnehmer«, das Vater Josef noch sechs Jahre zuvor verliehen worden war, wird nun endgültig zum Absurdum mit zynischem Beigeschmack.

Inmitten alltäglicher Banalitäten wie Waschmittel, Zahncreme und Zigaretten, Kohlen und Holz für den Winter fällt in Elsas Haushaltsbuch der Eintrag »Judensterne« gleich mehrmals schockierend ins Auge – jeweils 10 Pfennig pro Stück müssen am 17. und am 29. September dafür entrichtet werden. Dass die einst in ihrer Straße so beliebten Chotzens nun auch zu denen gehören, die sichtlich gebrandmarkt sind, fällt zweifelsohne auf: »Ein sicher für viele irritierender Anblick war es, wenn vier blonde, noch dazu sportliche junge Männer mit Judenstern geschmückt zur Arbeit marschierten«, berichtet Eppi später. »Es ergab sich öfter so ein ›Abmarsch‹. Das passte so gar nicht zum Stürmerbild mit den dazu gehörigen Verleumdungen und Lügen über Juden.« Widerspruch oder Entrüstung zu äußern wagt offensichtlich niemand. »Ich erinnere mich«, so Eppi weiter, »dass Paul Wegener, der bekannte Schauspieler – er hatte sein Haus in der parallel liegenden Binger Straße –, uns einige Male so traf. Er blieb immer stehen, und wir hatten jedes Mal den Eindruck, dass er uns eigentlich ansprechen wollte, was dann aber nie geschah.« Eppis Geburtstag Ende September wird allen Widrigkeiten zum Trotz wie üblich gefeiert: »Noten Eppi«, »Blumen« und ein »Geschenk« notiert Elsa in diesen Tagen.

Als einzige in der Familie, die den Stern nicht tragen muss, wird es für sie jetzt noch schwieriger, den Alltag zu bewältigen. Das liegt nicht nur daran, dass das Geld immer knapper wird, sondern auch an einem Umfeld, das mehrheitlich – aus Angst oder ideologischen Gründen – zusehends abweisend auch solchen »Ariern« begegnet, die Kontakt zu Juden pflegen. Als eine Person, die »in Mischehe lebt«, ist Elsa besonders betroffen. Allein der tägliche Einkauf, durch kriegsbedingte Rationierung ohnehin schon zermürbend genug, wird nun zum stetigen nervenaufreibenden Kampf.[14] Für die Kinder, die ihr dies nicht abnehmen können, ist das besonders schmerzlich. »Meine Mutter – ohne Stern – konnte uns noch von ein paar Menschen berichten, die mit ihr natürlich und mitfühlend sprachen. Dazu gehörten vor allem die Familie der Bäckerei Martin nebenan und das Ehepaar Kühne, die das Lebensmittelgeschäft in

Elsa, Božka und Josef in der Johannisberger Straße, um 1939/40

der Straße betrieben. Nicht nur einmal wies Frau Kühne die Portierfrau von Haus Nr. 2 zurecht, die sich in der Rolle einer fanatischen Anhängerin der Nazis gefiel. Sie betrat das Geschäft möglichst zwischen 4 und 5 Uhr, der Zeit, in der Juden einkaufen mussten. Meine Mutter, die ja mit unseren J-Karten diese Zeit einzuhalten hatte, kam nicht nur einmal aufgeregt und verängstigt nach Hause, weil es zwischen Frau Kühne und dieser Frau, die absichtlich alles aufhielt, zu Auseinandersetzungen wegen eines Einkaufs gekommen war.«

Das Ende der Beschränkungen ist damit noch längst nicht erreicht: Die Bewegungsfreiheit wird bis Ende September auf ein Minimum reduziert, die Bannmeile um das Stadtzentrum stetig vergrößert, die Benutzung von Bussen und Bahnen ist nur noch für Fahrten zur Arbeit erlaubt. Dann, am 18. Oktober, beginnen die Deportationen, systematisch und vorprogrammiert, für die Machthaber »reibungslos«. In Berlin erfolgt der erste Transport vom Bahnhof Grunewald ins polnische Ghetto Lodz – 187 Deportationszüge mit rund 50 000 Juden werden allein die Hauptstadt bis Kriegsende verlassen.[15]

Überall im Deutschen Reich müssen Juden ab jetzt mit der Aufforderung rechnen, sich zur »Evakuierung« – der euphemistische Sprachgebrauch wird nach wie vor beibehalten – in sogenannten Sammellagern einzufinden. Sie erhalten Vorschriften, was sie »zur Ansiedlung im Osten« mitzubringen und in welchem Zustand sie ihre Wohnungen zurückzulassen haben; ausstehende Gas-, Wasser- und Lichtrechnungen sind zu bezahlen. Doch damit nicht genug: Vor dem Abtransport muss jeder Einzelne eine Vermögenserklärung ausfüllen, in der das gesamte Hab und Gut – Wohnungseinrichtung, Bankkonten, Schuldscheine und Kaufverträge – genauestens abgefragt wird, wobei man sich in zynischer Spitzfindigkeit den Hinweis nicht versagt, dass, wenn dies nicht korrekt geschehe, mit KZ-Haft zu rechnen sei. Rückwirkend, so eröffnet man ihnen schließlich, sei ihr Besitz in seiner Gesamtheit staatspolizeilich be-

Propaganda, die ihre Wirkung zeigt

schlagnahmt.[16] Auf die Ausgrenzung und den Freiheitsentzug folgt die räuberische Enteignung, bevor man schließlich die nun völlig Mittellosen bald darauf auch ihres Lebens beraubt.

Die Tatsache der planmäßigen Deportationen, Judenghettos und -lager gelangt denen, die noch nicht betroffen sind, zu dieser Zeit nicht zur Kenntnis. Mit »Bücklingen«, »Gurken«, »Kartoffeln«, mit »Tomaten«, »Rotkohl«, »Käse« und »Wurst«, mit »Brötchen«, »Bier« und sogar etwas »Marmelade« versucht Mutter Elsa an diesem Samstag die hungrigen Mäuler zu stopfen. Fünf Tage später, am 23. Oktober, ergeht für sämtliche noch in Deutschland lebenden Juden ein Auswanderungsverbot. Die Falle schnappt buchstäblich zu.

B e s c h e i n i g u n g !   Z.2956

Inhaber dieses Josef Israel C h o t z e n Bln.=Wilmersdorf Johannisbergerstr.3 ist bei mir seit dem 8.4.1941 als Sandbläser am Freistrahl beschäftigt. (Metalloberflächenbearbeitung durchweg Sonderstufe!)

Wegen seiner gestern erfolgten Räumungsaufforderung ist nach Rücksprache mit dem Arbeitsamt Fontane=Promenade heute eine dringende Reklamation erfolgt und bitte ich um vorläufige Zurückstellung bis zur Entscheidung darüber.

Berlin SO 36 den 13.11.1941

»Reklamationsschreiben« der Sandstrahlbläserei Strauß für Eppi vom 13. November 1941

Im Hinblick auf das ihnen beschiedene Los hat das, was in der Folge geschieht, seine eigene perfide Logik: Ab 1. Dezember wird Juden der Verkauf, die Vermietung und Verpachtung, ja sogar das Verschenken mobilen Vermögens verboten, jegliches Verfügungsrecht ist ihnen damit entzogen. Da die Verordnung bald nach den ersten »Osttransporten« ergeht, verfolgt sie nur zu offensichtlich das Ziel, die Juden noch besser ausrauben zu können. Die »Gütertrennung«, die Elsa und Josef vor Jahresfrist vornehmen ließen, erweist sich also im Nachhinein durchaus als visionär.[17]

Wie eminent die Bedrohung ist, wie willkürlich deportiert wird, bekommt Eppi als erster aus der Familie Chotzen am eigenen Leibe zu spüren: Am 12. November erhält er eine, wie es im Amtsdeutsch heißt, »Räumungsaufforderung«. Da er inzwischen »kriegswichtige« Zwangsarbeit für die Rüstungsindustrie leisten muss, wird er allerdings zurückgestellt – sein Arbeitgeber, die Firma Strauß in der Eisenbahnstraße in Kreuzberg, schickt gleich am nächsten Tag ein Reklamationsschreiben ab; es fand sich in Eppis Nachlass. »Metalloberflächenbearbeitung durchweg Sonderstufe!«, so die Begründung

Die Hochzeiten: Erich und Ilse, 7. November 1941

Bubi und Lisa, 18. November 1941

des Unternehmers, der ihn als »Sandbläser am Freistrahl« für unabkömmlich erklärt. Die Tätigkeit, bei der Eppi nahezu ungeschützt mit feinstem Quarzsand hantieren muss, wird ihn in kürzester Zeit seine Gesundheit kosten: Die Staublunge, die sie ihm einbringt, wird ihn sein Leben lang quälen. Mit nur 41 Jahren wird er kurz nach dem Krieg frühpensioniert werden müssen.

Seine Brüder fällen in diesem Winter eine folgenschwere Entscheidung: Innerhalb von sechs Wochen nach Beginn der »Transporte« heiraten alle drei ihre jüdischen Freundinnen – wohl auch in der Hoffnung, sie durch ihren Status als »Mischlinge« gegenüber der staatlichen Willkür besser schützen zu können, allen Unsicherheiten zum Trotz. Wie schnell sich dies als Trugschluss erweisen wird, kann keiner von ihnen wissen.

Am 7. November machen Erich und Ilse den Anfang, am 18. folgen Bubi und Lisa, am 1. Dezember dann Ulli und Ruth. Wären die Umstände anders gewesen, davon ist Ruth überzeugt, hätten sie, so jung wie sie waren, diesen Schritt noch nicht gewagt; doch angesichts ihrer besonderen Lage sehen sie keinen anderen Weg. Zu den unterschiedlichen Schichtarbeitszeiten kommt die nächtliche Ausgangssperre – um sich überhaupt noch sehen zu können, entschließen sie sich zur Heirat. »Wir liebten uns über alles, aber von Euphorie war in diesem Moment nicht die geringste Spur. Es war eher ein Akt der Bestätigung, gemeinsam durchhalten zu wollen.« Der Gedanke, dass die Brüder sich mit dem Entschluss zur Heirat vielleicht ins Verderben stürzten, treibt sie noch nach Jahrzehnten um.

An Flitterwochen oder große Hochzeitsfeiern ist nicht einmal zu denken; lediglich jeweils ein Blumenstrauß wird im Haushaltsbuch vermerkt. So überstürzt, so wenig festlich und traurig haben sich beide Eltern die Hochzeiten ihrer Kinder sicher nicht vorgestellt. Nüchterner, erzählt auch Ruth, konnte das Ganze nicht sein: »Wir sind aufs Standesamt gegangen und haben anschließend alle zusammen zu Mittag gegessen, das war's. Erich und Ilse hatten es da noch ein kleines bisschen besser: Da ihre Mutter, Käthe Schwarz, sehr religiös war, wurden sie in der Synagoge getraut.«

Ulli und Ruth, 1. Dezember 1941

Des ungeachtet vermitteln die Fotos, die in diesen Tagen entstehen, kurze Augenblicke des Glücks; der Zeitpunkt ist zwar bei allen pragmatisch gewählt, die Innigkeit aber, die Nähe der Paare ist auf jedem der Bilder spürbar. Wenig später werden Kameras und Haushaltsgeräte, Fahrräder und Schreibmaschinen, Plattenspieler und Ferngläser, die sich im Besitz von Juden befinden, erfasst und eingezogen. Zumindest an eins der Verbote, das zeigen die Alben ganz deutlich, halten die Chotzens sich nicht: Sie fotografieren weiter, wenn auch in geringerem Maße, selbst bei der Zwangsarbeit. Ausgaben für »Fotoecken«, »Abzüge« und »Bilder«, sonst regelmäßige Kosten, fallen nur noch vereinzelt an.

Zwar ziehen die Schwiegertöchter nicht offiziell bei Elsa und Josef ein, aber faktisch sind sie in der Dreizimmerwohnung nun zeitweise zu neunt. Das ist bei aller Großzügigkeit auf Dauer einfach zu eng. Im Hause Schwarz bei Ilses Mutter hingegen herrscht seit dem Tod des Vaters im Vorjahr eine schmerzliche Leere; die ältere Tochter, Ruth, hatte noch vor Kriegsbeginn im Mai 1939 nach England auswandern können. Erich verlässt als erster das elterliche Heim und wohnt fortan mit seiner Frau bei seiner Schwiegermutter. Hohenstaufenstraße 56 im Stadtteil Schöneberg lautet die neue Adresse. Ab dem 22. November fällt er laut Ausgabenbuch als Verdiener zu Hause aus, der Eintrag »Transport Couch 10,–« weist kurz zuvor auf die Veränderung hin. Elsa muss den Gürtel für alle noch ein Stück enger schnallen; immerhin fehlen durch Erichs Auszug monatlich 100 Mark in der Kasse.

Ilse und ihre Mutter Käthe Schwarz, um 1941

»Pfeffernüsse« gibt es im Advent zwar noch wie eh und je, nach einem Baum oder gar einem Fest steht indes keinem mehr der Sinn. Wie vergleichs-

Die vier Brüder Ulli, Bubi, Eppi und Erich Chotzen (v. l. n. r.) am Heidelberger Platz, September 1938

weise hoffnungsvoll vor einem Jahr die Stimmung trotz allem noch war, wird Elsa gerade in diesen Tagen sicher ganz besonders bewusst. Pflichtschuldig verschickt sie dennoch »Gratulations-« und »Neujahrskarten«, bedenkt »Milchmädchen«, »Zeitungsfrau« und »Portier« mit den üblichen kleinen Beträgen und kauft sogar für Lisas Geburtstag am 20. Dezember noch ein »Armband«, doch die weihnachtliche Zusammenkunft ist nur mehr nachdenklich, still und beklommen.

Der Kommentar zum letzten von Erich in sein Album geklebten Bild – es entstand im Herbst 1938 – spricht noch von Dankbarkeit und großer Zuversicht: »Hier weht nur ein leichter kühler Wind, aber der Tag scheint nicht mehr fern zu sein, an dem wir in alle Winde verweht sein werden. Dann heisst [sic] es all dem Lebewohl zu sagen, was die Bilder dieses Buches hier und da festgehalten haben. Was wir aus dem Elternhause mitnehmen, möge uns immer verbinden und uns befähigen, draußen ein neues, wertvolles Leben aufzubauen!« An die Möglichkeit eines solchen neuen Lebens glaubten damals wohl noch alle – im Nachhinein erscheinen die Zeilen im höchsten Maße makaber. Nun, drei Jahre später, herrschen auch bei den Chotzens Angst und Unsicherheit.

1 Entsprechende Verordnungen ergehen im März 1941 und sind im Rahmen der von Hitler und Speer angeordneten »Neugestaltung der Reichshauptstadt« (so der Wortlaut der Verlautbarung) zu sehen, bei der ganze Straßenzüge zum Abriss vorgesehen sind. Die im Verlauf des Krieges steigende Wohnungsnot trägt ebenfalls dazu bei, dass der Staat die zwangsweise Entmietung beschleunigt. Dem vorangegangen waren das »Gesetz über die Mietverhältnisse mit Juden« vom 30. April 1939 sowie entsprechende Berliner Bestimmungen, die vor einem Umzug in die »Stadtgebiete Potsdamer Straße, Lützowplatz, Tiergartenviertel, Hansaviertel, Kleiststraße, Tauentzienstraße, Kurfürstendamm und Bayerisches Viertel« warnten. Vgl. Wolf Gruner, *Judenverfolgung in Berlin 1933–1945. Eine Chronologie der Behördenmaßnahmen in der Reichshauptstadt*, Berlin 1996, S. 66ff. und 77.

2 Vgl. Albert Meirer, »›Wir waren von allem abgeschnitten‹. Zur Entrechtung, Ausplünderung und Kennzeichnung der Berliner Juden«, in: Beate Meyer, Hermann Simon (Hg.), *Juden in Berlin 1938–1945*, Berlin 2000, S. 97: »Die Entwicklung zur Errichtung von ›Judenhäusern‹ bahnte sich an. [...] Die Vertreibung der Juden aus ihren Wohnungen war ›die erste Station des Weges, der über die Ghettoisierung und die Deportation zur Vernichtung führte‹. Die im Rahmen dieser Vorgänge erstellten Listen erleichterten es später den Behörden, die ›zusammengelegten‹ Juden zu deportieren.«

3 Vgl. hierzu Ursula Büttner, »Bollwerk Familie. Die Rettung der Juden in ›Mischehen‹«, in: Günther B. Ginzel (Hg.), *Mut zur Menschlichkeit. Hilfe für Verfolgte in der NS-Zeit*, Köln 1993, S. 67. »In diesem Zusammenhang entschied Hitler, dass ›Mischehepaare‹ mit nichtjüdischen Kindern und solche, bei denen der Mann ›deutschblütig‹ war, in der bisherigen Wohnung und Umgebung blei-

ben sollten.« Dies schuf die »privilegierte Mischehe« – die nie gesetzlich fixiert wurde.

4 So berichtet es jedenfalls ihr Bruder. Vgl. Klaus Scheurenberg, *Ich will leben*, Berlin 1982, S. 67: »Man sagte ihr nach, dass von ihr eine solche Vertrauen erweckende Ruhe ausging, dass man sich gern auf den Marterstuhl setzte.«

5 Vgl. dazu die bei Barbara Schieb, *Nachricht von Chotzen*, Berlin 2000, S. 41–44 zitierten Aussagen ehemaliger Sportkameraden aus dem BSV.

6 Vgl. hierzu ebd., S. 47.

7 Zum Folgenden vgl. Joseph Walk (Hg.), *Das Sonderrecht für Juden im NS-Staat. Eine Sammlung der gesetzlichen Maßnahmen und Richtlinien*, Heidelberg 1981, S. 339–352 sowie Gruner, a.a.O., S. 77f.

8 Zu den folgenden historischen Ausführungen vgl. Wolfgang Benz, *Geschichte des Dritten Reiches*, München 2003, S. 167–172.

9 Das komplette Schreiben ist faksimiliert in: Mark Roseman, *Die Wannsee-Konferenz. Wie die NS-Bürokratie den Holocaust organisierte*, München/Berlin 2002, S. 165.

10 Elke Fröhlich (Hg.), *Die Tagebücher von Joseph Goebbels*, Teil II, Diktate 1941–1945, München 1987, Eintragung vom 18.8.1941, S. 266. Zit. nach Beate Meyer, »Deportationen«, in: Meyer, Simon (Hg.), a.a.O., S. 171.

11 So bei Wolfgang Schneider (Hg.), *Alltag unter Hitler*, Berlin 2000, S. 178.

12 Gruner, a.a.O., S. 80; die entsprechende ergänzende Verordnung wird am 24. Oktober 1941 im *Jüdischen Nachrichtenblatt* bekannt gemacht. Vgl. auch Meirer, a.a.O., S. 101–105.

13 Ebd., S. 79 sowie Schneider (Hg.), a.a.O., S. 178.

14 Dies umso mehr, als seit März 1941 an einer wachsenden Zahl von Geschäften das Schild »Kein Verkauf an Juden« noch durch den Hinweis »und kein Verkauf an Personen, die für Juden einkaufen wollen« ergänzt worden ist. Vgl. Gruner, a.a.O., S. 77.

15 Zahlen nach Gruner u.a. bei Beate Meyer, »Deportationen«, in: Meyer, Simon (Hg.), a.a.O., S. 175–178. Gemeint sind sowohl die bereits angelaufenen Transporte nach Theresienstadt als auch die nun beginnenden in die Lager »im Osten«.

16 Vgl. Rita Meyhöfer, »Jeder Mensch hat einen Namen«, in: Meyer, Simon (Hg.), a.a.O., S. 182 sowie Benz, a.a.O., S. 168f. Formal legalisiert wird dies durch die am 25. November 1941 in Kraft tretende (aber rückwirkend ab 15. Oktober geltende) 11. Verordnung zum »Reichsbürgergesetz«, einem der »Nürnberger Gesetze« von 1935. Diese Verordnung bestimmt überdies, dass alle Juden, die »ihren gewöhnlichen Aufenthalt im Ausland« hätten, die deutsche Staatsangehörigkeit verlieren.

17 Zur Verordnung vom 1. Dezember vgl. Gruner, a.a.O., S. 80.

28	28. Milch	–	60
8	Fleisch	–	48
	Brot	–	45
	Brötchen	–	35
53	Kartoffeln B	–	13
48	Milch	–	90
27	Butter	–	13
	Milch	–	60
16	Käse	2	20
48	Fleisch	1.	65
35	Wurst	–	13
	Milch	–	70
70	30. Essig	–	86
–70	Kartoffeln	–	12
–44	Ata	–	72
	Kohl	–	20
1.20	Maggi	–	96
–90	Brot	–	36
–60	Brötchen		
–50	~~Milch~~		
		–	96
1.82	31. Brot	–	72
–70	Brötchen	–	25
–48	Backgeld	–	15
–72	Hefe	1.	90

	Bubi	25.–
	Ulli	25.–
28.	Eppi	25.–
	Bubi	22.–
	Ulli	25.–
		287.–

Ausgaben Febr. 1942

Miete	85.–
Rek.	
Zeitung	3.25
Licht	22.72
	110.97

3 Vers. Mark	12.– (24.–)
6 Urkunden	2.10
Fevs	2.65
Handschuh	3.65
Anzeigen	9.–
Kranz	15.–
Rabbiner	5.–
Hut Mutti	12.50
Briefmarken	5.80
Friedhofskosten	8.–
Binder Ulli	2.95
~~Hut Mutti~~	~~2.5~~
Danksagungen	7.–

5 Beginn der Katastrophe: Anfang 1942

Nur knapp zwei Wochen nach Jahresbeginn überstürzen sich die Ereignisse. Der Gesundheitszustand des Vaters verschlechtert sich zusehends, seit Wochen schon waren die Schmerzen immer stärker geworden. Bereits ab dem 3. Januar müssen diverse Medikamente besorgt werden; der Alltag wird alsbald nur noch von der Krankheit Josef Chotzens bestimmt. Mit atemberaubendem Tempo treibt das Familienschicksal auf den nahen Abgrund zu. Die Liste der »Kleinen Ausgaben« im Haushaltsbuch, sonst dominiert von Gegenständen des täglichen Bedarfs wie Holzkohle und Zahnpasta, Nähseide und Nivea, spiegelt den Krankheitsverlauf hautnah: Immer wieder werden telefonisch Arzneien bestellt, ab Mitte des Monats taucht der Eintrag »Medizin Vati« beinahe täglich auf; Verbände müssen gewechselt, Seife, Soda, Bitterwasser (ein Abführmittel) und Schmerzmittel wiederholt eingekauft werden. Auch Gebühren für Telefongespräche, sonst seit Zwangsabgabe des Anschlusses im Jahre 1940 keineswegs ein täglicher Posten, sind nun mehrmals am Tag vermerkt.

Die fünf Chotzen-Männer (v. l. n. r.): Vater Josef, Ulli, Erich, Bubi und Eppi, Juli 1936

Am 16. Januar wird schließlich ein Arzt gerufen, ein »Krankenbehandler« vermutlich, wie jüdische Ärzte sich seit dem September 1938 nennen müssen, als man sie per Verordnung verpflichtete, nur noch Juden zu behandeln. Für die Untersuchung werden vier Mark berechnet, dem Kranken wird ein Betäubungsmittel verabreicht. Am selben Tag versammelt sich die Familie vollzählig am Krankenlager des Vaters – ein letztes Mal, wie sich bald herausstellen wird. »Keiner von uns will zeigen, wie verstört er ist«, erinnert sich Eppi später. »Wir sind nicht nur verzweifelt, weil unser Vater dort erschöpft im Bett liegt. [...] Er ist zermürbt. Seelisch durch unsere allgemeine Lage und körperlich durch die Zwangsarbeit. Im Moment guckt er offensichtlich etwas gelöster, da er die Schmerzen los ist, und freut sich wie immer, wenn er unsere Mutter und die Brüder um sich hat. Zuletzt kommt noch unerwartet unser Bruder Erich mit seiner Frau Ilse dazu. [...] Ilse ist verweint, fällt meinem Vater um den

Vollzählig zum letzten Mal (v. l. n. r.): Erich, Eppi, Josef, Ulli, Elsa und Bubi Chotzen – eines der wenigen Fotos, auf denen die Gesamtfamilie zu sehen ist.

Hals. Und auch Erich sieht verstört aus. Wir alle müssen ja jetzt in jedem Moment dramatische Schreckensmeldungen erwarten.« Ilses Mutter Käthe Schwarz hatte kurz zuvor eine Aufforderung zur Deportation erhalten; Erich und seine Frau haben beschlossen, sie freiwillig zu begleiten. Tags darauf müssen sie sich »stellen«, wie es im Nazijargon heißt.

Noch am Abend des 16. Januar 1942 beginnt Erich einen letzten Brief an die Familie: »Meine Lieben, vor allem Du, liebe Mutti, und Du, lieber Papa. Ich muß Euch noch gewissermaßen zum Abschied und zum Trost ein paar Zeilen schreiben. Ich fürchte, es wird auf dem Papier lange nicht so aussehen, wie ich es fühle. Ja, ob es sich überhaupt beschreiben läßt, weiß ich nicht, mir ist es jedenfalls nicht gegeben. [*anderer Stift*] Nein – ich finde keine Worte. Darum ganz kurz: Ich muß Dir, liebe Mutti, so schweren Kummer machen, noch dazu in solch einem Moment, und ich kann doch nicht anders, so sehr lieb ich Dich habe ...« Hier überwältigt ihn die Emotion; der Brief bleibt unvollendet.[1]

Nach zwei Tagen im Sammellager werden Erich und Ilse gemeinsam mit Käthe Schwarz am 19. Januar vom Bahnhof Grunewald aus nach Riga deportiert, drei von insgesamt 1005 Berliner Juden, die an jenem Tag bei eisiger Kälte »auf Transport« gehen müssen, ohne gegen die winterlichen Temperaturen ausreichend gewappnet zu sein. Bis Mitte Januar hatte die jüdische Bevölkerung alle Pelze und Wollsachen abgeben müssen – und von Januar bis März 1942 herrscht in Berlin Dauerfrost, teilweise unter minus 20 Grad.

Bahnhof Grunewald

Der Entschluss des Sohnes, sich aus freien Stücken für die Deportation zu melden, versetzt Josef Chotzen den entscheidenden Schlag. Am 17. Januar hat sich sein Zustand derart verschlimmert, dass eine Pflege zu Hause unmöglich geworden ist. Ein Krankenwagen bringt ihn ins Jüdische Krankenhaus in der Iranischen Straße im Stadtteil Wedding. »Trinkgeld/Krankenwagen/Fahrgeld 5,–« notiert seine Frau an diesem Samstag in ihr Haushaltsbuch.

Die folgenden Tage sind bestimmt von hektischen Telefonaten und Fahrten ins Krankenhaus – Summen in beträchtlicher Höhe werden dafür nun täglich

Berlin, d. 16. 1. 42.

Meine Lieben,

vor allem Du liebe Mutti und Du lieber Papa. Ich muss Euch noch gewissermassen zum Abschied und zum Trost ein paar Zeilen schreiben. Ich fürchte, es wird auf dem Papier lange nicht so aussehen, wie ich es fühle. Ja, ob das sich überhaupt beschreiben lässt, weiss ich nicht, mir ist es jedenfalls leider nicht gegeben. Nein – ich finde keine Worte. Darum ganz kurz: Ich muss Dir, liebe Mutti, so schweren Kummer machen, noch dazu in solch einem Moment, und ich kann doch nicht anders, so sehr lieb ich Dich habe

Erichs Abschiedsbrief kurz vor der Deportation

Erich und Ilse

vermerkt. Verzweifelt über das Schicksal von Erich und Ilse, außer sich vor Sorge um ihren Mann, hastet Elsa Chotzen immer wieder in die Iranische Straße, bemüht sich, Zuversicht zu verbreiten und dem Todkranken sein Leiden so erträglich wie möglich zu machen. Sie bringt ihm eine »Tasse« (1,–) und eine »Seifenbüchse« (–,80), versorgt ihn mit »Creme« (–,60) und mit »Traubenzucker« (–,80) zur Stärkung. Und bei alledem versucht sie, den Alltag aufrechtzuerhalten, so gut es eben geht. Strümpfe werden zum Stopfen, eine Brille zur Reparatur gegeben, die »Plättwäsche« wird ebenso wenig vergessen wie der »Vogelsand« für Kanarienvogel Peter ...

Hinter verschlossenen Türen findet derweil am Mittag des 20. Januar 1942 in einer ehemaligen Industriellenvilla am Großen Wannsee das Treffen statt, dessen Ergebnis das Todesurteil für die europäischen Juden definitiv besie-

Haus der Wannsee-Konferenz

gelt. Reinhard Heydrich, als Chef des Reichssicherheitshauptamts Herr über die wichtigsten Instanzen des nationalsozialistischen Terrorapparats, hat 14 hohe Beamte aus verschiedenen Ministerien sowie Vertreter von NSDAP und SS zu einer »Besprechung mit anschließendem Frühstück«[2] um einen Tisch versammelt. Thema der Konferenz ist die verwaltungsmäßige Umsetzung des längst begonnenen Massenmords – und die logistische Koordination der für die Durchführung verantwortlichen Instanzen und Behörden, so wie Göring es dem Organisator im Sommer des Vorjahrs aufgetragen hatte. In ganz Europa sind, wie Heydrich minutiös auflistet, insgesamt 11 Millionen Juden zur »Ausrottung« vorgesehen.

Groß angelegte Deportationen von Juden »nach dem Osten« nahmen bekanntlich schon seit Oktober ihren Lauf. Auch Massenerschießungen und erste »Versuche« mit Gas hatten im Herbst begonnen; im bereits 1940 eingerichteten polnischen Lager Auschwitz experimentierte man seit September mit dem Giftgas »Zyklon B«, laut Hersteller einem »Schädlingsbekämpfungsmittel«, in Chelmo wurden Juden seit Dezember in mobilen Gaswagen getötet –

Land	Zahl
A. Altreich	131.800
Ostmark	43.700
Ostgebiete	420.000
Generalgouvernement	2.284.000
Bialystok	400.000
Protektorat Böhmen und Mähren	74.200
Estland - judenfrei -	
Lettland	3.500
Litauen	34.000
Belgien	43.000
Dänemark	5.600
Frankreich / Besetztes Gebiet	165.000
Unbesetztes Gebiet	700.000
Griechenland	69.600
Niederlande	160.800
Norwegen	1.300
B. Bulgarien	48.000
England	330.000
Finnland	2.300
Irland	4.000
Italien einschl. Sardinien	58.000
Albanien	200
Kroatien	40.000
Portugal	3.000
Rumänien einschl. Bessarabien	342.000
Schweden	8.000
Schweiz	18.000
Serbien	10.000
Slowakei	88.000
Spanien	6.000
Türkei (europ. Teil)	55.500
Ungarn	742.800
UdSSR	5.000.000
Ukraine 2.994.684	
Weißrußland ausschl. Bialystok 446.484	
Zusammen: über	11.000.000

K210405 372029

Neben dem Reichsmark-Aufkommen sind Devisen für Vorzeige- und Landungsgelder erforderlich gewesen. Um den deutschen Devisenschatz zu schonen, wurden die jüdischen Finanzinstitutionen des Auslandes durch die jüdischen Organisationen des Inlandes verhalten, für die Beitreibung entsprechender Devisenaufkommen Sorge zu tragen. Hier wurden durch diese ausländischen Juden im Schenkungswege bis zum 30.10.1941 insgesamt rund 9.500.000 Dollar zur Verfügung gestellt.

Inzwischen hat der Reichsführer-SS und Chef der Deutschen Polizei im Hinblick auf die Gefahren einer Auswanderung im Kriege und im Hinblick auf die Möglichkeiten des Ostens die Auswanderung von Juden verboten.

III. Anstelle der Auswanderung ist nunmehr als weitere Lösungsmöglichkeit nach entsprechender vorheriger Genehmigung durch den Führer die Evakuierung der Juden nach dem Osten getreten.

Diese Aktionen sind jedoch lediglich als Ausweichmöglichkeiten anzusprechen, doch werden hier bereits jene praktischen Erfahrungen gesammelt, die im Hinblick auf die kommende Endlösung der Judenfrage von wichtiger Bedeutung sind.

Im Zuge dieser Endlösung der europäischen Judenfrage kommen rund 11 Millionen Juden in Betracht, die sich wie folgt auf die einzelnen Länder verteilen:

K210404

Auszug (S. 5 und 6) aus dem Protokoll der Konferenz zur Organisation der »Endlösung der europäischen Judenfrage«

Die vier Brüder, Juli 1936

die Erschießung hatte sich für die Täter als »zu anstrengend« erwiesen.[3] Mehr als eine Million Menschen finden allein in den Gaskammern von Auschwitz bis Kriegsende den Tod.

Das von Adolf Eichmann geführte Protokoll der Wannsee-Konferenz bringt die mörderischen Absichten des Regimes unverhohlen zum Ausdruck: »Anstelle der Auswanderung«, so die zentrale Passage, »ist nunmehr als weitere Lösungsmöglichkeit [...] die Evakuierung nach dem Osten getreten. Unter entsprechender Leitung sollen nun im Zuge der Endlösung die Juden in geeigneter Weise im Osten zum Arbeitseinsatz kommen. In großen Arbeitskolonnen, unter Trennung der Geschlechter, werden die arbeitsfähigen Juden straßenbauend in diese Gebiete geführt, wobei zweifellos ein Großteil durch natürliche Verminderung ausfallen wird. Der allfällig endlich verbleibende Restbestand wird, da es sich bei diesem zweifellos um den widerstandsfähigsten Teil handelt, entsprechend behandelt werden müssen, da dieser, eine natürliche Auslese darstellend, bei Freilassung als Keimzelle eines neuen jüdischen Aufbaues anzusprechen ist.«[4]

Ein Leben lang tief verbunden: Elsa und Josef

Auf der Basis der Nürnberger Gesetze wird überdies festgelegt, dass »Geltungsjuden« und mit Juden verheiratete »Mischlinge« zu dem Personenkreis gehören, der in das Mordprogramm mit einzubeziehen ist. Die Beschlüsse, vom engsten Kreis der Beteiligten am Nachmittag mit Cognac gefeiert, werden nicht veröffentlicht.

Von der tödlichen Gefahr, der sie von nun an ausgesetzt ist, kann die Familie Chotzen nichts ahnen. Im Haushaltsbuch sind für den 20. Januar neben dem Fahrgeld ins Krankenhaus ganz alltägliche Einkäufe aufgeführt: Brot und Gebäck, zudem Wurst und Fett von Božka, die den Chotzens in diesen furchtbaren Tagen hilft, wo sie nur kann. Am 21. Januar werden 100 Mark für zehn Tage Krankenhaus im Voraus bezahlt. Am 11. Tag nach seiner Einlieferung, am frühen Nachmittag des 27. Januar, stirbt Josef Chotzen im Jüdischen Krankenhaus mit nur 58 Jahren an den Folgen der Zwangsarbeit. Seine Frau ist bis zuletzt bei ihm. Der nächste Tag ist der bis dahin sicher schlimmste in ihrem Leben. Wie gelähmt muss sie sein angesichts der Leere, die es erst zu begreifen gilt: Der über alles geliebte Mann, der Weggefährte über fast vier Jahrzehnte, ist tot, von Sohn Erich, nach Osten »evakuiert«, fehlt bislang jede Nachricht. An diesem 28. Januar wird er 25 Jahre alt.

Doch es muss weitergehen. Die verbliebenen Kinder geben ihr Halt, man versucht sich gegenseitig zu stützen, den Mut nicht zu verlieren. Božka stockt die Lebensmittelvorräte auf, bringt am 28. Januar Kartoffeln, Milch, Butter, Käse, Fleisch und Wurst. Behördengänge sind zu erledigen, die Beerdigung ist zu organisieren – alles wird bis auf den letzten Pfennig im Haushaltsbuch vermerkt. Unter den »Ausgaben« für Februar verzeichnet Elsa Chotzen das Geld für »Urkunden« (2,10), »Todesanzeigen« (9,–) und »Briefmarken« (5,80), den »Kranz« (15,–) und den »Rabbiner« (5,–). Für das Begräbnis kauft sie für sich einen »Hut« (12,50), für Ulli einen »Binder« (2,95), die Danksagungen schlagen mit 7 Mark zu Buche. Am 3. Februar wird Josef Chotzen auf dem Jüdischen Friedhof in Berlin-Weißensee beigesetzt; ein stiller, unendlich trauriger Abschied im kleinsten Kreis, wie Schwiegertochter Ruth sich später erinnert. Der Grabstein, der am Monatsende mit 85 Mark angezahlt wird, steht dort heute noch.

Mehrmals wöchentlich, manchmal täglich fährt Elsa nun zum Friedhof, bringt frische Blumen und kümmert sich um das Grab – Momente des Innehaltens in einer Welt, die aus den Fugen gerät, und wohl auch Momente der Zwiesprache mit dem Ehemann, der für sie stets gegenwärtig bleibt. »Grabpflege« und »Blumen Vati« werden zu fixen Posten im Haushaltsbuch; Fundamente für den Grabstein werden gegossen, eine Grabbank wird aufgestellt, der Friedhofswärter regelmäßig mit Trinkgeldern bedacht – und zugleich ist es, als sei der Verstorbene noch am Leben. Am 27. Februar wird eine Zahnarztrechnung für ihn beglichen, am 23. März werden »Bilder Vati« bezahlt. Die Ausgaben dieser Wochen überschreiten das monatliche Budget bei weitem – nicht einmal 300 Mark bringen die drei Söhne im Monat nach Hause, knapp die Hälfte davon geht allein für die Festkosten weg.

Nach 35 Jahren an Josefs Seite ist Elsa nun allein.

G 1

Sterbeurkunde

(Standesamt Berlin-Wedding Nr. 614)

Der Joseph Israel Chotzen, ohne Beruf, mosaisch,

wohnhaft in Berlin-Wilmersdorf, Johannisberger Straße 3,

ist am 27. Januar 1942 um 14 Uhr 00 Minuten

in Berlin, im Jüdischen Krankenhause, verstorben.

Der Verstorbene war geboren am 3. Juli 1883

in Ober-Glogau.

(Standesamt Ober-Glogau, Kreis Neustadt Nr. 67)

Vater: Salo Chotzen, zuletzt wohnhaft in Striegau.

Mutter: Ernestine Chotzen geborene Silberberg, zuletzt wohnhaft in Budapest.

Der Verstorbene war ~~nicht~~ verheiratet mit Hedwig Dorothea Elsa Chotzen geborenen Arndt.

Berlin, den 28. Januar 1942

Der Standesbeamte

In Vertretung:

HV I 7 - IV -. Stand C 20. Sterbeurkunde
Mat. 2904 ● Din A 4. 60 000. 11. 41

Sterbeurkunde Josef Chotzen vom 28. Januar 1942

Und die Schicksalsschläge der letzten Zeit bleiben nicht ohne Folgen. Mitte Februar sucht die mittlerweile 54-Jährige einen Arzt auf, lässt sich ein Rezept ausstellen. »Mutti Arztschein, Mutti Medizin« liest sich das im Haushaltsbuch. »Inspirol-Ersatz« (ein Inhalationspräparat) sowie »Brusttee« werden gekauft, »Tabletten« sind auch im März vonnöten. Die ständige Anspannung wächst, bei allen Familienmitgliedern. Obwohl die auf der Wannsee-Konferenz getroffenen Beschlüsse nicht publik gemacht werden, ist spürbar, dass die Gefahr immer näher rückt und die noch in Berlin lebenden Juden nun endgültig ins Fadenkreuz der nationalsozialistischen Machthaber geraten sind. Die Gestapo will sie möglichst schnell »aus dem Stadtbild entfernen«, wie die Amtssprache es ausdrückt, forciert wird dies durch immer weitere Ausgrenzung und Schikanen im Alltagsleben: Ab 10. Februar erhalten Juden auch gegen Bezugskarten keinerlei Brennholz mehr, eine Woche später werden sie von der Belieferung mit Presseerzeugnissen, Gesetzes- und Verordnungsblättern durch die Post, Verlage oder Straßenhändler grundsätzlich ausgeschlossen, ab 24. März ist ihnen die Benutzung innerstädtischer Verkehrsmittel untersagt (eine Ausnahme wird lediglich für Zwangsarbeiter mit einem Arbeitsweg von mehr als sieben Kilometern gemacht), seit Ende des Monats müssen jüdische Wohnungen und Institutionen im gesamten Reichsgebiet mit einem weißen »Judenstern aus Papier« gekennzeichnet werden, am 15. Mai ergeht ein Verbot, Haustiere zu halten.[5] Die Liste wäre beliebig fortzusetzen.

Besonders Eppi, von jeher politisch ebenso aufmerksam wie kritisch und inzwischen fast 35 Jahre alt, schätzt die Lage sehr realistisch ein und warnt die Brüder vor Illusionen. Immer wieder versucht er Bubi und Ulli zu überzeugen, sich ihrer möglicherweise nur zu bald drohenden Deportation zu entziehen und in den Untergrund zu gehen; ihr Verhalten kommt für ihn einer »Auslieferung« an die NS-Schergen gleich. Der Status als sogenannter Geltungsjude ist schon unsicher genug, als Ehemann einer jüdischen Frau sind beide, wie im Protokoll der Wannsee-Konferenz fein säuberlich ausgeführt, »den Juden gleichgestellt«. »Wenn doch meine Brüder [...] erkennen würden, dass selbst hier in Berlin nur eine ganz kleine Chance besteht, sich als [...] Sternträger durchzukämpfen«, schreibt er später. »Ihren Frauen können sie, wenn überhaupt, einmal verschleppt, höchstens eine sehr begrenzte Zeit zur Seite stehen.« In ihm wächst die Befürchtung, sie könnten es Erich gleichtun und ihre Frauen auf dem Weg in die Verbannung begleiten.

Ullis Frau Ruth, die diese Diskussionen auch später noch lebhaft in Erinnerung haben wird, hat ihre eigenen Gründe, sich gegen ein Leben in der Illegalität zu entscheiden: Wer würde ihnen in dieser Situation unter die Arme greifen, wer das Risiko auf sich nehmen, untergetauchten Juden zu helfen, mit möglicherweise schwersten Folgen für die eigene Existenz? Denn wer Juden Obdach gewährt, dem droht die Überführung ins KZ wegen »Judenbegünstigung«. Zu der großen Angst und der Sorge, andere in Gefahr zu bringen, kommt noch die Befürchtung, durch ihr wenig »arisches« Äußeres ohnehin schnell erkannt zu werden – vor allem aber auch die Weigerung, ihre jüdische Identität zu leugnen; sie hat ihren Judenstern nie versteckt, ja trägt ihn zum Teil mit Stolz. Gegen diese Argumente kann Eppi nichts ausrich-

Josef Chotzen, Mitte der dreißiger Jahre

ten, in gewissem Maße versteht er sie durchaus.

Zwischen Verzweiflung und Hoffnung hält Elsa Chotzen den Haushalt auch weiterhin zusammen. Eppi, Bubi und Ulli leisten Zwangsarbeit und bringen wöchentlich ihren bescheidenen Lohn nach Hause, die Mutter putzt, kocht, organisiert, versucht die Kleidung der Söhne in Ordnung zu halten, führt Korrespondenz mit Behörden. Die kleinen Rituale des Alltags werden wieder aufgenommen, fast trotzig, wie es scheint: Den wöchentlichen Besuch beim Friseur, manchmal ein wenig »Konfekt« spart sie sich vom Munde ab, im Frühjahr (9. und 10. April) ergänzt sie erstmals ihre Garderobe ein wenig, in jenen Jahren laut Haushaltsbuch ein höchst seltener – und bescheidener – Luxus: »Mutti Stoff Unterkleid 7,40, Mutti Stoff Bluse 17,80, Mutti Stoff Schal 9,60«, auch »Hüft- und Büstenhalter« (für 9,20 und 2,45) sowie »Strümpfe« (1,80) werden gekauft.

Die Wohnung in der Johannisberger Straße bleibt Zentrum und Zufluchtsort; man rückt noch enger zusammen, hofft auf ein Lebenszeichen von Erich und Ilse, deren Verbleib immer noch ungewiss ist. Während langer, quälender Monate, bis in den Sommer hinein, weiß keiner der in Berlin Verbliebenen, ob die Angehörigen »im Osten« überhaupt angekommen sind. Viel später erst erhalten sie Kenntnis von den Zuständen dort: Zwischen Dezember 1941 und Frühjahr 1942 werden 16 000 Juden aus dem »Reich« und dem »Protektorat Böhmen und Mähren« nach Riga verbracht; Zehntausende lettische Juden waren dort bereits ermor-

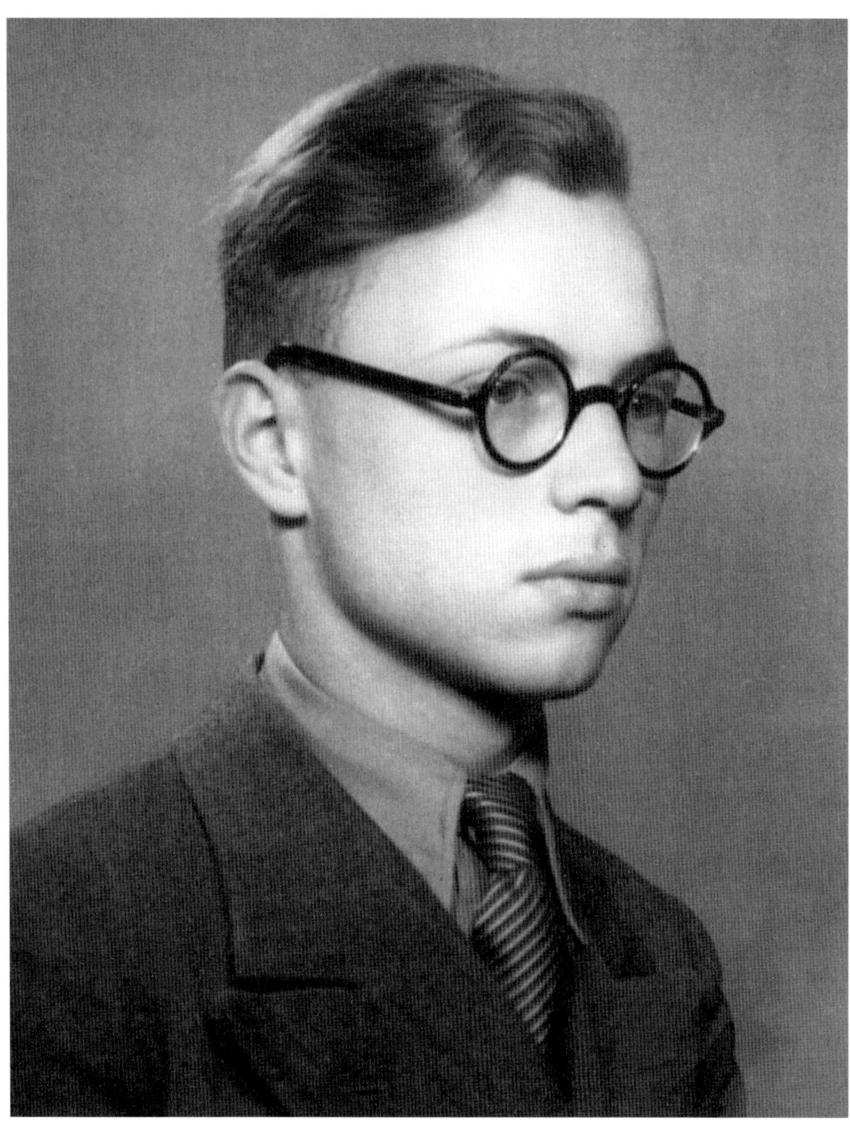

Seit Erichs Deportation ist die Familie ohne Nachricht von ihm. Das Foto entstand 1927.

det worden. Im völlig überfüllten Ghetto sind die Häuser zumeist verfallen und die sanitären Verhältnisse entsetzlich, die Insassen müssen schwerste Zwangsarbeit leisten. Bald nach der Ankunft wird Erich von den beiden Frauen getrennt. Bereits am 25. März 1942 ist er nicht mehr am Leben.

Nichts ahnend notiert Mutter Elsa an diesem Tag ganz banale Dinge ins Haushaltsbuch: Sie kauft Klebstoff, Creme, Vogelsand und Haarwaschpulver, gibt ein Einschreiben an die Versicherung auf. Ihre Schwiegertochter Ilse ist Witwe – einen Tag nach ihrem 19. Geburtstag. Vom Tod ihres Mannes erfährt selbst sie erst ein Vierteljahr später.

1 Zit. nach dem Transkript bei Barbara Schieb, *Nachricht von Chotzen*, Berlin 2000, S. 87. Orthographie und Grammatik des Originals wurden beibehalten.

2 Zit. nach Wolfgang Benz, *Geschichte des dritten Reiches*, München 2003, S. 172.

3 Vgl. ebd., S. 174 f.

4 Faksimile des Protokolls der Wannsee-Konferenz, S. 7 f., abgedruckt in: Mark Roseman, *Die Wannsee-Konferenz. Wie die NS-Bürokratie den Holocaust organisierte*, Berlin 2002, S. 170–184, hier S. 176 f.

5 Alles zit. nach Wolf Gruner, *Judenverfolgung in Berlin 1933–1945. Eine Chronologie der Behördenmaßnahmen in der Reichshauptstadt*, Berlin 1996, S. 82 f.

	Einnahmen Oktober 1942	
6		
19		
65	3. Eppi	25.–
85	Ulli u. Ruth	37.–
55	10. Eppi	25.–
53	Ulli u. Ruth	37.–
73		
12	17. Eppi	25.–
10	Ulli u. Ruth	37.–
20		
20	24. Eppi	25.–
20	Ulli u. Ruth	37.–
10		
16	31. Eppi	25.–
1.08	Ulli u. Ruth	37.–
–52		
1.25	Mutti Rente	45.30
–90		355.30
2.28		

	Ausgaben Oktober 1942	
–80		
–98	Miete Warmwasser	68.70
–14	Licht Abzug	8.40
–35		
–35	Zeitung	3.25
–48	Waschfrau u. Küche	4.75
–35	Krankenkasse Mutti bis 31.12.	12.–
		97.10

15/	Blumen Vati	
	Zigaretten	1.20
	Salmiakgeist	–20
	Vitriolin	–20
	Klingen	–20
	Fahrgeld	1.40
	Friedhof	5.80
		–20
19/	Fahrgeld	–50
	Uhrglas Mutti	–75
21/	Blumen Vati	–40
	Fahrgeld	1.50
	Zigaretten	
		–10
22/	Telefon	–50
	Fahrgeld	
		–30
23/	Fahrgeld	
	Einschreiben R. V. A.	–30
		–70
26/	Fahrgeld	–50
27/	"	–50
28/	"	
	Blumen Vati	–70
	Sicherungen	–1.
	Fixiermittel Mutti	1.2
29/	Fahrgeld	–5
	Telegramm an Franz	1.5
30/		–2
31/	Fahrgeld	–4
	Zahnpaste	

6 1942/43: »Geborgte Zeit« für die Verbliebenen

»Der Krieg war in vollem Gange. Bubi und Ulli mit ihren Frauen versuchten, wie wir alle, sich irgendwie durchzubringen. Neben den [...] Schwierigkeiten und Nöten, von denen im steigenden Maße alle Menschen betroffen waren, liefen bekanntlich Tag und Nacht die Hetzereien gegen die Juden – die Verfolgungen, die Verhaftungen.« So beschreibt der älteste Chotzen-Sohn die Atmosphäre im Frühjahr 1942. Anfang Mai zieht Ruth in die Johannisberger Straße; ab dem 9. des Monats taucht der Eintrag »Ulli und Ruth 37,–« bei den Einnahmen wöchentlich im Haushaltsbuch auf. Auch Ruth leistet nach wie vor Zwangsarbeit, fährt jeden Tag in die Blücherstraße 35 nach Kreuzberg, wo sie bei der Firma Schaede an der Bohrmaschine arbeiten muss – für einen Stundenlohn von gerade einmal 40 Pfennig.

Elsa, Ulli und Ruth, Ende 1941

Kaum ist die Familie wieder ein wenig zu Atem gekommen, folgt ein weiterer Einschlag im unmittelbaren Umfeld. Am 18. Mai verübt die jüdische Widerstandsgruppe Baum einen Brandanschlag auf die Propagandaausstellung »Das Sowjetparadies«, die seit Monatsbeginn in Zelten im Berliner Lustgarten gezeigt wird. Ihr Ziel ist es, den bolschewistischen Gegner und vor allem die Rote Armee herabzusetzen, wo es nur geht. Die durch den Anschlag entstandenen Schäden auf dem Areal, seit 1934 steinerne Fläche für Paraden und Kundgebungen der Nationalsozialisten, sind absolut unbedeutend, für das Regime aber ist dies eine Provokation, die nicht ungesühnt bleiben kann: Willkürlich werden am 27. Mai im Rahmen einer »Vergeltungsaktion« rund 500 Juden verhaftet, unter ihnen ist Sali Cohn, der Vater von Ruth; mit der Widerstandsgruppe hat er nicht das Geringste zu tun. Als älteste von drei Töchtern macht sich Ruth tags darauf auf die Suche. Beim Vorsitzenden der Jüdischen Gemeinde in der Oranienburger Straße erkundigt sie sich nach seinem Verbleib. Man habe ihn, teilt man ihr dort mit, bereits in der Nacht erschossen; außerdem sei damit zu rechnen, dass die Angehörigen bald »auf Transport« gehen müssten. Wie benommen irrt sie daraufhin stundenlang

Ruths Eltern, Sali (vorne Mitte) und Klara (vorne links) Cohn, dahinter Ruths Schwestern Lottchen und Ursel, Ende 1941

durch die Stadt, unfähig, der Mutter die schreckliche Nachricht zu überbringen. Als sie schließlich bei ihr in der Brunnenstraße ankommt, verschweigt sie die Wahrheit zunächst und lässt Mutter und Schwestern in dem Glauben, der Vater sei noch am Leben und auf dem Weg nach Theresienstadt. Kurze Zeit später erhält die Familie mit den berüchtigten »Listen«, auf denen das gesamte Hab und Gut erfasst wird, ebenfalls die Aufforderung zur Deportation dorthin. Stumm, hilflos, fast apathisch, so Ruth, sei die Mutter in jenen Tagen gewesen; dann sei sie plötzlich aufgeschreckt und habe ihr, die die Koffer packt, zugerufen: »Vergiss Papas Rasierklingen nicht.« Sie packt sie anstandslos ein. Am 6. Juni sind Klara Cohn und ihre zwei jüngeren Töchter unter den ersten 100 Juden, die aus Deutschland nach Theresienstadt deportiert werden; als Ullis Frau ist Ruth zunächst noch geschützt.

Ursprünglich eine österreichische Festung, war das nordböhmische Städtchen ab November 1941 als Internierungslager für Juden vor allem aus dem »Protektorat Böhmen und Mähren« eingerichtet worden. Im Juli 1942 wird die einheimische Bevölkerung des Ortes vollständig evakuiert, um Platz zu schaffen für die seit Juni eintreffenden Transporte aus Deutschland, Österreich und den Niederlanden; auch tschechische Juden in großer Zahl werden dort interniert. Bei den über 40 000 deutschen Juden, die im Laufe der Zeit hierher verbracht werden, hatte man zunächst mit sogenannten »Heimeinkaufsverträgen« auf zynische Weise die Illusion erweckt, sie seien auf dem Weg in ein Privilegiertenghetto für Prominente, ältere Menschen und jüdische Kriegsveteranen. Das in Aussicht gestellte geruhsame Altersdomizil mit »Betreuung und Pflege« im Krankheitsfall stellt sich indes als Konzentrationslager mit hoffnungslos überfüllten Massenunterkünften in alten Kasernen und unzumutbaren hygienischen Zuständen heraus. Unter SS-Kommando stehend, außen bewacht von tschechischer Gendarmerie, ist der Ort mit jüdischer Selbstverwaltung seit Januar 1942 für rund 88 000 Juden Durchgangsstation auf dem Weg in die Vernichtungslager »im Osten«. Insgesamt werden rund 140 000 Juden nach Theresienstadt deportiert. Etwa 33 500 sterben in diesem Lager – das der Welt trotz alledem von der NS-Propaganda als »Vorzeigeghetto« verkauft wird.[1]

Der Transport, der Ruth von ihrer Familie trennt, wurde von den Behörden aus Angehörigen der Ende Mai Ermordeten wahllos zusammengestellt. In dieser Zeit, erzählt Ruth, habe sie Elsa Chotzen erst wirklich kennen gelernt. Ihre Warmherzigkeit und Güte, ihre Stärke und Zuversicht allen Schicksalsschlägen zum Trotz beeindrucken sie sehr. Der Familienanschluss wird für die Schwiegertochter, die in Berlin nun keine Verwandten mehr hat und davon ausgehen muss, ihre Mutter und die Schwestern nicht mehr wiederzusehen, wichtig wie nie zuvor; zwischen Elsa und der Frau ihres Jüngsten entsteht eine besondere Nähe. Verbunden in ihrer Trauer, sitzen sie häufig zusammen und sprechen von dem, was war, und denen, die nicht mehr da sind. Elsa, die sonst selten Persönliches preisgibt, vertraut Ruth vieles aus ihrer Jugend an, erzählt von den Hindernissen, die sich ihrer und Josefs Liebe über Jahre entgegenstellten, und wie sie diese schließlich gemeinsam überwinden konnten. Wie eine Mutter sei Elsa, so Ruth, von da an für sie gewesen: »Sie hat immer versucht, mich auf andere Gedanken zu bringen, stets ein offenes Ohr für mich gehabt.«

Ulli, Ruth, Elsa, Lisa und Bubi in der Johannisberger Straße 3, um 1942

In der Johannisberger Straße sind alle einander nun noch näher als früher; Streitereien sind ihnen fremd, sie wissen um das Damoklesschwert, das über ihnen schwebt. »Tag für Tag wurden Juden verhaftet, täglich gingen Transporte, ständig lebten auch wir mit der Angst, gleich abgeholt zu werden«, erinnert sich Ruth, damals gerade einmal 20 Jahre alt. »Es war ein Kampf ums Dasein, ums nackte Überleben. Wir wussten schon nicht mehr, was es heißt, frei und glücklich zu sein.« Vor allem sie und Ulli sind inniger denn je. Jede gemeinsam verbrachte Minute behandeln sie wie ein kostbares Gut, als ahnten sie, wie knapp bemessen die Zeit ist, die ihnen bleibt. Wann immer es ihm möglich ist, holt er sie von der Arbeit ab, jeder dort weiß, wer er ist. Die wenigen freien Momente nutzen sie für Gespräche, manchmal einen kleinen Spaziergang – für andere Aktivitäten bleibt in diesen Zeiten kaum Raum. Ohnehin sind die körperlichen Anstrengungen der Zwangsarbeit derart groß, dass alle abends zu Tode erschöpft in die Betten fallen.

Lisa in ihrer Küche in der Elsässer Straße 54

Ab Juni bestreiten nur noch Eppi, Ulli und Ruth das Einkommen im Hause Chotzen; auch der jüngste Sohn arbeitet nun als »Sandstrahlbläser« in einer »Judenkolonne« bei Strauß, im selben Betrieb wie Eppi. Die 25 Mark pro Woche, die Bubi, nach wie vor bei der Müllabfuhr, sonst nach Hause brachte, fehlen nun in Elsas Budget: Er ist zu Lisa in die Elsässer Straße 54 gezogen. Seit man Scheurenbergs 1936 aus Gründen der »Rassenzugehörigkeit« ihre Reinickendorfer Wohnung gekündigt hatte, wohnt die Familie im Scheunenviertel in diesem Gebäudekomplex, der sich im Besitz der Jüdischen Gemeinde befindet. Der Vater hat dort die Hausmeisterstelle übernommen; seine Arbeit beim Warenhaus Hermann Tietz – längst »arisiert« zu »Hertie« – hatte er inzwischen verloren. Viele der fast ausschließlich jüdischen Bewohner des Hauses waren nach 1933 aus Dörfern und kleineren Städten nach Berlin gekommen, getrieben von der Hoffnung, in der Anonymität der Großstadt den Verfolgungen weniger stark ausgesetzt zu sein. Für größere Wohnungen fehlte ihnen das Geld, und so wohnten sie häufig zur Untermiete. Ohnehin saßen viele von ihnen lange Zeit auf gepackten Koffern, da sie (zumeist vergeblich) auf ihre Auswanderung warteten.

»Es war ein Betrieb wie im Ghetto. Und tatsächlich war es schon ein kleines Ghetto«, schreibt Lisas Bruder Klaus in seinen Erinnerungen. »Es ist mir heute unmöglich zu erklären, aus wie vielen Gegenden Deutschlands und Polens, aus wie vielen verschiedenen Schichten die Leute kamen [...] alle Dialekte wurden hier gesprochen.« Vorgesehen für höchstens 50 Mieter, hatte das »Judenburg« genannte Gebäude zeitweise über 160 Bewohner. Die Wohnung, die das junge Paar im Parterre des Hinterhauses bezieht, gehört einer bescheidenen alten Dame, einer ehemaligen Lehrerin. Bad und Küche teilt sie mit den Untermietern, ansonsten begnügt sie sich mit einem einzigen Zimmer. Das Verhältnis zu ihr ist sehr gut, beinahe freundschaftlich. Als sie bald darauf die Aufforderung zur Deportation erhält, nimmt sie sich noch in der Wohnung das Leben.[2]

Trotz Bubis Auszug ist die Haushaltskasse in jenem Juni endlich einmal deutlich im Plus: Zu den 273 Mark, die die Kinder abliefern, zahlt der Staat Elsa Chotzen rückwirkend für sechs Monate eine Witwenrente in Höhe von 271,80 Mark. Das Geld – um die 45 Mark im Monat, die sie neben den anderen Einnahmen von nun an als »Mutti Rente« sorgfältig verbucht – hat einen bitteren Beigeschmack. Und doch wird es dringend gebraucht.

Die Versorgungslage, schon für den »Normalbürger« nicht einfach, spitzt sich für »Nichtarier« immer mehr zu. Seit dem 31. Mai dürfen Lebensmittel,

Zwangsarbeit bei der Müllabfuhr, Mai 1940

Ulli als Zwangsarbeiter während einer kurzen Verschnaufpause, Mai 1940

die nicht der Zuteilung unterliegen, in Berlin nur dann an Juden verkauft werden, wenn, so der Wortlaut der Verordnung des Haupternährungsamtes, »sie so reichlich vorhanden sind, dass jede Anforderung der deutschen Verbraucher reibungslos erfüllt werden kann«.[3] Ein paar Zahlen mögen den Zynismus dieser Verfügung illustrieren: Obwohl Waren des täglichen Bedarfs, Brennmaterial, Kleidung und vor allem Lebensmittel schon seit Kriegsbeginn streng rationiert sind, kommt es bei der Versorgung mit Milchprodukten, Eiern, Fleisch und Fett schon nach wenigen Monaten zu erheblichen Engpässen. Wer weder Schwerarbeit noch Nachtdienst zu leisten hat, erhält bald nur noch die Hälfte der Friedensrationen. Brot ist bis 1941 zwar in ausreichender Menge vorhanden, doch verliert es im Laufe der Zeit derart an Qualität, dass im Sommer des folgenden Jahres selbst die Presse davon spricht, dass es kaum genießbar sei. Die wöchentliche Brotration sinkt zwischen September 1939 und Oktober 1942 von 2400 auf 2000 Gramm, die Fleischzuteilung von 700 auf 300 Gramm, bei Fett wird die Zuteilung von 340 auf durchschnittlich 206 Gramm reduziert. Gleichzeitig steigen die Lebenshaltungskosten beträchtlich, und zwar ab 1940 innerhalb von drei Jahren um insgesamt knapp zehn Prozent.[4]

Buttermarken

Die Rationen, die man den Juden zubilligt, liegen noch erheblich darunter und werden stetig weiter verringert; die Erlasse, die im Laufe dieses Sommers ergehen, bringen viele in existenzielle Not.[5] Seit Juni 1942 wird der jüdischen Bevölkerung nach und nach das Verbot auferlegt, Eier, Milch und Tabakwaren, Kuchen, Weißbrot, Fleisch und Fleischprodukte in jeglicher Form zu erwerben – wobei ausdrücklich verfügt wird, dass dies auch für Kranke und Schwangere gilt. Säuglingen steht nun nicht mehr als ein halber Liter Magermilch zu. Doch nicht nur die drastische Einschränkung der noch erlaubten Grundnahrungsmittel macht den Alltag zur Qual. Da sind auch die mit ihrer Beschaffung verknüpften zusätzlichen Schikanen: Allzu häufig geschieht es, dass die Minimalzuteilungen zu den vorgeschriebenen Einkaufszeiten bereits ausverkauft sind, oft werden sie auch ohne Begründung einfach vorenthalten.[6] Und ständig kommen neue Erschwernisse hinzu: Ab 2. September ergeht ein striktes Einkaufsverbot für Juden in Markthallen, auf Wochenmärkten, sogar an Straßenverkaufsständen. Zuwiderhandlungen, so der im Grunde überflüssige Zusatz, würden zur Anzeige gebracht; die Bestimmungen seien »durch schärfste Kontrollen« durchzusetzen. Ohne gegenseitige Hilfe und illegale Schwarzmarktkontakte ist eine Versorgung kaum mehr möglich. »Obwohl gerade die Vergehen gegen die Kriegsversorgungsgesetze schwer bestraft wurden (Todesstrafe)«, berichtet ein Zeitzeuge später, »gab es wohl kaum jemanden im jüdischen Sektor, der nicht bedenkenlos von der Einrichtung des ›schwarzen Marktes‹ Gebrauch gemacht hätte.«[7] Der »Fisch« etwa, den die Mutter mit 8,95 Mark am 20. November vermerkt, ist Juden schon seit 1940 streng verboten[8] – sie hat ihn, das legt auch der Preis nahe, wohl auf dem Schwarzmarkt ergattert.

Auch in anderen Lebensbereichen wird immer wieder deutlich, wie sehr das System darauf abzielt, die noch im Lande verbliebenen Juden buchstäblich zu Boden zu zwingen, bevor man sie deportiert. Einige Beispiele mögen genügen: Im Juni wird die endgültige Schließung aller jüdischen Schulen verfügt; wer das 14. Jahr erreicht hat, muss fortan Zwangsarbeit leisten. Entwürdigend und immer bedrängender wird auch das Kleiderproblem: »Alle Bekleidungsstücke, die bei eigener bescheidener Lebensführung nicht notwendig sind«, so eine Verordnung vom 9. Juni, sind »entschädigungslos« abzuliefern – obwohl man Juden nun schon im dritten Jahr die Kleiderkarten verwehrt. Problemlos sind die im Ausgabenbuch am 28. Juli aufgelisteten »2 Paar Maurersocken« für 4,20 Mark mithin nicht zu beschaffen gewesen. Infam ist auch, den Juden weitestgehend Informationsmöglichkeiten vorzuenthalten: Zeitungskauf und der Besuch von Leihbüchereien sind ihnen bereits verboten, ab Oktober wird auch der Kauf von Büchern in Buchhandlungen untersagt.

Trotz aller Schwierigkeiten führt Elsa den Haushalt mit der gewohnten Umsicht weiter: »Wir haben das Geld zusammengelegt, aber was genau sie getan hat, damit es zum Leben reicht«, erzählt ihre Schwiegertochter, »ist mir bis heute nicht klar. Wir haben sehr sparsam gelebt. Auf unsere Lebensmittelkarten bekamen wir lächerlich wenig, nur Elsa hat ihre eigene [nicht mit einem »J« gestempelte Arier-]Karte gehabt – und dann war da natürlich Božka.«

Die Hilfsbereitschaft, die Eppis Freundin der Familie in jenen Jahren zuteil werden lässt, ist nicht hoch genug einzuschätzen; und sie wird noch nötiger werden. Allein im Oktober 1942 – die neuen Beschränkungen sind inzwischen alle in Kraft – liefert sie mehrmals all das, was die Chotzen-Söhne und ihre Frauen nun offiziell nicht mehr besorgen können: Butter, Margarine und Käse, Gries, Eier und Milch, Kalbfleisch, Wurst und Würstchen, auch »Cigaretten«, die, wie sich zeigen wird, mehr und mehr zum wichtigen Tauschmittel werden.

Die »Balkonblumen« wirken wie Attribute aus einem anderen, früheren Leben.

Dabei vermittelt das Ausgabenbuch weitgehend noch immer den »normalen« Trott eines Alltags, der doch nur mehr Fassade ist. Die »Balkonblumen« etwa, die die Mutter am 7. Juni für 9,80 Mark ersteht, wirken wie Attribute aus einem anderen, früheren Leben. »Jetzt erst recht«, scheint sich Elsa Chotzen zu sagen: Mit preußischer Gründlichkeit wird das Haus in Stand gehalten, »Sicherungen« und »Glühbirnen« ergänzt, mal »Frostmittel«, mal »Mottentafeln«, mal »Salmiakgeist« eingekauft, auch ein »Teppichklopfer« kommt im November zum Einsatz. Mäntel und Kleider werden zum Ändern gebracht, die »Ausbesserin« kommt nach wie vor ins Haus. Für sich selbst kauft Elsa nur das Nötigste wie »Haarklammern« und eine »Haube«. Zu den Geburtstagen gibt es für jeden stets einen Blumenstrauß, und an den Wochenenden hat sie, wenn es irgendwie geht, für alle etwas Süßes parat. Das Gefühl, gebraucht zu werden, für die Kinder da zu sein, ist es wohl, was sie aufrecht hält. Zur traurigen festen Größe sind die Fahrten zum Friedhof geworden, bei denen sie niemals die »Blumen« für »Vati« vergisst, im Juli schmückt sie das Grab gar mit einer teuren »Rose« (3,–), im November mit einem »Kranz« (4,–). Im Dezember trifft Elsa, die sonst nur an andere denkt, eine Vernunftentscheidung: Die Invalidenversicherung, die sie laut ihrer Buchführung abschließt (»Inv. Vers. 245,80«), reißt ein dickes Loch in die Kasse, das so schnell nicht zu stopfen sein wird. Die Zeiten sind nicht danach – und werden es lange nicht sein. Mit fast

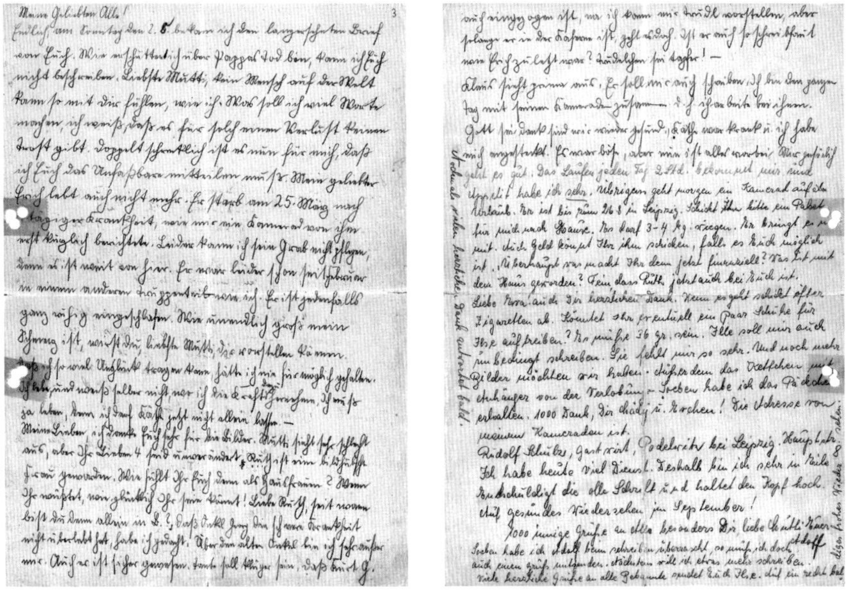

400 Mark wird sie am Jahresende tief in der Kreide stehen.

Ilses dritter Brief aus Riga, August 1942

Kurze Lichtblicke sind anfangs zumindest die Briefe, die, bang erwartet und dennoch unverhofft, seit dem Sommer 1942 aus Riga eintreffen. Die Umstände, unter denen sie nach Berlin gelangen, sind ungewöhnlich genug, denn Sendungen aus dem lettischen Ghetto sind keineswegs erlaubt. Ilse, so stellt sich bald heraus, hat dort einen Helfer gefunden: Ein deutscher Soldat namens Adolf hat ihr seine Feldpostnummer gegeben. Dass dies auch für ihn nicht ohne Risiko ist, nimmt er offensichtlich in Kauf. Sein voller Name war niemals zu ermitteln; die Briefumschläge wurden von der Familie wohl gleich nach Erhalt vernichtet. Da Ilses Arbeitsplatz in Riga – sie ist in Unterkünften der Wehrmacht zur Zwangsarbeit verpflichtet – weit von ihrer Wohnung entfernt lag, ist zu vermuten, dass sie die Briefe während der Arbeit schrieb, denn die Kontrollen am Ghettoeingang waren so streng, dass sie es wohl kaum riskiert hätte, Schriftliches bei sich zu tragen.

Um zu verhindern, dass Elsa Chotzen unvorbereitet vom Tod ihres Sohnes erfährt, schickt Ilse die ersten Nachrichten zunächst an ihre Cousine »Puppchen«[9]; die drei Brüder sollen Gelegenheit haben, es der Mutter so schonend beizubringen wie nur irgend möglich. Unendlich froh ist diese zunächst über das Lebenszeichen aus Riga; vom neuen Schlag, der ihr bevorsteht, ahnt sie erst einmal nichts. Selbst fassungslos und verzweifelt, halten die Söhne die Hiobsbotschaft eine Zeit lang vor ihr geheim und geben nur Briefe an sie weiter, die – zumindest in dieser Hinsicht – unverfänglich sind. »Es wäre einfach zu viel für sie gewesen«, berichtet der Älteste später, »nach den schrecklichen Belastungen der zurückliegenden Jahre. Ulli und ich arbeiteten Schicht. Einer bis mittags, der andere von mittags bis abends um 10 Uhr. So konnten wir abwechselnd Nachrichten, vor allem Post, erst einmal vor meiner Mutter abfangen.« Doch allzu bald wird Elsas Erleichterung von der Wirklichkeit eingeholt: »Einmal jedoch wurde ich durch schreckliches Weinen, ja Schreien [...]

aufgestört. Irgendwer hatte zwischendurch, zu ungewohnter Stunde, eine Mitteilung von Ilse durchgesteckt, in der sie von Erichs Tod schrieb. Wir hatten also umsonst durch vorsichtige Gespräche versucht, den großen Schock zu vermeiden. Nun musste sie doch plötzlich alles ertragen.« »Endlich [...] bekam ich den langersehnten Brief von Euch«, hatte Ilse Anfang August geschrieben; es sind wohl diese Zeilen, die die Mutter ungewollt liest. »Wie erschüttert ich über Pappas [sic] Tod bin, kann ich Euch nicht beschreiben. Liebste Mutti, kein Mensch auf der Welt kann so mit Dir fühlen, wie ich. Was soll ich viel Worte machen, ich weiß, daß es für solch einen Verlust keinen Trost gibt. Doppelt schrecklich ist es nun für mich, daß ich Euch das Unfaßbare mitteilen muß. Mein geliebter Erich lebt auch nicht mehr. Er starb am 25. März nach [... *gelocht*]tägiger Krankheit, wie mir ein Kamerad von ihm erst kürzlich berichtete. Leider kann ich sein Grab nicht pflegen, denn es ist weit von hier [...].«[10]

Erich und Ilse 1941 in Teupitz

Die neue furchtbare Nachricht trifft Elsa bis ins Mark. »Zeitweise«, so Ruth, »wurde der Tod des Vaters beinahe Nebensache, von Erichs Todesnachricht verdrängt. Kaum war sie wieder halbwegs auf den Beinen, kam der nächste Trauerfall, die Kette der Schreckensmeldungen riss einfach nicht ab.« Der »Baldrian«, den sie häufig nimmt, reicht da längst nicht mehr aus, am 13. August kauft sie »Schlafmittel« und »Nervoopt« (ein Beruhigungsmittel), um nicht zusammenzubrechen und wenigstens nachts ein wenig Ruhe zu finden. »Mutti Medizin« wird von nun an ein häufiger Posten bleiben.

Und es bleibt nicht einmal Zeit, den neuen Schmerz zu verarbeiten, innere Einkehr zu halten und der Trauer den gebührenden Raum zu geben. Mit unverminderter Intensität geht sie ihren Pflichten nach, trotzt den wachsenden Tücken des Alltags, tut gemeinsam mit den drei verbliebenen Söhnen alles, um Ilse zu helfen. Aus der Korrespondenz geht hervor, dass sie ihrerseits Briefe schreiben, über Mittelsleute an wechselnde Adressen Päckchen und Fotos schicken und versuchen, Ilse zu trösten, aufzumuntern, ihr ein Stückchen Lebensmut zu erhalten. Ein entsprechender unverschlüsselter Hinweis auf ein Paket nach Riga findet sich im Ausgabenbuch mit Datum vom 25. November. »Porto Ilse« steht da lapidar, als handele es sich um eine ganz alltägliche Sendung.

Ilses Briefe – insgesamt neun sind erhalten – zeichnen, wenn auch oft verklausuliert, ein dramatisches Bild von der Situation im Rigaer Ghetto. Da der Briefverkehr auch bei der Wehrmacht jederzeit kontrolliert werden kann, versucht sie, um ihren Helfer nicht in Gefahr zu bringen, so zu schreiben, als sei sie selbst jener »Adolf«, was sie freilich nicht immer durchhält: Mal unter-

Ausflug ins Berliner Umland, um 1941 (v. l. n. r.): Ilse, Lisa, Meta Neumann alias »Puppchen« sowie Erich

schreibt sie mit seinem, mal mit ihrem eigenen Namen, mal wechselt die Perspektive von ihm zu ihr hin und her. Dokumentarisch von hohem Wert, sind ihre Aufzeichnungen zugleich sehr persönliche Zeugnisse, die auf erschütternde Weise Verzweiflung, Entwurzelung, Heimweh spiegeln, später auch Todesahnung. Sie versucht Zuversicht zu verbreiten und kann doch ihr Leid nicht verhehlen: »Mein sehnlichster Wunsch ist nur der eine, wieder bei Euch zu sein. Ich habe nie gewusst, dass Sehnsucht so schmerzhaft ist«, schreibt sie gleich im ersten (nicht datierten) Brief, der die Kinder und Elsa erreicht; er wird vermutlich Ende Juni verfasst. Sie fragt nach Freunden, berichtet von ebenfalls deportierten Bekannten – und teilt auf diese Weise deren in Berlin lebenden Angehörigen mit, dass sie am Leben sind.[11]

Die Hinweise darauf, dass es ihr an allem fehlt, sind unmissverständlich und mehren sich mit der Zeit. »Ich brauche dringend Seife, Zahnzeug und Strümpfe«, teilt sie der Familie im zitierten ersten Brief mit. Im folgenden Monat, am 23. Juli, werden die Bitten schon dringlicher: »Schickt A. bitte Seife, er braucht sie sehr nötig und ich brauche dringend Strümpfe und ein Nachthemd.« Was die Hilfe, die der Soldat Adolf ihr gewährt, für sie bedeutet, ist unschwer zu ermessen; sie kaschiert es (wohl auch aus Angst vor der Zensur) mit fast burschikosen Phrasen: »Ich bin jetzt jeden Tag mit A. zusammen. Er ist ja ein famoser Kerl und ich bin sehr froh, dass ich ihn hier habe. Anbei schicken wir Euch eine Zulassungsmarke für Feldpostpäckchen. 1 kg. [...] Ihr müsst bitte sofort das Päckchen fertig machen, damit die Marke nicht verfällt.« Dass sie aufgewühlt ist und oft den Mut verliert, bricht trotz aller Vorsicht immer wieder durch: »*Wie* es in mir aussieht, kann ich Euch nicht beschreiben, denn ich habe nie geahnt, dass man mit so einem tiefen Schmerz überhaupt leben kann.«[12] Dann klammert sie sich an Erinnerungen, die Sorge um die Verwandten: »Seid Ihr gesund? [...] nie seid Ihr mir so nahe gewesen [...] Ich denke so viel an Euch! [...] Auch Adolf möchte alles von Euch wissen. Wir sprechen so viel von zu Hause. Ihn interessiert alles. [...] Liebster Vati, hoffentlich ist Dein Bein wieder in Ordnung, ich mache mir solche Sorgen um Dich und vor allen Dingen um Mutti.« Dass Josef Chotzen längst tot ist, weiß sie zu diesem Zeitpunkt noch nicht.

Das Einzige, was sie nicht aufgeben lässt, ist die Nähe zu ihrer Mutter, die Gewissheit, dass sie einander stützen müssen: »Ich lebe, und weiß selber nicht, wo ich die Kraft dazu hernehme«, schreibt sie im dritten Brief Anfang August. »Ich muß ja leben, denn ich darf Käthe jetzt nicht alleine lassen.« Zumal diese oft kränkelt, es von Anfang an »sehr schwer« hat, wie die Tochter mehrfach betont. »Gott sei Dank sind wir wieder gesund, Käthe war krank und ich habe mich angesteckt. Es war böse, aber nun ist alles vorbei. Mir persönlich geht es gut. Das Laufen jeden Tag 2 Std. [bei Wind und Wetter zur Arbeit] bekommt mir und Appetit habe ich *sehr*.« Deutlicher könnte der Hinweis auf Unterernährung nicht sein; wie groß die Not und der ständige Hunger tatsächlich sind, wird auch durch folgenden Satz vom 23. Juli nur allzu offensichtlich: »Käthe ist Gott sei Dank gesund. Sie sieht so gut aus, daß ihr alles von Lisa passen würde.« Später dann, im (undatierten) fünften erhaltenen Brief, bestätigt sie dies noch einmal: »Eine Figur hat sie genau wie Lisa.« Da Lisa mädchenhaft schlank ist, ja dünn, sprechen die Zeilen für sich.

Lisa, mädchenhaft schmal, auf dem Dach des Hauses Elsässer Straße 54, 1941

Wenn es um logistische Fragen, etwa den Postverkehr betreffend, geht, schlüpft sie ganz in die Rolle von »Adolf«: »Übrigens geht morgen ein Kamerad auf Urlaub. Er ist bis zum 26.8. in Leipzig. Schickt ihm bitte ein Paket für mich nach Hause. Es darf 3–4 kg wiegen. Er bringt es mit. Auch Geld könnt Ihr ihm schicken, falls es Euch möglich ist. [...] Wenn es geht, schickt öfter Zigaretten ab. Könnt Ihr eventuell ein Paar Schuhe für Ilse auftreiben? [...] Die Adresse von meinem Kameraden ist: Rudolf Schulz, Gastwirt, Podelwitz bei Leipzig, Hauptstr. 8.« Als Tauschware sind Zigaretten im Ghetto (wie überall) Gold wert. Ab Sommer ist dieser Posten im Haushaltsbuch auffällig oft zu finden.

Im vierten Brief vom 15. August wiederholt Ilse fast flehentlich: »Bitte schickt das Paket nach Leipzig *sofort ab. Wenn* Ihr könnt, schickt für die beiden Kleinen Ilse und Käthe etwas Zucker, Gries und sonstige Fressereien. Was Ihr entbehren könnt, können sie für die beiden Kinder *sehr gut* gebrauchen. Wenn es geht, auch Zwieback. [...] Ich brauche für Ilschen eine Regenhaube, ein paar Kämmchen fürs Haar und das berühmte Camel B. [...]«[13] Es fällt ihr schwer, die Familie, von deren eigenen Sorgen sie weiß, immer aufs Neue zu drängen,

»Mit den Haaren schwindet die Lachlust« schrieb einer der Brüder unter dieses Foto ins Album.

doch sieht sie in ihrer Lage keinen anderen Ausweg: »[...] es ist mir wirklich unangenehm, dass ich in jedem Brief eine Bitte habe«, schreibt sie bald darauf kleinlaut. »Wäre es Dir möglich, mir wieder etwas Seife zu schicken und Zahnpaste? Seife ist so wichtig (wichtiger als Brot).«

Wie elend es ihr geht, wie rapide ihr Lebensmut sinkt, kommt ebenfalls schon in diesem Sommer unverhohlen zum Ausdruck: »Wie sehr ich unseren Erich beneide, nein, das könnt Ihr Euch nicht denken, wenn ich nur einen Weg wüsste, würde ich sofort zu ihm fahren. Seine Schwiegermutter käme auch sehr gern mit. Aber der Dienst lässt es nicht zu. Ihr wisst ja, wie das beim Kommis [sic] so ist«, heißt es im vierten Brief. Dann wieder träumt sie sich die verlorene Welt herbei: »In Gedanken bin ich von früh bis spät und auch nachts immer bei Euch allen, und zum Wochenende bricht mir bald das Herz vor Heimweh. Ich stelle mir immer vor, wie Ihr alle gemütlich am Kaffeetisch sitzen werdet und Muttis guten Kuchen eßt und auch sicher an mich ›Soldaten in der Fremde‹ denkt.« Etwas Trost können in dieser Situation Fotos spenden, die für sie Erinnerungen sind, an denen sie sich buchstäblich festhalten kann. Im erwähnten fünften Brief schreibt sie: »Elsa möchte mir doch bitte von Erich mehr Bilder schicken. Evtl. aus dem Album u. ein Paßbild. Wißt Ihr denn, was es heißt, nur von den Bildern u. der Post zu leben?«

Mit dem nahenden Winter verschärft sich die Situation: »Von Käthe viele Grüße. Sie kann leider nicht anschreiben [sic], weil sie zuhause ist u. krank im Bett liegt«, so die Nachrichten aus Riga am 16. Oktober. »Sie hat sehr hohes Fieber, morgens um 5 Uhr schon 39°. Der Arzt meint, es könnte Gelbsucht werden, ach [...] hoffentlich nicht. Da wir doch zusammen wohnen, habe ich abends, wenn ich gegen $^1/_2$ 7 von der Arbeit komme, sehr sehr viel zu tun, weil Käthe doch den ganzen Tag allein ist u. nicht aus dem Bett kann. Soweit die neuesten Unannehmlichkeiten. [...] Ich mache mir Sorgen um meine liebe

Elsa. Sie muß mir schreiben u. wenn es nur ein paar Zeilen sind.« Nach Klara Cohn, von deren Deportation die Familie sie offenbar in Kenntnis gesetzt hat, erkundigt sie sich verschlüsselt – und gleichzeitig wird hier klar, wie wenig Illusionen man sich offenbar damals schon, auch und gerade im Ghetto, hinsichtlich der Situation in Theresienstadt macht: »Wie hält Ruths Mutter die Abmagerungskur durch? Wird sie es durchhalten oder schreibt sie nicht mehr?«

Als »Adolf« im Oktober versetzt wird, hat Ilse noch ein letztes Mal Glück: Er beauftragt einen Kameraden namens Franz, sich weiter um sie zu kümmern, und auch Franz nimmt sich ihrer an, wie aus ihren Briefen hervorgeht – ein einfacher Soldat, der große Courage, Anstand und Menschlichkeit zeigt. Auf dem Rückweg von einem Heimaturlaub versucht er Elsa in Berlin zu treffen, um ein Päckchen für Ilse in Empfang zu nehmen. »Werte Frau Chotzen«, lautet die kurze Nachricht, die sie Ende Oktober erreicht, »[...] ich will Ihnen viele Grüse [sic] von Ilse ausrichten, ich fahre am Montag nach der Front u. komme Nachts nach 10 in Berlin an, wenn sie so gut sein wollen und möchten am Bahnhof sein, ich habe zwei Koffer und bin bei die Flieger, und komme mit dem Würzburger Schnellzug, oder wollen sie mir zuvor noch einmal schreiben, wo ich sie treffen kann am Bahnhof. Alles andere werde ich ihnen dann erzählen. Grus Franz Bauner [...]«

Ilses Helfer in Riga: Franz Bauner

Auf der Rückseite ist in Elsas Handschrift vermerkt: »Warte Sperre schwarze Kleidung – Elsa Chotzen« – offensichtlich der Text, den sie unverzüglich an Bauner telegrafiert. Im Haushaltsbuch ist auch dies dokumentiert: »Telegramm Franz« trägt sie am 30. Oktober dort ein. Doch die Begegnung findet nicht statt; aus unbekannten Gründen verfehlen sich die beiden.[14] Nachrichten »aus erster Hand« bleiben den Chotzens verwehrt.

Trotz alledem oder vielleicht gerade deshalb feiert die Mutter am 31. Oktober ihren 55. Geburtstag. Sie backt einen ihrer berühmten Kuchen, für den sie zwei Tage vorher die Zutaten besorgt: »Backöl, Hefe, Vanillezucker, Backpulver, Citrone« sowie das Eiweißersatzprodukt »Milei«. Die Kinder sind bei ihr, Eppi spielt ihr ein Ständchen, und es entstehen – verbotenerweise, denn Kameras sind seit Juni endgültig nicht mehr zugelassen – neue Familienbilder: Elsa, sehr blass, schwarz gekleidet, im Kreise der drei noch lebenden Söhne und zweier Schwiegertöchter, auch Božka ist dabei. Ein trauriges Abziehbild einstigen Glücks: Noch vor Jahresfrist waren die Chotzens vollzählig und hofften, die schwerer werdenden Zeiten gemeinsam zu überstehen. Eppi ist 35, Bubi 27, Ulli gerade einmal 22 Jahre alt. Die Ereignisse der vergangenen Jahre

Milcheiweißersatzprodukt »Milei«

Elsas 55. Geburtstag (v. l. n. r.): Božka, Lisa, Bubi, Elsa, Ulli und Ruth

stehen jedem von ihnen ins Gesicht geschrieben. Es sind die letzten Fotos, die die Familie in dieser Besetzung zeigen.

»Ich würde [...] so gern [...] bei Dir, Elsa, in den warmen 4 Wänden sitzen, mit Dir Eppi, Ulli und Ruth von vergangenen Zeiten sprechen und das schöne Album ansehen, was Erich mir gemacht hat«, schreibt Ilse zwei Wochen später, am 14. November. Ihre Briefe in diesem Winter werden offener, länger – und sind mehr und mehr Reminiszenz an eine ferne, glückliche Welt, an das Leben in Berlin und an ihren verstorbenen Mann: »Wieviele 1000 Male am Tage und besonders in der Nacht denke ich an die schönen Tage in Teupitz, Straussberg [sic] und die allerschönsten in Grünheide und an die 3 Monate in der H[ohenstaufen]-Straße. Das kann mir niemand nehmen und nur die Natur in diesen Gegenden weiß, wie unendlich glücklich wir damals waren. So glücklich war ich einmal und so unglücklich bin ich jetzt. Ich wundere mich oft, wie es nur möglich sein kann, dass ich lebe, arbeite, esse, trinke und dabei weiß, daß mein Erich nie wieder zurückkommt.« Dann wird sie ungewohnt deutlich und sehr prosaisch: »Von mir kann ich nichts Neues berichten. Franz sagt immer zu allem: Alles Scheiße! (Pardon, es ist Soldatenton) und er hat recht. [...] Hier ist es schon sehr kalt und alles jammert vor Kälte. Im nächsten Winter will ich wieder bei Euch sein, hier ist es mir auf die Dauer zu kalt.«

Am 16. November fügt sie demselben Brief noch einen an Bubi und Lisa gerichteten Nachsatz hinzu, voller Traurigkeit und Wehmut: »Übrigens, mir fällt eben ein, daß ja am 18. 11. auch Euer Hochzeitstag ist. Ich gratuliere Euch und wünsche Euch längeres Glück als mir und Erich beschieden war. Habt Ihr eine Ahnung, wie mein Herz blutet? [...] Wie stolz war ich voriges Jahr um diese Zeit als so ganz junge Frau neben *so* einem Mann!«

Eppi spielt zu Elsas Geburtstag am 31. Oktober 1942

Von den näheren Lebensumständen, der Zwangsarbeit, die sie leisten muss, erzählt sie erst sehr spät, im vorletzten, achten Brief: Im Bett, so schreibt sie am 27. November, sei es »immerhin am wärmsten, obwohl ich nachts vor Kälte aufwache. Überhaupt wir haben hier schon viel (sehr viel) unter der Kälte gelitten und fürchten uns auch wieder vor diesem Winter, der ja eben erst richtig anfängt. Neben allen großen und kleinen Zores haben wir auch körperlich allerhand Schwierigkeiten.« Allen Härten zum Trotz sieht sie die Arbeit pragmatisch, ist sich sogar des Vorteils bewusst, den sie anderen gegenüber hat: »Ich habe mich schon Anfang März freiwillig [...] gemeldet und das [ist] mein, unser Glück. Seit damals schon bin ich bei meiner Einheit in Franz Dienststelle. Ich gehe täglich ohne Sonn- und Feiertage dorthin, obwohl ich über 1 Stunde Weg habe. Morgens und abends auch. Bei jedem Wetter und größter Kälte und bin froh, heilfroh, daß es so ist. Ich bin dort in Soldatenunterkünften. Mache die Wohnungen sauber, wasche die Wäsche, plätten, nähen, stopfen, Holz schneiden und sorge dort für 12 Männer. Es gibt sehr viel Arbeit und ich bin abends totmüde [sic]. Könnt ihr Euch vorstellen, was das heißt?« »Dicker« sei sie geworden, aber auch »alt und häßlich dabei«.

Nur noch eine ferne Erinnerung: Erichs und Ilses Hochzeit im November 1941

Einige Absätze weiter dann bricht es aus ihr hervor: »Ich sehne mich so unheimlich nach der guten freien Luft, kurzum nach allem! Mein einziger Trost ist Käthe, mit der ich jetzt vollkommen eins bin und meine Arbeit und der Gedanke, daß Ihr alle da seid, daß Ihr alle zu mir haltet in diesem Unglück. Sonst könnte ich dieses Leben einfach nicht ertragen. Und wenn nicht Käthe gewesen wäre, wäre ich meinem Erich bald nachgegangen. Aber nun gebe ich mir selber Mut und sage: Noch keine 20 Jahre [bin ich alt]. Ich muß und ich will durchhalten. Gebe Gott, dass alles einmal wieder gut wird.«

Ihre Mutter schreibt im selben Brief ohne jede Beschönigung: »Ich habe mit Ilse und noch einer feinen netten Wiener Dame ein kleines Zimmer mit elektr. Licht [im vierten Stock]. Koche selbst in einer Küche mit Holz, fünf Parteien. Sehr schwierig, da die meisten doch erst Abends nach Hause kommen. Um 4 Uhr als Erste muß ich aufstehen, bin seit ca. 4 Monaten in einer Fabrik und arbeite von 6 bis 4 Uhr.« Offenbar ändert sich dies ständig; Ilse berichtet noch am 14. November: »Käthe muß ab Montag eine andere Schicht arbeiten. Von 10 Uhr früh bis abends 8 Uhr. Stellt Euch vor, wir sehen uns kaum noch. Ich gehe um 6.15 Uhr fort und komme um 7 Uhr ca. nach Hause, totmüde natürlich.« Dann, genau einen Monat später: »Es ist schon ½11 h und K[äthe]. ist nicht hier. Nachtschicht in der Fabrik von 7–7 h früh.«

»Eine Stunde Weg ist zu laufen«, so Käthes Schilderung weiter, »eine Stunde zurück. Vor 11 Uhr abends ist es trotz großen Wollens nicht möglich ins Bett zu gehen. Ihr dürft aber nicht denken, daß das Leben nun einfach und reibungslos verläuft, bei Gott nicht. Ich möchte Euch nur eine Stunde sprechen können.« Und sie beschreibt die katastrophale medizinische Versorgungslage: Eine kranke Bekannte hat Erfrierungen an den Füßen, ärztliche Hilfe und Medikamente aber sind praktisch nicht vorhanden – »unter dem Zucker hat sie nicht zu leiden, trotzdem sie weder die geringste Diät noch Spritzen bekommen kann.« Auch ihr selbst machen die erbärmlichen Zustände immer mehr zu schaffen: »Ich habe jetzt erst wieder mit hohem Fieber gelegen, die Ursache war nicht festzustellen. Husten tue ich schon seit 8 Wochen. Ich fürchte mich sehr vor dem Winter und der Kälte. Von unseren Sachen haben wir nicht das schwarze unter dem Nagel bekommen, selbst die Handtasche nicht. [...] Ich hätte nie gedacht, dass der Mensch eigentlich sooo wenig zum Leben braucht! [...] Ich hätte Euch gern viel anderes und viel mehr geschrieben, aber es ist besser so.«

Doch die wachsende Sorge um Ilse und ihre Mutter ist nicht das Einzige, was die Familie zermürbt. Auch in der Hauptstadt wird die Lage immer bedrohlicher. »Alle Berliner Juden, auch ›Geltungsjuden‹«, so macht die Gestapo am 27. November im »Nachrichtenblatt« publik, hätten »der Statistischen Abteilung der ›Reichsvereinigung‹ Angaben zur Person, wie Namen, Familien-, Wohnungs- und Arbeitsverhältnisse, auf einem postkartengroßen Stück Papier« abzuliefern, in vierfacher Ausführung und bis zum 1. Dezember. Da längst nicht alle Betroffenen die entsprechenden Daten liefern, wird die Frist noch einmal, bis zum 14. Dezember, verlängert – wer dann der Aufforderung nicht nachgekommen ist, hat mit schweren Strafen zu rechnen. Für »Geburtsurkunden« zahlt Elsa am 3. Dezember 1,80 Mark, am 9. weist das Haushaltsbuch 2 Mark für eine »Aufenthaltsbescheinigung« aus – beides durchaus zu deuten als Hinweis auf die neuerlichen Schikanen.

Und diese sind wiederum im Zusammenhang mit den Deportationen zu sehen: Ende 1942 hat sich das Vorgehen der Behörden insofern gravierend verändert, als auf die bis dahin übliche Vorankündigung endgültig verzichtet wird – alle noch in der Stadt lebenden Juden müssen von nun an jederzeit mit ihrer Abholung rechnen. Anhand eines eigens zu diesem Zweck erstellten Stadtplans lässt der aus Wien nach Berlin beorderte »Deportationsexperte« Alois Brunner immer wieder ganze Straßenzüge und Häuserblöcke absperren und von SS und Gestapo räumen.[15]

Lisa, Paul und Klaus Scheurenberg im Hof der »Judenburg«, um 1941

Am 13. Dezember geraten Bubi und Lisa als Bewohner der »Judenburg« in eine solche Verhaftungswelle. Paul Scheurenberg, Lisas Vater, berichtet in seinem Tagebuch: »Überraschend und schlagartig wurden sämtliche jüdischen Häuser geräumt. Nachmittags um 5 Uhr kam der SS-Scharführer Slawik mit einem Haufen jüdischer Ordner ins Haus. Er stand mit der Reitpeitsche auf dem Hof und schrie. Es war Sonntag. Der Schrecken ist nicht zu beschreiben. In unserem Haus wohnten noch etwa 80 Menschen. Alle machten sich fertig, so schnell sie konnten. Ein Möbelwagen fuhr vor und lud das Gepäck auf. Er musste viermal fahren. Wir liefen zum Sammellager. Die Wohnungen wurden versiegelt.«[16]

Nur der Tatsache, dass Paul Scheurenberg einen der Ordner kennt, ist es zu verdanken, dass die Familie schließlich zurückgestellt wird – bis auf Lisa und ihren Mann. Sie müssen die Nacht im Sammellager in der Großen Hamburger Straße verbringen. Doch der Vater, grundsätzlich von eher ängstlichem Naturell, bleibt in diesem Fall hartnäckig: »Wenn es um seine Kinder ging, wurde er zum Helden«, erinnert sich sein Sohn Klaus. Gleich am nächsten Morgen geht er zum zuständigen SS-Lagerkommandanten und trägt sein Anliegen vor, nicht ohne zu betonen, dass sein Schwiegersohn ein »Geltungsjude« sei. Er werde es sich überlegen, gibt der Kommandant emotionslos zurück. Stundenlang harrt Paul Scheurenberg nun vor dessen Büro aus. Als der SS-Mann schließlich herauskommt, hat er das Gesuch längst vergessen. »Was willst du?«, herrscht er ihn an. »Ich warte, dass Sie meine Tochter freigeben.« Mit einem gelangweilten »Schön, nimm sie dir mit« gibt er seiner Wache ein Zeichen. Lisa und ihr Mann kommen frei – für sie völlig überraschend, denn sie hatten die ihnen vorgelegte Vermögenserklärung bereits ausgefüllt und un-

Bubi und Lisa am Heidelberger Platz

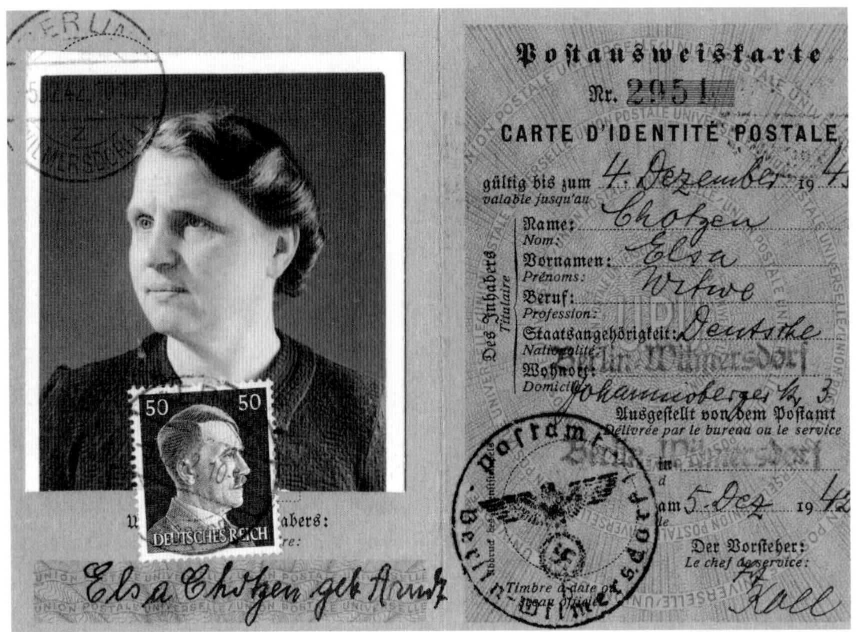

Postausweiskarte
Nr. 2951
CARTE D'IDENTITE POSTALE
gültig bis zum 4. Dezember 194
valable jusqu'au
Name: Chotzen
Nom:
Vornamen: Elsa
Prénoms:
Beruf: Witwe
Profession:
Staatsangehörigkeit: Deutsche
Nationalité:
Wohnort: Berlin-Wilmersdorf
Domicile: Johannisberger Str. 3
Ausgestellt von dem Postamt
Délivrée par le bureau ou le service
in Berlin-Wilmersdorf
am 5. Dez. 1942
Der Vorsteher:
Le chef de service:
Kall
Elsa Chotzen geb. Arndt

Postausweis Elsa Chotzen vom 5. Dezember 1942

terschrieben.[17] Die ganze Zeit müht sich auch Elsa verzweifelt, die beiden freizubekommen: »Fahrgeld« und mehrere Telefonate vermerkt sie an beiden Tagen.

Ebenfalls auf den 14. Dezember ist der letzte Brief aus Riga datiert. »[...] Liebste Elsa, auch bei Euch wird dieses Mal ein trauriges Weihnachten sein; den ganzen Tag bin ich mit meinen Gedanken in Deiner Wohnung und kann u. kann es noch immer nicht glauben, daß es ganz, ganz anders sein wird, auch wenn ich wieder bei Dir [»wäre« *durchgestrichen*] sein werde. [...] Ich wünsche Euch allen ein recht gesundes, gemütliches Weihnachtsfest. Bleibt gesund, und Kopf hoch, liebste Elsa. Auch ich habe vom Schicksal genug gelernt. Hauptsache: tapfer sein! Wollen wir hoffen, daß wir [*d. h. weitere Deportierte und Freunde an der Front*] bald wieder alle gesund nach Hause kommen, na, aber dann wird gelebt. Seid alle recht herzlich gegrüßt und innigst geküsst von Eurer sich sehnenden Ilse.« Danach verliert sich ihre Spur. Wahrscheinlich wurde sie ermordet. Ihr Tod wird offiziell auf den 31. Dezember datiert.

Als die verbliebenen Chotzens sich zu den Feiertagen bei der Mutter zusammenfinden, ahnen sie davon nichts. Angstvoll hoffen sie weiterhin auf eine Fortführung der Korrespondenz. Es ist ein trostloses Weihnachtsfest nach einem schrecklichen Jahr – was an kulinarischen Extravaganzen noch möglich ist, steuert laut Haushaltsbuch Božka bei. Für Heiligabend bringt sie Backzutaten sowie Sahne, Käse und Fleisch, und den todtraurigen Jahreswechsel begießen sie alle mit »Wein«. Wie oft Elsa in Zukunft zum Postamt Wilmersdorf wird gehen müssen, das ihr den »Postausweis«[18] ausstellt, den sie am 5. Dezember bezahlt hat, kann sie (glücklicherweise) nicht wissen.

In diesem Winter, erinnert sich Ruth, trägt sich in der Glimmerfabrik Schaede eine Begebenheit zu, deren grausigen Wahrheitsgehalt sie erst viel später begreift. »Einmal, meine Familie war schon deportiert, hat der Inhaber mich zu sich gerufen und mir im Vertrauen gesagt, er wisse aus sicherer Quelle, dass meine Mutter und Schwestern nicht mehr am Leben seien.« Die Züge würden im Nirgendwo, vorzugsweise im Wald, auf tote Gleise geleitet, die Insassen dann in den Wagen vergast. Da Schaede häufig trinkt, schenkt sie ihm keinen Glauben; Elsa, der sie davon berichtet, reagiert ebenso. Wie so viele tun die beiden Frauen solche Gerüchte als Schauermärchen ab.

Und sie scheinen Recht zu behalten, denn am 30. Januar 1943 findet sich in der Post die erste gute Nachricht seit langem: Klara Cohn, Ruths Mutter, hat aus Theresienstadt geschrieben! Elsa Chotzen kann es kaum fassen – sie lässt alles stehen und liegen und eilt zum nächsten Fernsprecher, um Ruth, die seit nunmehr fast acht Monaten auf ein Lebenszeichen wartet, schnell zu informieren. Mit »Telefon –,10« schlägt der Anruf zu Buche, es ist der einzige an diesem Tag.

NS-Aufmarsch im Berliner Lustgarten

Mitten im Krieg – die Niederlage der 6. Armee in Stalingrad steht unmittelbar bevor – feiert sich das Regime an jenem Samstag mit Aufmärschen zum 10. Jahrestag von Hitlers Machtergreifung. In der Firma Schaede erlaubt man Ruth nach dem Anruf der Schwiegermutter, bereits mittags nach Hause zu gehen. Die Fahrt mit der U-Bahn von Kreuzberg nach Wilmersdorf ist ihr noch nach Jahrzehnten präsent: Der ganze Zug ist brechend voll mit uniformierten Angehörigen der SA und SS, die von der Kundgebung im Lustgarten kommen und ein martialisches Bild bieten – und inmitten der lärmenden Menge sie, die Jüdin mit dem Stern, überglücklich, vor Freude lachend, die es gar nicht erwarten kann, dass sich die Türen öffnen und schließen, um möglichst schnell am Heidelberger Platz zu sein. Niemand nimmt weiter von ihr Notiz, niemand belästigt sie; mit klopfendem Herzen kommt sie schließlich zu Hause an.

Knapp vier Wochen darauf wird die zuvor von der Rüstungsindustrie immer wieder als »kriegswichtig« reklamierte Zwangsarbeit der Juden endgültig der »Endlösung« untergeordnet. Nachdem Hitler den »Generalbevollmächtigten für den Arbeitseinsatz«, Fritz Sauckel, schon im Herbst 1942 mit entsprechenden Vorbereitungen beauftragt hat, setzt dieser Ende November die Landesarbeitsämter darüber in Kenntnis, dass »im Einvernehmen mit dem Chef der Sicherheitspolizei und des SD [...] nunmehr auch die noch in Arbeit eingesetzten Juden aus dem Reichsgebiet evakuiert und durch Polen, die aus dem Generalgouvernement ausgesiedelt werden, ersetzt werden« sollten.[19]

Am 20. Februar 1943 erlässt das Reichssicherheitshauptamt neue, reichsweit gültige Deportationsrichtlinien – auch jüdische Zwangsarbeiter sind vor den Transporten fortan nicht mehr gefeit. »Wir schaffen jetzt die Juden endgültig aus Berlin hinaus«, notiert Propagandaminister Goebbels bald darauf in sein Tagebuch.[20] Ab dem 27. Februar, neun Tage, nachdem er ein sorgfältig ausgewähltes Massenpublikum im Berliner Sportpalast auf den »totalen Krieg« eingeschworen hat, werden im Rahmen der später sogenannten »Fabrik-Aktion« nicht nur die noch im »Altreich« verbliebenen »Rüstungsjuden« verhaftet, sondern auch alle übrigen, deren Gestapo, Polizei und SS in Verstecken und »Judenhäusern«, Heimen und auf der Straße noch irgendwie habhaft werden können.[21] Ohne jegliche Vorwarnung dringen bewaffnete Angehörige der Gestapo und der normalen Schutzpolizei seit dem frühen Morgen in die Betriebe ein und treiben die dort arbeitenden Juden mit barschen Befehlen hinaus. Bei klirrender Kälte werden die Menschen, die oft nichts am Leib tragen als ihre dünne Arbeitskleidung, auf eigens beschlagnahmte Lastwagen verladen.

Kurz vor Beginn der Razzia, die sich mehrere Tage lang hinzieht und mit besonderer Brutalität durchgeführt wird, hat man in Berlin zu den bereits bestehenden noch zusätzliche Sammellager eingerichtet: das Ballhaus »Clou« in der Mauerstraße in Berlin-Mitte, zwei Kasernen in den Bezirken Reinickendorf und Tiergarten sowie das jüdische Gemeindehaus in der Rosenstraße 2–4 nahe dem Alexanderplatz.

Gemeinsam mit der gesamten jüdischen Belegschaft der Firma Schaede wird auch Ruth Chotzen verhaftet und ins »Clou« transportiert. Über 1000 Menschen drängen sich hier auf allerengstem Raum, ohne Decken, ohne Kissen, ohne Zahnbürste oder Seife, ohne jegliches Gepäck.[22]

Ulli wie auch Eppi Chotzen sind am Morgen des 27. nicht an ihrem Arbeitsplatz; sie haben Spätschicht und werden offensichtlich gewarnt. »Das merkwürdige an diesen Aktionen war«, so Eppi, »dass diejenigen, die zufällig nicht anwesend waren, jedenfalls nicht in allen Fällen nachher gesucht wurden.« Während er fest entschlossen ist, sich einem Abtransport um jeden Preis zu entziehen, macht der Bruder sich auf die Suche nach seiner Frau. Noch am selben Tag findet er – wohl mit Hilfe der Mutter – heraus, wohin man sie gebracht hat. Abends um zehn Uhr traut Ruth ihren Augen kaum, denn plötzlich steht er vor ihr: Er hat sich freiwillig gemeldet, um mit ihr zusammen zu sein. Wissentlich bringt er sich damit in allergrößte Gefahr – und rettet ihr das Leben. Jedem, der ins Lager kam, war bereits eine Transportnummer für die Deportation zugeteilt worden. »Schmeiß das weg«, zischt Ulli ihr zu, und sie tut wie ihr geheißen. Zwei endlos lange Tage harren sie im »Clou« aus, nicht wissend, was kommen wird. Am 1. März werden fast alle Insassen nach Auschwitz deportiert[23]; lediglich 35 zumeist junge Menschen werden beiseite genommen und auf freien Fuß gesetzt, unter ihnen auch Ulli und Ruth. Als »Mischling« hatte er darauf bestanden, anders behandelt zu werden.

Auch Bubi und Lisa werden gleich am ersten Tag der Aktion an ihren Arbeitsstellen verhaftet und tagelang in einem Sammellager festgehalten. Für Bubi ist es, so Elsa Chotzen nach dem Krieg in ihrer Entschädigungsakte, bereits die sechste Verhaftung[24]; immer wieder hatte er »Räumungsaufforderungen« bekommen, bestätigt später auch Eppi.

Die große Stütze der Familie: Božka, hier auf einem Bild von 1928

Spontan versammelt sich in der Rosenstraße noch am Nachmittag des 27. Februar eine mehrheitlich aus Frauen gebildete Menge, um hier für alle Festgenommenen zu demonstrieren; abends räumen sie das Feld, früh am nächsten Morgen sind sie wieder da, Tag für Tag in wachsender Zahl, getrieben vom Mut der Verzweiflung. Öffentliche Protestkundgebungen sind per Gesetz streng verboten – trotz mehrfacher Drohgebärden unternimmt die Staatsgewalt jedoch nichts zur Auflösung der Versammlung, vermutlich um in Zeiten wachsender Kriegsmüdigkeit den Unmut nicht noch zu schüren.[25] Auch Elsa Chotzen findet sich mehrmals dort ein; welcher Gefahr sie sich selbst damit aussetzt, ist ihr wohl kaum bewusst. Tagelang kommt das Familienleben zum Stillstand – für gut eine Woche verzeichnet die Buchführung fast keine Einkäufe, setzt aber selbst in der Notsituation niemals gänzlich aus: Mehrfach werden Schulden bei Kühne und Barking beglichen, und für die Verpflegung sorgt einmal mehr und verlässlich vom ersten Tag an Božka, mit der die Mutter unverzüglich auf Heller und Pfennig abrechnet.

Selbst nachdem die Royal Air Force am Abend des 1. März die bisher schlimmsten Luftangriffe auf Berlin fliegt und der Bevölkerung einen bitteren Vorgeschmack auf das gibt, was noch kommen wird, geht der Protest in der Rosenstraße täglich weiter, mehr als eine Woche lang.

Ob die Freilassung ihres dritten Sohnes Bubi in direktem Zusammenhang mit dieser Initiative steht, ist unklar – Tatsache ist aber, dass auch Bubi und

Božka und Eppi

Lisa der Deportation noch einmal entgehen.[26] Der Aufschub, der den Chotzens auf diese Weise gewährt wird, ist allerdings nur von kurzer Dauer – drei Monate später ist die Atempause vorbei.

Auch Eppi gelingt es ein weiteres Mal, sich der Verhaftung zu entziehen: Gleich Anfang März ist er bei Božka in der Woyrschstraße[27] untergetaucht. Sie ist, wie so oft, der rettende Anker und zögert nicht einen Moment, ihm Zuflucht zu gewähren. Einmal nimmt Bubi in dieser Zeit telefonisch mit ihm Kontakt auf und gibt ihm bei dieser Gelegenheit auch den entscheidenden Tipp: Im jüdischen Arbeitsamt, so hat er in Erfahrung gebracht, würden bei der Vermittlung keine großen Fragen gestellt. »Entschlossen«, so Eppi, »beobachtete ich den Betrieb dort und wurde tatsächlich anstandslos am 13. April zur Fliegerschädenbeseitigung verpflichtet. Ich war zum Glück wieder legal. Es hieß natürlich weiterhin sehr wachsam und beweglich zu sein.«

Die jüngeren Brüder und ihre Frauen müssen nach ihrer Freilassung ebenfalls erneut Zwangsarbeit leisten – Bubi und Ulli wie Eppi bei einer Abrissfirma[28], Ruth in einer Uniformfabrik namens Arthur Schulz in der Greifswalder Straße 4, wo sie täglich im Akkord ein Dutzend Hemden näht.[29] Lisas letzte Tätigkeit ist nicht mehr zu rekonstruieren; ihr Bruder berichtet, man habe sie eine Zeit lang in eine Spinnstofffabrik geschickt.[30] Ende März zieht Bubi mit seiner Frau laut Haushaltsbuch (30 Mark von beiden werden dort von nun an pro Woche notiert) wieder bei der »arischen« Mutter ein – hier erhoffen sie sich ein wenig mehr Schutz als in der »Judenburg«. Instinktiv tun sie damit in diesem Moment genau das Richtige: Anfang Mai werden Lisas Eltern Paul und Lucie Scheurenberg sowie ihr Bruder Klaus verhaftet und nach Theresienstadt deportiert. Als die Geschwister sich vor dem Abtransport noch einmal begegnen, ist es – dem Bruder lebenslang unvergesslich – wie ein Abschied auf kurze Zeit, so als wollten sie sagen: »Bis gleich ...« Sie sollten Recht behalten.

Am 19. Juni werden die jüngeren Chotzen-Söhne und ihre Ehefrauen ein weiteres, ein letztes Mal festgenommen und ins »Abwanderungslager« in der Großen Hamburger Straße verbracht. Die fieberhafte Hektik und Verzweiflung, die von Elsa Besitz ergreifen, werden beim Blick in ihr Haushaltsbuch unmittelbar erkennbar. Sie setzt alles in Bewegung, um den Kindern noch einmal zu helfen, führt etliche Telefonate, fährt immer wieder zum Sammellager, um Lebensmittel zu bringen und vielleicht einen Blick ihrer Lieben zu erhaschen – vom Tag der Verhaftung bis zum 29. Juni wird täglich »Fahrgeld« verbucht. Entsetzlich sei es gewesen, sie da unten stehen zu sehen, berichtet

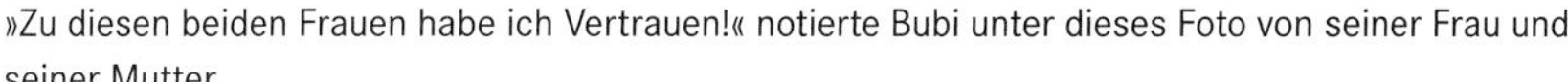

»Zu diesen beiden Frauen habe ich Vertrauen!« notierte Bubi unter dieses Foto von seiner Frau und seiner Mutter.

Bubi Chotzen am Kachelofen in der Johannisberger Straße, etwa 1941

Ruth noch heute. Von ihrem Fenster im zweiten Stock winken die vier ihr zu, miteinander sprechen können sie nicht. Ein kleiner Zettel und von jedem ein Abschiedsbrief sind aus diesen Tagen erhalten; einer der Ordner wird sie wohl nach draußen geschmuggelt haben.

Die früheste Nachricht wird noch am 19. Juni verfasst: »Liebe Mutti! Verliere nur den Mut nicht. Wir denken immer an Dich und kommen ganz bestimmt durch. Wenn wir wissen, Du hältst durch, dann haben wir auch die Kraft und Nerven genug, alles zu überstehen. Die Liebe hilft uns über alles hinweg. Wir lieben Dich, Du liebst uns, also sehen wir uns wieder. Küsse in rauer Menge und viel Liebe von Deinem Bubi und seiner Lisa.«

Prinz-Albrecht-Palais in der Wilhelmstraße, Dienstsitz von Reinhard Heydrich, Chef der Sicherheitspolizei

Voll Liebe und Dankbarkeit sind auch die folgenden Briefe – und geprägt von großer Sorge um Elsas Gesundheit, die sogar die eigene Furcht überwiegt. »Ich habe nur Angst, dass Du Dich kaputt machst. Wenn wir weg sind, dann pflege Dich und ruhe Dich von all den Stürmen der letzten Monate aus. Wir werden nie vergessen, was Du für uns getan hast, und uns beeilen zurückzukommen«, schreibt Ruth am 27. Juni.

»Du hast uns so wunderbar versorgt, dass ich nicht die richtigen Worte finden kann um Dir zu danken. Du hast geschleppt u. dich gebuckelt, u. Dich für uns aufgeopfert«, schreibt auch Ulli an seine Mutter. »Es darf und wird nicht lange dauern, und wir werden durchhalten und Du wirst daran denken, wenn Du am Sonnabend bei Papa in Weißensee bist.« Am 3. Juli 1943 wäre Josef Chotzen 60 Jahre alt geworden.

Die Ungewissheit über das Ziel des Transports dauert gut eine Woche lang; die Anspannung ist kaum zu ertragen. »Wenn man hier die Menschen sieht (Ord. [*wohl* Ordner]), dann könnte man verzweifeln, sie sind schlimmer als die Polizei«, so Ruth im zitierten Brief, »gestern abend mußten sämtliche Fenster geschlossen werden, also wir müssen uns jetzt sehr vorsehen, wenn Du kommst, liebe Mutti. Gestern wurden alle Stubenältesten zusammengerufen. Morgen, Montag, geht der O[st].Trnspt. Dienstag früh der 1. Th[eresienstadt]., da werden wir sicher bei sein. Es ist schon eine gewisse Aufregung im Haus, alles ist durcheinander.«

Elsas Nerven sind bereits zum Zerreißen gespannt, da erhält Eppi am 28. Juni eine Vorladung zum Judenreferat der Stapo-Leitstelle in der Burgstraße im Bezirk Mitte. »Das war erfahrungsgemäß so gut wie immer eine sehr gefährliche Sache«, gibt er später zu Protokoll. »Was sollte ich machen? Worum konnte es sich handeln? Viele Fragen, keine Antworten. Ringsum waren alle ohnehin hektisch verstört. Ernsthaft beraten konnte mich niemand. [...] Meine Freundin Božka setzte ich in Kenntnis, dass ich nach Abwägen aller Möglichkeiten und Chancen entschlossen war, alles zu riskieren, sonst müsste ich sofort untertauchen. [...] Meine Mutter hatte an diesem Tag oder einen davor die Hiobsbotschaft nach Hause gebracht, dass sie meine Brüder nicht mehr freibekommt. Die Verzweiflung war sehr groß. Und nun ich noch als letzter.«

Innerlich zitternd vor Angst, wird er in der Burgstraße vorstellig. Die schauderhafte Groteske, der er dort beiwohnen muss, wird ihm sein Leben lang tief in den Knochen sitzen. In einem langen grauen Flur wartet er, dass man ihn vorlässt; andere Willküropfer, die kaum begreifen, wie ihnen geschieht – Ausländer, wie er vermutet –, werden an ihm vorbeigetrieben, angeschrieen und getreten, einer fällt schließlich hin. »Brüllenderweise«, so berichtet er später, wird er schließlich in ein Büro zitiert, in dem hinter einem »riesigen Schreibtisch [...] eine ebenso riesige Type« sitzt, die, unter genauer Angabe der Personalien, mit schneidender Stimme die Anklagen verliest: »Der Jude Josef Israel Chotzen, geboren am 3. Juli 1883, wohnhaft: Berlin, Johannisberger Straße usw., wurde ohne Stern dann und dann, da und da in Berlin irgendwo, wo ich wirklich nie war, gesehen. Und würde sowieso meistens ohne Stern gehen.« Angesichts der Beschimpfungen, die der Gestapo-Beamte auf ihn niedergehen lässt, kommt er minutenlang nicht zu Wort. »Aber irgendwann wollte er von mir doch eine Stellungnahme haben. Nachdem ich ihm endlich nachweisen konnte – meinen J-Ausweis hatte er in der Hand – dass die Angaben überhaupt nicht stimmen konnten, da es die Daten meines verstorbenen Vaters waren, und ich zu der angegebenen Zeit bei der Arbeit war, fing er wieder lautstark an zu toben. Ich weiß nicht, wohin das noch geführt hätte, wenn nicht in diesem Moment nach einem kurzen Klopfen die Tür aufgegangen wäre. Ein ranghoher SS-Mann, ich glaube mit vier Sternen, trat freundlich, auch mich grüßend, ein und schüttelte ihm die Hand. Nach einem kurzen Gespräch der beiden wurde ich von dem Besucher nach meinem Namen und ähnlichem

Zuname: Chotzen
Vorname: Hugo Israel
geborene:
Geb. am: 29.3.15 in: Berlin
Letzter inl. Wohnsitz: Bln-W'dorf, Johannisbergerstr. 3 v. ptr.
Zuständ. Finanzamt:
Familienangehörige:
1. Lieselotte Sara, geb. Scheurenberg, geb. 13.12.20 Letschin/Oderbr.
2. Ulrich Israel, geb. 2.8.20
3. Ruth Sara, geb. Cohn geb. 21.5.22 Berlin
5.
6.

Akten Nr. 57/35736
Zugangs Nr. Akte vorh.
B-Liste Nr.
Nr. der „Sammlung der Ausbürgerungs-Bekanntmachungen".

Ausgebürgert lt. Bekanntmachung vom ... 194.. — Deutscher Reichs-Anzeiger Nr. ... vom ... 194.. — Mit / ohne Vermögensbeschlagnahme

92. Alterstransport v. 29.6.43 (Lt. 27 Nr. 41-44)

Bitte wenden!

Karteikarte der Oberfinanzdirektion für Bubi, Lisa, Ulli und Ruth Chotzen, angelegt vor ihrer Deportation nach Theresienstadt am 29. Juni 1943

Bubis Abschiedsbrief an die Mutter aus dem Sammellager in der Großen Hamburger Straße vom 27. Juni 1943

gefragt. Dann verschwand er wieder. Die Type holte tief Luft, schluckte noch mal und brüllte dann: wenn er mich noch einmal sehen würde, würde ich den selben Weg gehen wie meine Brüder. Und jetzt sollte ich mich schnellstens zur Arbeit begeben! [...] Leider hatte ich nicht bedacht, dass meine Mutter inzwischen vor Angst verging. Das konnte ich auch gar nicht, da ich nicht wusste, dass dieser Vier-Sterne-Mann nämlich die ganze Zeit die Anlaufstelle für ihre Bittgänge war. Ihm hatte sie, als sie früh am Vormittag bei meinen Brüdern war – es war wohl der Abschied – ihr neues Leid mit mir, ihrem letzten, geklagt. Er hatte ihr gesagt, sie solle nach Hause gehen. Er würde dafür sorgen, dass mir nichts geschehe.« Auch diese Aktion der Mutter ist anhand des Haushaltsbuchs zu belegen: »Fahrgeld« verbucht sie an diesem 28. Juni für

Der (später durch Bomben zerstörte) Anhalter Bahnhof auf einem Bild aus den dreißiger Jahren

ihren, wie Eppi es ausdrückt, »Canossa-Gang« von Wilmersdorf ins alte Zentrum der Stadt. Als er abends zu Hause ankommt, fällt sie ihm schluchzend um den Hals.

Die Bitte um Freilassung der übrigen Kinder war ohne Erfolg geblieben, die Deportation ist beschlossene Sache. Vermutlich hat Elsa Chotzen dennoch bei der Gestapo erreicht, dass die vier nicht einem der berüchtigten »Ost-Transporte« nach Auschwitz zugeteilt werden, sondern zu den »Privilegierten« gehören, die man nach Böhmen schickt. »[...] wir haben den festen Willen, zu Euch zurückzukommen. Wir werden alle vier zusammenhalten, unsere Losung ist ›Uns kann keiner!‹ Von dort (Th.) hört man doch nur Erträgliches!«, schreibt Lisa noch am Abend des 28. Juni. Auch Bubi versucht bis zuletzt tapfer, optimistisch zu sein: »Abschied nehmen ist immer etwas schwierig. Aber stolz und ungebrochen gehen wir in die Verbannung, wenn man uns nicht gerade ermordet, kommen wir durch und wieder und dann ... Hali! Ich glaube, dass [sic] uns das alles nur stärken kann, wir werden Erfahrungen für unser späteres Leben sammeln. Darum: Auf in den Kampf!«

Die schicksalhafte Reise beginnt schon am nächsten Tag: Am Dienstag, dem 29. Juni, morgens um 6.06 Uhr verlässt der Zug den Anhalter Bahnhof in Richtung Theresienstadt. Die »Kämme«, das »Rasierwasser« und die »Klingen«, die »Watte«, »Hansaplast« und die »Creme«, die die Mutter an diesem Tag für insgesamt 4,82 Mark beschafft, erreichen die vier nicht mehr.

1 Vgl. Wolfgang Benz, Hermann Graml, Hermann Weiß (Hg.), *Enzyklopädie des Nationalsozialismus*, München 2001, S. 757 f.

2 Vgl. Klaus Scheurenberg, *Ich will leben*, S. 27 ff. und 68 ff.

3 Zu den hier und im Folgenden angeführten antijüdischen Verordnungen vgl., so nicht anders nachgewiesen, Wolf Gruner, *Judenverfolgung in Berlin 1933–1945. Eine Chronologie der Behördenmaßnahmen in der Reichshauptstadt*, Berlin 1996, S. 85 ff.

4 So bei Frank Grube, Gerhard Richter, *Alltag im Dritten Reich*, Hamburg 1982, S. 170 ff.

5 Vgl. hierzu Victor Klemperer, *Tagebücher 1942*, hg. von Walter Nowojski unter Mitarbeit von Hadwig Klemperer, Berlin 1995, der die Nahrungsbeschaffung, die ewige Jagd nach Kartoffeln oder einem Stück Brot, als täglichen Existenzkampf beschreibt.

6 Vgl. Aussage des Zeitzeugen Max Plaut bei Wolfgang Benz, *Die Juden in Deutschland*, München 1979, S. 606.

7 Ebd.

8 Joseph Walk (Hg.), *Das Sonderrecht für Juden im NS-Staat. Eine Sammlung der gesetzlichen Maßnahmen und Richtlinien*, Heidelberg 1981, S. 319. Vgl. auch Klemperer, a.a.O., S. 258: »Von diesen zwei Frauen hatte eine verbotenen Fisch im Kühlschrank [...] Beide wurden [...] nach Auschwitz transportiert, das ein schnell arbeitendes Schlachthaus zu sein scheint.« So geschehen im Oktober 1942.

9 Vgl. Barbara Schieb, *Nachricht von Chotzen*, Berlin 2000, S. 170. Die Ilse offensichtlich sehr eng verbundene Cousine »Puppchen« hat die Autorin als Meta Neumann identifiziert.

10 Ebd., S. 172. Auf den Seiten 169–186 sind alle hier zitierten Briefe aus Riga vollständig transkribiert und abgedruckt. Grammatik und Orthographie bei der gesamten zitierten Korrespondenz wie im Original.

11 Ebd., erster erhaltener, undatierter Brief: »Geht bitte zu Goerkes, Ille, Puppchen und Ilse und Werner. Was macht Klaus? [...] Paul und Grete aus der Sybelstr. geht es gut. Gesund und munter. Desgleichen Lene.« Mit »Paul und Grete« etwa meint sie die Mutter und die Tante ihrer Freundin Ilse Rewald, die ebenfalls mit Chotzens bekannt ist.

12 Hervorhebungen generell im Original.

13 Vermutlich Damenbinden.

14 Vgl. auch Ilses Brief Nr. 7 vom 14. November: »Ja, auch ich habe es mehr als bedauert, daß Ihr den lieben Franz verpaßt habt.«

15 Vgl. hierzu Christian Dirks, »›Traurige Erlebnisse aus der Nazi-Hölle Deutschland‹. Zum Schicksal der Familie Scheurenberg«, in: Beate Meyer, Hermann Simon (Hg.), *Juden in Berlin 1938–1945*, Berlin 2000, S. 208.

16 Zit. nach Scheurenberg, a.a.O., S. 92 f.

17 Die ausgefüllte und unterschriebene Vermögenserklärung befindet sich im Landesarchiv Berlin, vgl. Schieb, a.a.O., S. 100.

18 Ein Postausweis galt mit Fortschreiten des Krieges, als viele durch Luftangriffe ihre Bleibe verloren, auch als Ersatz für reguläre Ausweispapiere.

19 Zit. nach Schieb, a.a.O., S. 100.

20 Zit. nach Felix Moeller, »Der Protest in der Rosenstraße«, in: Thilo Wydra, *Rosenstraße. Ein Film von Margarete von Trotta. Die Geschichte, die Hintergründe, die Regisseurin*, Berlin 2003, S. 25.

21 Vgl. Beate Meyer, »Deportationen«, in: Meyer, Simon (Hg.), a.a.O., S. 173. Zum Folgenden vgl. Nathan Stoltzfus, *Widerstand des Herzens. Der Aufstand der Berliner Frauen in der Rosenstraße – 1943*, München 2002, S. 285 sowie Martina Voigt, »Die Deportation der Berliner Juden 1941–1945«, in: Annegret Ehmann, Horst Neumann (Hg.), *Die Grunewald-Rampe*, Berlin 1993, S. 23–45.

22 Augenzeugenberichte bei Stoltzfus, a.a.O., S. 315.

23 Vgl. Gruner, a.a.O., S. 99: »Alle Deportationstransporte Anfang März 1943 aus Berlin hatten ein Ziel: Auschwitz.«

24 »Selbstverständlich habe ich, wo es nur ging, alle Wege zu Behörden und der Gestapo mit ihren Demütigungen und Aufregungen für meinen Mann und meine Söhne gemacht. So wurde unter anderem mein zweiter Sohn Hugo-Kurt (Bubi) siebenmal abgeholt, sechsmal habe ich ihn freigebettelt! Bei diesen Gelegenheiten war ich auch an der Frauendemonstration in der Rosenstraße im März 1943 beteiligt, wo ich selbst anschließend drangsaliert wurde.« Bericht Elsa Chotzen über ihren Gesundheitszustand, Entschädigungsakte Elsa Chotzen Reg.-Nr. 319895, S. B7f., zit. nach Schieb, a.a.O., S. 101f.

25 Vgl. Stoltzfus, a.a.O., S. 322, 326f.

26 Goebbels gab am 6. März 1943 (die Verhaftungen waren noch in vollem Gange) den Befehl, alle in Mischehe lebenden Juden und »Mischlinge« freizugeben. Vgl. Stoltzfus, a.a.O., S. 326.

27 Heute Genthiner Straße.

28 Schieb, a.a.O., S. 103, nennt ein Unternehmen namens A.M. Barth als letzten Arbeitgeber, führt allerdings keine Belege an.

29 Dies lässt sich anhand der Lohnforderungen an den Oberfinanzpräsidenten Berlin-Brandenburg rekonstruieren, die Elsa nach der Deportation ihrer Kinder stellte. Vgl. hierzu das folgende Kapitel sowie Schieb, a.a.O., S. 103. Sie gibt als Quelle Blatt 38 der Akte Hugo-Kurt Chotzen, Bestand OFP des Landesarchivs Berlin an.

30 Hierzu und zur am Ende dieses Absatzes geschilderten Begebenheit vgl. Scheurenberg, a.a.O., S. 111f.

August 1943 Ausgaben

ahmen!

25.–
ri
25.–
25.–
25.–
Rente 48.80
148.80

16/ Fahrgeld
Toilette
17/5 Päckchen Porto 2.–
nei, Rutz, Ursel, Reaze Jette
Fahrgeld 11 –30
–99
6 Kartons –80
20/ Fahrgeld 2.24
Blumen Vati –30
Romanheft –50
Vogelfutter 1.50
Kartons 1.–
dto
28/ Porto Th. 16 2.–
Fahrgeld 1.–
36.89
30/ Porto Th. 21 2.–
38.89

gaben Aug. 43:
Postscheck 85.–
6.80
t
2.20
ung
94.00

n Ausgaben!
–10

23. 8.
2/ Milch –20
Kartoffeln 1.20
Butter –
Kaffee –
Keks –
3/ Gabelbissen –
4/ Milch –
Brot –
Mehl
Bier
Wurst
Zwiebeln
5/ Gurke
Fleisch
Brötchen
6/ Brötchen
Backgeld
Milch
7/ Eis
Milch
Brot
Wurst

7 1943/44: Pakete nach Theresienstadt

Zusammen mit ihrem Ältesten bleibt Elsa Chotzen in Berlin zurück. Nur noch Eppis spärlicher Lohn und »Mutti Rente« sind ab Juli 1943 als Einnahmen im Haushaltsbuch verzeichnet. Was sie in jenen Frühsommertagen durchlitten haben muss, ist kaum nachzuvollziehen – vor allem sind es wohl Verzweiflung und tiefe Resignation. Die Hoffnung auf ein Wiedersehen gibt sie dennoch nicht auf. Für Untätigkeit oder Rückzug in sich selbst bleibt wiederum keine Zeit, ihre Gesundheit, die von den Strapazen der zurückliegenden Jahre stark angegriffen ist, muss abermals zurückstehen. Von nun an ist all ihr Tun nur von einem Gedanken bestimmt: Kontakt zu den Kindern herzustellen und dauerhaft zu halten. Sie geht in der Wohnung umher, die mit einem Mal ganz still ist, inspiziert Schränke und Kleidung und bringt alles auf Vordermann, als erwarte sie die Deportierten jeden Moment zurück: »2 Paar Schuhe Bubi besohlen« ist für den 18. Juli vermerkt – der Eintrag erscheint wie ein Signal des Aufbegehrens gegen die bedrückende Wirklichkeit.

»Transport«, Zeichnung von Charlotta Burešová im Ghetto Theresienstadt

Noch am Abend des 29. Juni erreichen Bubi, Lisa, Ulli und Ruth Chotzen das Lager Theresienstadt. Unterwegs ist es ihnen gelungen, einige zuvor schon adressierte Postkarten zu schreiben und durch das Zugfenster nach draußen zu werfen. Wie durch ein Wunder erreichen diese bald ihren Zielort. Auf diese Weise erfährt die Mutter, dass die Deportation in einem Personenzug erfolgt: Es handelt sich um zwei von der SS eskortierte Waggons am Ende eines ganz regulären Zugs – Teil der perfiden Strategie, durch die den Verschleppten bis zur Ankunft eine harmlose Reise vorgegaukelt werden soll. »Wir in einem Abteil, alle Sitzplätze [...] Stimmung ganz fabelhaft«, schreibt Bubi, der als Wagenordner abgestellt ist. »Die Verpflegung ist gut. Macht Euch keine Sorgen um uns. Es ging alles sehr ruhig. Wir sitzen bequem, haben schönes Wetter und eine schöne Fahrt vor uns«, so Ulli auf derselben Karte. »Die Fahrt ist herrlich. Wir stehen nur immer am Fenster [...] Die sächsische Schweiz ist wunderbar«, notiert Ruth kurz hinter Dresden auf Karte Nummer drei. »Bester Laune«

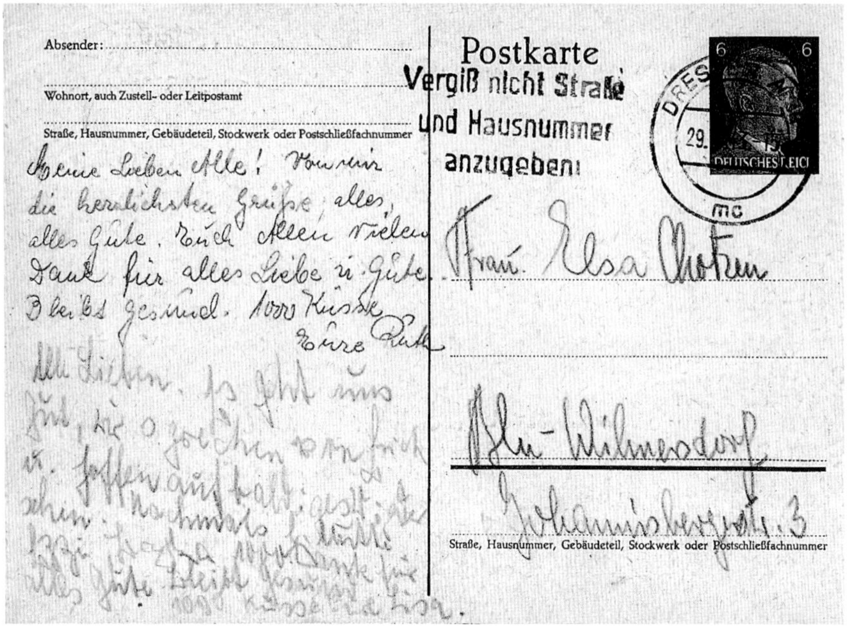

Eine der Postkarten, die die Kinder unterwegs im Zug schreiben

seien sie alle, und auch kurz vor dem Ziel »immer noch taufrisch und munter«, beteuern sie auf der vierten und letzten Karte, abgestempelt in Aussig.[1] Die Heiterkeit und Unbeschwertheit, die diese Nachrichten vermitteln, muten geradezu unheimlich an; der Tonfall aber ist wohl bewusst so gewählt, um Elsa nicht noch mehr zu belasten. Und wenn sie wieder und wieder betonen, dass kein Anlass zur Sorge bestehe, geschieht das vermutlich auch zur Kompensation der eigenen Angst.

Theresienstadt, gelegen in einer idyllischen, friedlich anmutenden Landschaft, mit waldigen Höhen und Bergzügen am Horizont, ist für die Ankommenden ein Schock: Unter gröbsten Beschimpfungen und mit Peitschenhieben werden die Menschen von SS-Leuten und tschechischen Gendarmen zur Abfertigung in die sogenannten »Schleusen« getrieben, dort registriert und gezwungen, Geld und alle Wertsachen abzugeben. Dann brechen sie, eskortiert von Gendarmerie und Ghettopolizei, zu einem etwa dreiviertelstündigen Fußmarsch auf – das Lager liegt knapp drei Kilometer vom Ankunftsbahnhof entfernt.

Dort werden sie endgültig mit der brutalen Realität konfrontiert: Männer und Frauen werden getrennt, Familien auseinandergerissen und auf die diversen Unterkünfte verteilt. Die Transportnummer, die jeder schon im Sammellager erhalten hat, verbürgt – sichtbar auf die Kleidung genäht – für die Dauer des Aufenthalts die alleinige Identität; sie ermöglicht die Registrierung beim Arbeitsamt, nur mit ihr hat man Recht auf Verpflegung, ohne sie ist man ein Niemand. Zusammengepfercht auf Dachböden, in Kasernen und Pferdeställen, in heruntergekommenen Häuserblöcken und Kellern beginnt nun für einander Wildfremde ein würdeloses Zusammenleben auf engstem Raum. In der Anlage, die für etwa 7500 Einwohner einschließlich der Garnisonsmannschaften konzipiert war, fristen zeitweise an die 60 000 Menschen ihr Dasein.[2] Das Gedränge ist unbeschreiblich. Die mehrstöckigen Bettgestelle sind aus rohen Brettern gezimmert, die Häftlinge schlafen auf Strohsäcken, die von Ungeziefer wimmeln; Insekten, Ratten und Mäuse machen das Leben zur Qual. Hinzu kommen das niemals ausreichende, praktisch ungenießbare Essen und sanitäre Verhältnisse, die jeder Beschreibung spotten.[3] Besonders die in erster Linie aus Deutschland deportierten älteren Menschen trifft die Situation völlig unvorbereitet – für ein Überleben im Lager sind sie keineswegs ausgerüstet. Statt warmer Decken und Kleidung befinden sich in ihrem Gepäck oft nur leichte Sommersachen, sie sind mit Familienandenken angereist, mit Vasen oder Gardinen und fragen noch bei der Ankunft nach dem verheißenen Komfort.

»Registratur«. Zeichnung von Karl Fleischmann im Ghetto Theresienstadt

Für Ruth und Lisa werden Furcht und Beklommenheit zunächst einmal von der Freude gemildert, ihre Familien wiederzusehen. Nach dreizehn Monaten schließen sich Mutter und die Schwestern Cohn erstmals wieder in die Arme, und auch Lisa trifft ihre Eltern und Bruder Klaus, die nach sechs Wochen im Ghetto einigermaßen wohlauf sind. (Zwar sind Männer und Frauen getrennt untergebracht, tagsüber aber besteht sehr wohl die Möglichkeit, sich zu sehen.) Während Ruth sich mit den Verhältnissen so gut es geht zu arrangieren versucht – »das Wichtigste war, dass man zusammen war«, beschreibt sie ihre Haltung später –, macht die Situation ihrer Schwägerin nach kurzer Zeit furchtbar zu schaffen. Zu all der vorhandenen Unbill kommt der Theresienstädter Sommer: Durch die Hitze vermehren sich Wanzen und Flöhe nahezu unkontrollierbar und fressen die Gefangenen nachts buchstäblich auf. Keiner bleibt davon verschont, niemand kommt je zur Ruhe. In den stickigen, übel riechenden Unterkünften – sie müssen anfangs mit bis zu 50 Personen in einem Raum ausharren – ist es derart unerträglich, dass jeder, der dazu in der Lage ist, Decken und Kissen nimmt und nach draußen geht,

»Unterkunft«. Zeichnung von Karl Fleischmann im Ghetto Theresienstadt

um auf den nackten Steinböden der Höfe zu schlafen, bis die Hitzewelle vorbei ist.[4]

»Lisa hatte es besonders schwer, sie lag auf einem heißen Dachboden auf der blanken Erde«, schreibt ihr Bruder über ihre Ankunft im Lager. »Es gab dort weder Toiletten noch Wasser. [...] Sie war bei der Einreise scharf kontrolliert worden. Lisa wollte nicht mehr, ließ sich gehen. Die Eingewöhnung war für sie doppelt schwer, nachdem sie schon gehofft hatte, bei der arischen Schwiegermutter gerettet zu sein. Ihre Verzweiflung war für mich ein Ansporn, ihr zu helfen. Auch Papa versuchte alles, um sie in Mamas Zimmer zu bekommen. Nach drei Wochen war es geschafft. Für eine alte Dame hatten wir ein anderes Quartier besorgt. Wir hatten alle gehungert und unsere Mahlzeiten der alten Dame als Abfindung gegeben, damit sie Lisa ihr verwanztes

Holzgestell überließ. [...] Endlich konnten wir sie zu Mama legen, wo sie sich langsam erholte.«[5]

Für Elsa Chotzen beginnt derweil in Berlin der einsamste Kampf ihres Lebens, den sie mit beispielloser Zähigkeit gut achtzehn Monate durchhält. Paketsendungen nach Theresienstadt werden zum zentralen Lebensinhalt. Suggeriert das Ausgabenbuch bis Ende Juni noch einen phasenweise intakten Alltag, so ist das dramatische Familienschicksal jetzt in fast jeder Zeile präsent. Nach wie vor wird jeder einzelne Pfennig peinlich genau vermerkt, fahrig, eilig, mit zunehmend kleinerer Schrift, aber unverändert akribisch. Noch im selben Monat kauft sie die ersten Briefmarken, hohe Kosten für Porto, Kartons und Schnur werden nun ständig notiert. Auch Ausgaben für Umschläge, Klebstoff, Schreibpapier und Tinte mehren sich – in Zeiten wachsenden Mangels ist ihre Beschaffung sicher mit erheblichen Problemen verbunden. Bevor sie am 3. Juli zum Grab ihres Mannes fährt (»Blumen« für »9,55« legt sie zum Geburtstag dort nieder), bringt sie gleich morgens das erste Paket zur Post. Im Laufe der Zeit werden es mehrere Hundert – zunächst, solange sie ohne Rückmeldung ist, schickt sie noch ein wenig zögerlich, später geradezu atemlos, wie unter Zwang.

Sie sendet Lebensmittel, Hygieneartikel, mitunter sogar Kleidung – und versorgt auf diese Weise nicht nur die Söhne und Schwiegertöchter, sondern auch deren Familien: Klara Cohn und ihre Töchter Lieselotte und Ursula (im Haushaltsbuch »Lottchen« und »Ursel«) sowie Paul, Klaus und Lucie Scheurenberg. Bis zu acht Päckchen auf einmal bringt sie so auf den Weg, fast jeden zweiten Tag. Anhand ihrer Eintragungen ist genauestens nachzuvollziehen, welcher Einkauf für die Verschleppten bestimmt ist. Das Kürzel »Th« macht es deutlich – und es ist allgegenwärtig.

Trotz allem bringt sie dazu noch den Mut und die Kraft auf, die Auszahlung der ausstehenden Löhne aus der Zwangsarbeit ihrer Kinder zu fordern. An den »Oberfinanzpräsidenten Berlin-Brandenburg« richtet sie am 8. Juli folgendes Schreiben: »Hiermit bitte ich die Löhne meiner Söhne und Schwiegertochter freizugeben, die nach der am 29.6.1943 erfolgten Evakuierung [...] von den unten aufgeführten Firmen an Sie überwiesen wurden. Da meine Kinder in meinem Haushalt gelebt haben, stehen mir noch für die letzte Woche ihre Zahlungen für Wohnung und Verpflegung zu. [...] Ich bitte höflichst dem Antrage stattzugeben, da ich das Geld benötige.« Laut Haushaltsbuch gibt sie den Brief noch am selben Tag für 38 Pfennig als Einschreiben auf. Ob die Zah-

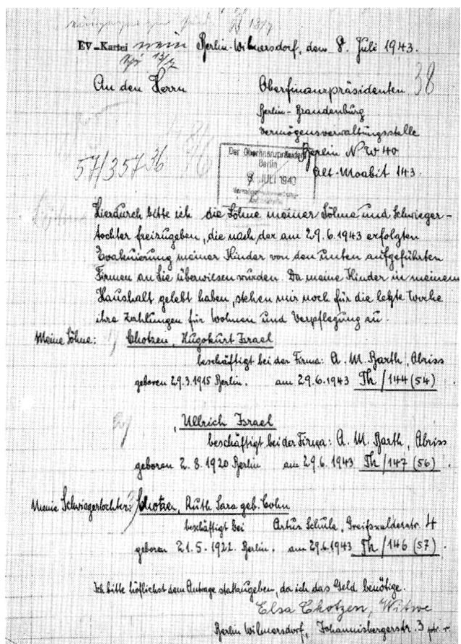

EV-Kartei Berlin-Wilmersdorf, den 8. Juli 1943.

An den Herrn Oberfinanzpräsidenten 38
Berlin-Brandenburg
Vermögensverwaltungsstelle
Berlin NW 40
Alt-Moabit 143.

57/357

Der Oberfinanzpräsident Berlin 8. JULI 1943

Hierdurch bitte ich die Löhne meiner Söhne und Schwiegertochter freizugeben, die nach der am 29.6.1943 erfolgten Evakuierung meiner Kinder von den unten aufgeführten Firmen an Sie überwiesen wurden. Da meine Kinder in meinem Haushalt gelebt haben, stehen mir noch für die letzte Woche ihre Zahlungen für Wohnen und Verpflegung zu.

Meine Söhne: Chotzen, Hugokurt Israel
beschäftigt bei der Firma: A. M. Barth, Abriss
geboren 29.3.1915 Berlin. am 29.6.1943 Th/144 (54).

Ulrich Israel
beschäftigt bei der Firma: A. M. Barth, Abriss
geboren 2.8.1920 Berlin am 29.6.1943 Th/147 (56).

Meine Schwiegertochter: Chotzen, Ruth Sara geb. Cohn
beschäftigt bei Artur Schulz, Greifswalderstr. 4
geboren 21.5.1922. Berlin. am 29.6.1943 Th/146 (57).

Ich bitte höflichst dem Antrage stattzugeben, da ich das Geld benötige.
Elsa Chotzen, Witwe
Berlin Wilmersdorf, Johannisbergerstr. 3 ptr. r.

Brief von Elsa Chotzen an den Oberfinanzpräsidenten Berlin-Brandenburg vom 8. Juli 1943

»Post in Terezín«. Zeichnung von Charlotta Burešová im Ghetto Theresienstadt

lungen jemals geleistet wurden, darf bezweifelt werden. Ihre Buchführung gibt darüber jedenfalls keine Auskunft.[6]

Wie erleichtert muss sie sein, als sie Mitte August erstmals Nachricht aus dem Lager erhält: Die erste Karte, abgestempelt am 10. des Monats in Berlin-Charlottenburg, hat Ruth am 31. Juli verfasst.[7] »Liebe Mutti, lieber Eppi und alle Lieben! Eure liebe Karte und die beiden Päckchen hat Klara mit großer Freude erhalten. Vielen Dank dafür. Die Margarine war wunderbar.« Die Paketaktion hat also Erfolg. »[...] Wir denken so viel an Euch, bleibt nur recht gesund. Uns geht es allen gut. [...] Ulli ist täglich bei mir. Ich arbeite im Büro.

[...] Schone Dich, liebe Mutti, und schreibt immer pünktlich. Seid herzlich gegrüßt und geküßt von Eurer Ruth«. Die Postkarte, die Ulli am selben Tag abschickt, kommt erst vier Wochen später an. Auch er bedankt sich für die Päckchen, auch er suggeriert Zuversicht und äußert Sorge um die Mutter: »Wir haben uns prima eingelebt und es geht uns gut. [...] Wenn du, liebe Mutti, blos [sic][8] nicht so allein wärst mit Eppi.« Er arbeite in der Landwirtschaft, fährt Ulli fort, hoffe aber, »demnächst als Brunnenbauer eingesetzt zu werden«. Bald darauf, am 28. August, schreiben auch Bubi und Lisa. Die Brüder, so lässt sich anhand der Absender rekonstruieren, sind zunächst in der »Jägerkaserne« am Südberg von Theresienstadt untergebracht (der Adressvermerk lautet »A2«), bald darauf beziehen sie dann Quartier in der Bäckergasse 2 und 2 1/2, der »Hannover-Kaserne«. Die Schwiegertöchter wohnen beide bei ihren Müttern in der nahe gelegenen Jägergasse, Ruth in der Nr. 15, Lisa in Nr. 11.[9]

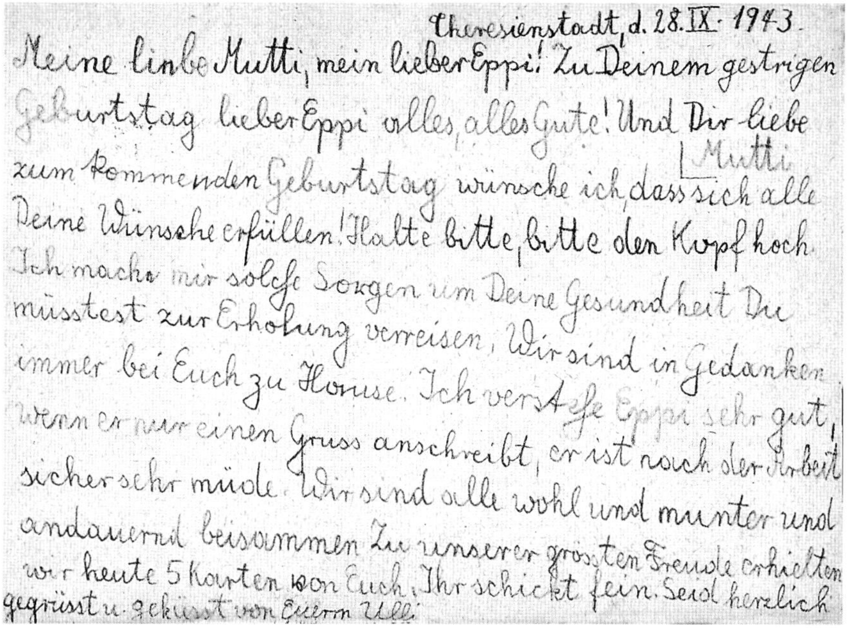
Theresienstadt, d. 28. IX. 1943.
Meine liebe Mutti, mein lieber Eppi! Zu Deinem gestrigen
Geburtstag lieber Eppi alles, alles Gute! Und Dir liebe
Mutti
zum kommenden Geburtstag wünsche ich, dass sich alle
Deine Wünsche erfüllen! Halte bitte, bitte den Kopf hoch.
Ich mache mir solche Sorgen um Deine Gesundheit. Du
müsstest zur Erholung verreisen. Wir sind in Gedanken
immer bei Euch zu Hause. Ich verstehe Eppi sehr gut,
wenn er nur einen Gruss anschreibt, er ist nach der Arbeit
sicher sehr müde. Wir sind alle wohl und munter und
andauernd beisammen. Zu unserer grössten Freude erhielten
wir heute 5 Karten von Euch. Ihr schickt fein. Seid herzlich
gegrüsst u. geküsst von Euerm Ulli.

Textpostkarte von Ulli aus Theresienstadt, datiert auf den 28. September 1943

Der in dieser Form seit Herbst 1942 gestattete Postverkehr zwischen Theresienstadt und dem »Reich« ist streng reglementiert und mit hohem bürokratischem Aufwand für beide Seiten verknüpft. Auch wenn die Regeln sich ständig ändern, funktioniert er relativ gut. Voraussetzung für das Versenden von Paketen aus der Heimat sind sogenannte Zulassungsmarken, die im Lager nur zu genau festgesetzten Terminen ausgegeben werden und von den Gefangenen nach Hause zu schicken sind. Der Inhalt der von dort gesandten Pakete – »Liebesgabensendungen« im Lagerjargon – ist vom Absender jeweils genau aufzulisten, die Aufstellung muss beigelegt werden. Das Verschicken von Zigaretten, Tabak, Uhren oder Schokolade ist strikt untersagt. Eingehende Sendungen unterliegen strengen Kontrollen. Auch die Abholzeiten sind bis auf die Minute festgelegt, die Entgegennahme ist allein auf »Vorladung« möglich und erfolgt (wie auch die Versendung von Post) nur gegen Berechtigungsscheine.[10] Für jede erhaltene Sendung kann der Empfänger seit dem 29. Juni

MITTEILUNGEN DER JÜDISCHEN SELBSTVERWALTUNG

Nr.42 THERESIENSTADT 6.9.1944

POST.

Die allgemeinen Posteinschränkungen gelten auch für Theresienstadt. Nach Theresienstadt darf alle 4 Wochen einmal, aus Theresienstadt alle 8 Wochen einmal geschrieben werden. Postkarten und Briefe nach Theresienstadt müssen dem Ältestenrat der Juden in Prag bezw. der Reichsvereinigung der Juden in Deutschland in Berlin unter Angabe der Anschrift des Empfängers in Theresienstadt eingesandt werden. Pakete werden wie bisher zugestellt. Sie dürfen, wie bisher, keinerlei schriftliche Mitteilungen enthalten. Ihr Empfang kann durch eine Vordruck-Postkarte ohne Text bestätigt werden.

Die Einwohner erhalten in der Woche vom 10. bis 16.9.1944 aussertourlich Schreiberlaubnis für eine Postkarte. Der Inhalt dieser Postkarte hat dem Sinne nach der oben angeführten Mitteilung zu entsprechen. Die Karten sind beim zuständigen Gebäude- bezw. Hausältesten abzugeben.

Die zur Absendung eingereichten Postkarten sind in deutlich lesbarer Schrift zu schreiben. Die in den Mitteilungen Nr.39 vom 30. 1944 bekanntgegebene Einschränkung auf 30 Worte gilt nicht für die im Rahmen der aussertourlichen Schreiberlaubnis in der Zeit vom 10. bis 16.9.1944 abgefertigten Postkarten.

ZULASSUNG[illegible] FÜR PAKETE AUS DEM PROTEKTORAT

Anmeldungen für den 4. Turnus von Personen, welche bis zum 31.12.1943 in Theresienstadt eingetroffen sind, werden noch bis 7.9.1944 im Zentralsekretariat, Transportabteilung, Hauptstrasse 2, Zimmer Nr.147 täglich von 8–14 Uhr entgegengenommen.

GESUCHT:

Fachkräfte aus dem Baumaterialienfach. Bewerber geben ihren Lebenslauf in der Personalkanzlei, Hauptstr. 2, Zimmer Nr. 152A ab.

Mitteilungen der Jüdischen Selbstverwaltung Theresienstadt, den Postverkehr betreffend

1943 eine vorgedruckte Paketbestätigungskarte zurückschicken, in der nur die punktierten Freiflächen ausgefüllt werden dürfen – Anrede, Datum und Unterschrift, mehr Text ist nicht erlaubt.[11] Individuelle Postkarten hingegen können lediglich alle vier bis sechs, ab Juli 1944 nur alle acht Wochen geschrieben werden.

Mehr als 360 solcher Mitteilungen treffen in den nächsten anderthalb Jahren in der Johannisberger Straße ein: 76 Karten von Bubi, 68 von Ulli, 60 von Ruth und 63 von Lisa, außerdem 35 von Scheurenbergs und insgesamt 61 von Cohns. Während die Päckchen aus Berlin in der Regel recht zügig ankommen (»Nun ist [...] heute ein feines Paket von Euch angekommen, das höchstens 5 Tage unterwegs war«, schreibt Ulli am 3. Juli 1944), ist anhand der Poststempel auf den Karten festzustellen, dass die Beförderung der Post aus dem Lager oftmals wochenlang stockt. Manchmal müssen die Adressaten daheim bis zu drei Monate auf Nachrichten warten, in quälender Ungewissheit. Theresienstadt ist allerdings, das gilt es stets zu bedenken, das einzige Lager, mit dem eine kontinuierliche Korrespondenz überhaupt möglich ist.

Da die Postkarten im Wissen um die Zensur abgefasst werden, enthalten sie oft mehrere Bedeutungsebenen. Vor der Deportation hatte Eppi mit seinen Brüdern einen Geheimcode entwickelt, der heute allerdings nicht mehr zu entschlüsseln ist. Ruth erinnert sich, dass bestimmte Buchstaben für andere standen. Oft, so sagt sie später, saßen sie stundenlang zusammen, um geheime Botschaften in den harmlosen Texten zu verstecken. Das wenige, was er den vieren über den Kriegsverlauf mitteilen kann, verschlüsselt Eppi auf dieselbe Weise in seinen Briefen und Karten. Aber auch ganz unabhängig von den chiffrierten Informationen sind die Nachrichten aus dem Lager für die Daheimgebliebenen in Berlin von existentieller Bedeutung: Solange die Karten ankommen, wissen Elsa, Eppi und Božka, dass ihre Verwandten noch in Theresienstadt sind – und am Leben.

Die Karte, die Bubi am 28. August abschickt, wirkt allerdings, selbst wenn man um diesen Hintergrund weiß, in ihrem prononcierten Lebensmut befremdlich: »Vielgeliebte Mutti, kleiner EppiSeppel! Nun wird auch meine Schreibfaulheit beendet. Richtig bumsfidel bin ich nun. Mit Ulli arbeite und schlafe ich Kopf an Kopf. Lisa mein tapfres Weiblein ist zur Damen- und Herrenwäscheverkäuferin avanciert. Bis zum Abend sind wir tätig, und dann wird es immer prima. Schwimmen im Bassinbad, Fussball, Kabarett, Musik, Theater sind unsere Abwechslung. Mutti, alles ganz gross. [...] Es ist alles gut organisiert. Briefe und Pakete kommen täglich an. Wir denken dauernd an Euch [...]«

Einzig Lisa deutet anfangs an, dass es eine Missstimmung gegeben habe: »Mit Cohn's kommen wir gar nicht zusammen, wir wollen von ihnen nichts wissen. Sie sind sehr gemein zu uns gewesen. Wir haben Eure Post an sie nie zu sehen bekommen.« In Berlin versetzt dies die Mutter in helle Aufregung, doch der Streit (so es denn einer war) ist schnell beigelegt: »Bubi hat jede Nachricht von Euch sofort bekommen, und bin ich traurig, daß Du liebe Mutti, Dir mit solchen Gedanken den Kopf schwer machen musst, wo ich doch mit Bubi zusammen schlafe, arbeite und auch sonst mit beiden gut auskomme«, so Ulli am 23. November, und auch Ruth bestätigt am selben Tag: »[...] daß Du Dich [...] doch auf Ulli vollkommen verlassen kannst. [...] Wir denken nur an Dich liebe Mutti, das kannst Du mir glauben, und handeln auch danach. [...] Du brauchst Dich nicht zu sorgen und kannst ganz beruhigt sein.« Als Lisa am folgenden Tag eine Bestätigungskarte mit »Ruthlisa Chotzen« unterschreibt und damit ihrerseits Versöhnung andeutet, zerstreuen sich die Zweifel. Von derartigen Problemen ist fortan keine Rede mehr.

Zweisamkeit in Freiheit ist in weite Ferne gerückt. Das Bild zeigt Bubi und Lisa während ihrer letzten kleinen Reise nach Güstebiese im Juni 1941.

Familie Cohn schreibt, als wären sie zur Sommerfrische in Theresienstadt: »Wir sind alle gesund, munter und frisch. Wir arbeiten Alle und sind in der Freizeit alle zusammen. Hier ist jeden Tag Sport, Musik, Kabarett. Die Umgebung hier ist sehr schön. Wir haben gute Aussicht auf die umliegenden Berge. Die Sonne hat mich wie noch nie gebräunt«, so Ursula Cohn am 27. August. »Oft gehen wir alle spazieren und genießen die schöne Umgebung, die Berge«, bekräftigt sie am 3. Oktober. »Ich sehe sehr gut aus«, betont sie auch noch sechs Monate später.

Über die wirklichen Zustände im Lager dringt aus den genannten Gründen so gut wie nichts nach außen. Der Tenor, der in den schriftlichen Mitteilungen

Als Zwangsarbeiter beim Brunnenbau in Berlin: Ulli (2. v. l.) um 1941

herrscht, ist fast durchgängig derselbe: Optimismus und Zuversicht. Das Bild von Theresienstadt, das sich die Verwandten anhand der Karten machen können, ist entsprechend diffus, doch andere Informationsmöglichkeiten sind ihnen nicht gegeben. Eppi allerdings ist viel zu vertraut mit den Gepflogenheiten des totalitären Staates, als dass er die Nachrichten allzu wörtlich genommen hätte: »Wir konnten schon damals [...] erkennen, was wir natürlich ohne diese Bestätigungen vermuteten, dass diese ›hoffnungsvollen‹ Mitteilungen uns – besonders meine Mutter – beruhigen sollten. Aber auch sich selbst wollten sie offensichtlich immer wieder Mut machen. Jeder für sich verlor zwar sicher Stück für Stück von der möglicherweise noch vorhandenen Illusion, irgendwie alles zusammen zu überstehen; einen Rest Hoffnung hatten jedoch wohl alle bis zum bitteren Ende. Das ist natürlich und selbstverständlich, trotzdem sie dort an Ort und Stelle in Theresienstadt sehr schnell die Wirklichkeit erlebten und die angeblichen ›Vergünstigungen‹ als Lüge und Betrug, gestellt zur Irreführung des Auslands, erkennen konnten und mussten.«

Ruth muss nach ihrer Ankunft für Wochen Toiletten putzen, dann macht ihre Mutter ihren Einfluss als Stubenälteste geltend und beschafft ihr eine Anstellung beim Arbeitsamt der Jüdischen Selbstverwaltung. Im Gegensatz zu seinem jüngeren Bruder berichtet Bubi erst viel später von seiner Tätigkeit: Er sei, so schreibt er am 8. Juli 1944, als Mehlträger eingesetzt, Lisa habe unterdessen eine Stelle als Briefträgerin bekommen. Ulli muss entgegen seiner anfänglichen Hoffnung fast ein Jahr lang in der Landwirtschaft schuften. Am 3. Juli 1944 ist es endlich so weit: »Ich fange gerade heute in meinem Fach, im Brunnenbau, an. – Endlich –.«, schreibt er an jenem Tag. »Ich werde viel lernen, denn, lieber Eppib [Eppi und Božka], es wird hier maschinell bis zu 160 m Tiefe gebohrt. Vielleicht kann ich das nächste Mal schon etwas darüber berichten [...]«

Theresienstadt, am 11. Mai 1944

Liebe Ruth, lieber Eppi!

Ich bestätige dankend den Empfang Ihres (Deines) Paketes vom 27. April 1944.

Ulli + Ruth Cholzen.
Unterschrift.

Paketbestätigungskarte von Ulli und Ruth, 11. Mai 1944

Wie hart die Bedingungen wirklich sind, kann die Familie nur ahnen, von den tatsächlichen Umständen erfahren sie erst viel später. Die Arbeitszeit beträgt in der Regel um die 54 Stunden pro Woche, ab November 1944 sogar bis zu 70 Stunden.[12] Neben Tätigkeiten, die dazu dienen, die Funktionsfähigkeit des Ghettos sicherzustellen (Instandhaltung der Unterbringung, Kochen und Essensausgabe, Hilfsdienste im Gesundheitswesen, Aufbau von Wasser- und Stromversorgung, Ausbau der Kanalisation), erfüllen die Häftlinge auch Aufgaben in der Landwirtschaft, deren Erträge vor allem an die SS und die Wehrmacht gehen. Weitere Arbeitskommandos werden außerhalb des Lagers in Gruben, bei Wald- und Bauarbeiten sowie zur Reparatur von Kommunikationsanlagen eingesetzt. Obwohl alle Lagerinsassen unter steter Erschöpfung litten, ist der Stellenwert der Arbeit, so gaben Überlebende aus Theresienstadt immer wieder zu Protokoll, nicht hoch genug einzuschätzen. Wer an Lebensmittelquellen herankommen, wer tauschen oder handeln konnte, hatte es wesentlich besser als andere; besonders die Arbeit in der Landwirtschaft war deshalb durchaus begehrt. Ruth erinnert sich, dass sie ihre Unterkunft mit vielen älteren Menschen teilte, die nicht mehr arbeiten konnten und dementsprechend besonderen Mangel litten; gerade bei ihnen war die Sterblichkeitsrate enorm. Als ihre Schwester Ursula sich für die Essensausgabe in der Massenküche meldet, kann sie ihre Verwandten sowie einige der alten Leute wenigstens etwas besser versorgen. »Jeder suchte sich nach Möglichkeit ein wenig Protektion. Wenn jemand in der Bäckerei arbeitete, dann hatte die Familie ein bisschen mehr Brot. Wer Kontakt zur Ghettopolizei hatte, kam leichter an Informationen. Auch meine Stelle beim Arbeitsamt war ein Privileg im Gegensatz zu der Putzkolonne, die die Drecksarbeit machen musste. Auf diese Weise hat jeder versucht, seine Situation etwas zu verbessern.« Gerade gesunde, junge Menschen wie die Chotzen-Brüder und ihre Frauen

»Essensausgabe im Kavalier«. Zeichnung von Ferdinand Bloch im Ghetto Theresienstadt (Ausschnitt)

Zu Propagandazwecken eingerichtetes »Kaffeehaus«: Bedrich Fritta, Kaffeehaus, Theresienstadt (Terezín), 1943/44, Handzeichnung, Aquarell, 44,0 x 60,0 cm

haben in Theresienstadt die Chance zu überleben. Wer arbeitet, ist zumindest eine Zeit lang vor den gefürchteten Transporten »nach dem Osten« geschützt. Dass diese seit Oktober 1942 fast ausschließlich nach Auschwitz führen, wissen die Häftlinge nicht.

Als trotz anderslautender Beteuerungen der NS-Führung zunehmend Hinweise über den wahren Charakter der »Endlösung der Judenfrage« an die Weltöffentlichkeit gelangen, mehren sich Ende 1942 die Forderungen der Alliierten, internationalen Organisationen, insbesondere dem Roten Kreuz, Zutritt zu den Zielorten der Deportationen zu gewähren.

Für die Parteistrategen ist der Moment gekommen, das böhmische »Vorzeigeghetto« als propagandistischen Trumpf ins Spiel zu bringen, und dies umso mehr, als sich das Kriegsglück für die Deutschen inzwischen zu wenden beginnt. »Der Eindruck, Theresienstadt sei ein Ort, an dem die Juden in Ruhe leben und sterben können«, so Himmler in der entsprechenden Weisung, solle »nicht verwischt werden«.[13] Nachdem die Zahl der Lagerinsassen durch mehrere große Transporte im Herbst drastisch dezimiert worden ist (der Vorgang wird sich ein Jahr darauf wiederholen, als Züge mit Gebrechlichen, Alten und Kranken in Richtung Auschwitz rollen – also mit all jenen, die man für wenig »geeignet« erachtet, dem Ausland gezeigt zu werden), beginnen die Vorbereitungen für das gigantische Täuschungsmanöver, mit dem die alliierten Kontrolleure hinters Licht geführt werden sollen. »Geschäfte« werden eingerichtet, in denen die Häftlinge mit Gutscheinen jene Waren erwerben können, die man ihnen bei der Ankunft geraubt hat; später wird tatsächlich ein »Kaffeehaus« eröffnet, in dem sie gegen Eintritt zu festgelegten Zeiten bei Ersatzkaffee sitzen und Stimmungsmusik hören können; eine Bank, die wertloses Geld herausgibt, nimmt ihren Betrieb auf. Ein erster Probelauf für den Besuch aus dem Ausland findet im Juni 1943 statt, als eine deutsche Delegation in Begleitung von Adolf Eichmann die »verschönerte« Stadt inspiziert. Die Vorbereitungen werden zu diesem Zeitpunkt noch nicht für ausreichend befunden.

»Musiker«. Zeichnung von Karl Fleischmann im Ghetto Theresienstadt

Die weitere Verwandlung des Ghettos in ein Potemkinsches Dorf besonders abscheulicher Art ist in vollem Gange, als die Chotzen-Söhne mit ihren Frauen eintreffen. In der zweiten Jahreshälfte 1943 erreicht die Groteske ihren Höhepunkt: Hausfassaden werden getüncht, Grünflächen gepflegt, sogar Blumenbeete angelegt. In einem eigens aufgestellten Musikpavillon spielt eine Kapelle, in der ehemaligen Turnhalle wird ein »Gemeinschaftshaus« eingerichtet, mit Sälen für Kulturveranstaltungen, Betraum und Bibliothek.

Das sind die Hintergründe, vor denen die Karten gelesen werden müssen, die ab dem Frühherbst in Berlin eintreffen. Lisas Tätigkeit einer »Verkäuferin für Damen- und Herrenwäsche« beispielsweise wird kaum etwas mit dem zu tun haben, was man sich gemeinhin darunter vorstellt.

Und doch verharren die Gefangenen keineswegs in Passivität. Die nach Theresienstadt deportierten Ärzte, Pädagogen, Handwerker und Techniker versuchen unter der Jüdischen Selbstverwaltung, das Lagerleben so erträglich wie irgend möglich zu gestalten. Dank einer großen Zahl dorthin verschleppter Künstler, Schriftsteller und Wissenschaftler entwickelt sich bald ein reges Kulturleben. Das Angebot ist breit gefächert, die Veranstaltungen, bei denen Profis und Amateure begeistert zusammenwirken, sind außerordentlich gefragt – und für die psychische Widerstandskraft der Lagerinsassen von immenser Wichtigkeit. Es gibt eine Vielzahl von kleinen Bühnen, abendliche Konzerte, ja sogar Opernaufführungen mit Kostümen und Bühnenbildern, die von den Mitwirkenden selbst gefertigt sind. Was Bubi, Lisa, Ulli und Ruth nach Berlin über besondere »Freizeitgestaltung« mit »Musik, Kabarett und Theater« berichten, ist also kein leerer Wahn. Schon eher doppelbödig ist die Nachricht, die Klara Cohn im Februar 1944 an Elsa und Eppi schickt: »Manchmal wün-

Die vier Brüder in Berlin auf dem Sportplatz, 1936

schen wir Ihr könntet uns alle sehen, wenn wir so vor dem Kaffeehaus sitzen und der Musik zuhören.«

Glücksmomente eigener Art sind zweifellos die Sportveranstaltungen, die im Ghetto tatsächlich möglich sind, wenn sie auch sicherlich nicht so häufig stattfinden, wie die Karten es glauben machen. Ruth sind die Fußballspiele der deutschen gegen die tschechische Jugend, die jeweils samstags im Hof der Dresdner Kaserne stattfinden, noch heute lebhaft im Gedächtnis, »große Ereignisse«, wie sie sagt, denn beide Seiten haben hervorragende Spieler. »Es mag verstörend klingen, aber in solchen Momenten war das Leben dort direkt schön – sehr einfach, aber schön.« Bubi und Ulli Chotzen sind für ihre sportlichen Leistungen in Theresienstadt weithin bekannt.

Von der SS-Kommandantur anfangs lediglich geduldet, kommen diese Aktivitäten den Propagandazwecken schließlich sogar entgegen. Darüber hinaus steht hinter der scheinbaren Toleranz die zynische Überlegung, dass Sport wie Kultur probate Mittel sind, um Ruhe und Ordnung zu wahren, bis der letzte Deportationstransport das Ghetto verlassen hat – der Lagerleitung gelten die Häftlinge ausnahmslos als dem Tode geweiht.

Umso intensiver sind die (seltenen) Augenblicke ungestörter Zweisamkeit, die beide Paare – trotz Lageralltag – jeweils miteinander verleben. Nach den Schwierigkeiten des Anfangs hatte Lisa, erzählt Klaus Scheurenberg später, wieder Mut geschöpft. Am 14. September 1943 begehen sie und Bubi ihren dritten Verlobungstag. Der Moment – ein Bild nur, das ihr Bruder mit wenigen Worten skizziert – zeigt wortlose, große Nähe, so anrührend wie bestürzend: »Ich sehe sie noch im Spätherbst [...] an einem Abend nach der Arbeit. Sie hatte sich mit Bubi in eine Ecke des Hofes verkrochen. Auf einem von mir gebauten Hocker hatte sie rührend einen Minitisch gedeckt. In einer alten kleinen

Hülse steckte ein bisschen Grün als Blumenersatz. Zwei Teller aus Blech und zwei Löffel rundeten das Bild der Festtafel ab. Sie aßen und sahen sich an. Zwei junge Menschen, [...] um ihr Leben betrogen.«[14]

Elsa mit Erich, Bubi und Ulli bei Raschinskis, den Freunden in Kaulsdorf, Sommer 1936

Ähnliches wird Elsa Chotzen denken, wenn sie in Berlin ihre Päckchen packt. Von Anfang an vermerkt sie bei den Ausgaben nicht nur jede einzelne Sendung (meist mit Namen des Adressaten), sondern dahinter auch die Anzahl der insgesamt geschickten Pakete. Ab August 1943 etwa liest sich das folgendermaßen: 9.8. 3 Kartons (6), 11.8. Porto 2 Päckchen U[lli & R[uth] (8) [diese zwei vergisst sie im Folgenden mitzurechnen], 17.8. 5 Päckchen Th. (11), 23.8. Porto Th. (16), 30.8. Porto Th. (21), 7.9. Porto Th. (24), 10.9. Porto Bubi Th. (25), 14.9. Porto Th. Bubi, Ulli, Lisa (28), 18.9. Porto Th. Bubi, Ulli (30), 20.9. Porto Th. Bubi, Ulli, Klara (33), 27.9. Porto Th. Bubi, Ulli, Ruth, Lisa (37), 29.9. Porto Th. Klara, Ursel (39), 5. 10. Porto Th. Bubi, Ulli, Paul, Lucie, Ruth, Lisa (45) – und immer so weiter, immer noch mehr. Bis Anfang November schickt sie weit über 60 Pakete, hinter der Sendung vom 27. Januar 1944 steht im Haushaltsbuch schon die Zahl 100, fünf Monate später sind es doppelt so viele.

Ein wenig Trost findet sie, wenn die Zeit dafür reicht, bei Raschinskis, den Nachbarn und treuen Freunden mit dem Häuschen in Kaulsdorf, bei denen die gesamte Familie Chotzen einst so glückliche Sommer verbrachte. Am 16. September fährt sie zu ihnen hinaus (»Fahrgeld Kaulsdorf –,70«); am Vortag kauft sie für diesen Besuch einen Blumenstrauß (»Blumen Raschinskis 1,50«). Kontakt hält sie auch zu ihrer Schwester, die inzwischen in Süddeutschland lebt, seit sie durch einen Bombenangriff in Berlin im Frühjahr ihre Wohnung verlor. »Telefon Gertrud« notiert Elsa ab September mehrmals monatlich. Persönliche Ausgaben nur für sie selbst sind noch seltener als zuvor – winzige Extras wie ein »Romanheft –,30« am 20. August oder »Café Mutti –,83«, vermerkt am 7. Oktober.

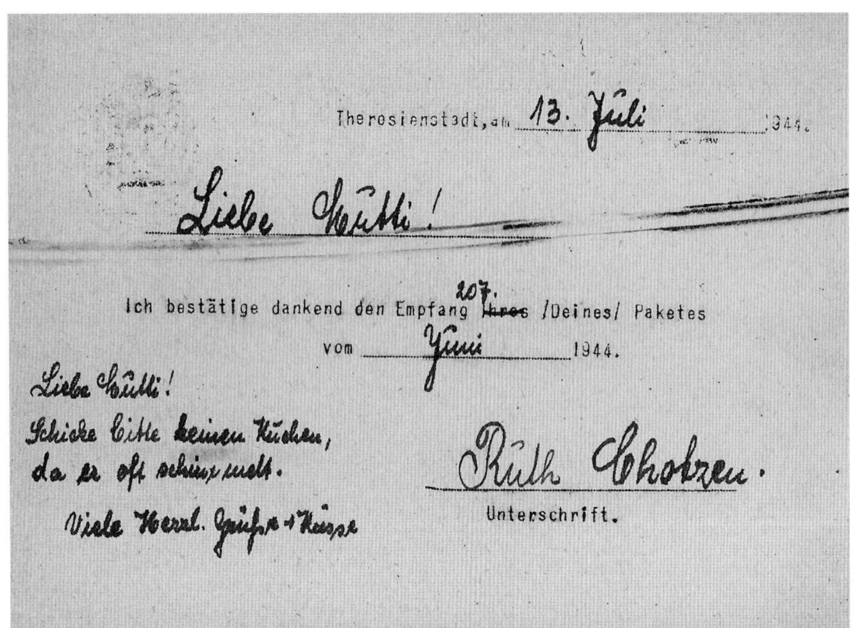

Theresienstadt, am 13. Juli 1944.

Liebe Mutti!

Ich bestätige dankend den Empfang ~~Ihres~~ /Deines/ 207. Paketes

vom Juni 1944.

Liebe Mutti!
Schicke bitte keinen Kuchen,
da er oft schimmelt.
Viele herzl. Grüße + Küsse

Ruth Chotzen.
Unterschrift.

Bestätigungskarte von Ruth, datiert auf den 13. Juli 1944, mit dem (verbotenen) Hinweis: »Schicke bitte keinen Kuchen, da er oft schimmelt.«

Als der Winter herannaht, vervielfacht sie ihre Bemühungen. Mit übermenschlicher Anstrengung schafft sie es immer wieder, sogar die Dinge aufzutreiben, die doch auch in der Hauptstadt längst Mangelware sind. Für »Brot Th.«, »2 Brote Th.«, »4 Brote Th.«, für Zwieback, Margarine und Butterschmalz, Nudeln, Wurst und Tee, Marmelade, Süßstoff und Traubenzucker, manchmal auch für einen Kuchen, ja sogar für Gemüse und Obst wie Äpfel, Rotkohl und Kartoffeln fährt sie durch die ganze Stadt, steht dann vor verschlossenen Ladentüren oder stundenlang in der Schlange. Sie besorgt Watte, Pflaster und Klingen, »Seifen-« und »Haarwaschpulver«, »Zahnpaste« und »Hautcreme« und immer wieder das so dringend benötigte »Ungeziefermittel«, sie schickt Kaffeeersatz, in dem sie (verbotenerweise) Zigaretten versteckt – ein wichtiges Tauschmittel im Lager.

Paketinhalte, die sie im Haushaltsbuch nicht eigens mit »Th.« bezeichnet, gehen aus den Dankeskarten hervor: »Mutti hat Euer Päckchen mit großer Freude erhalten. Der Pudding der Zucker und die anderen Sachen waren sehr schön«, schreibt Ruths Schwester Lieselotte am 9. August 1943. »Heute habt Ihr uns zum zweiten Mal mit Äpfeln, und wieder mit Makkaroni erfreut«, so Ursula Cohn am 3. Oktober. Am 1. Dezember bedankt sie sich für »Pudding und Eierkuchen, wie überhaupt alles Geschickte so wunderbar zur Verwendung kommt«. Im Juni des folgenden Jahres dankt Lisa für ein »Regencape« (20. Juni), im Juli schreibt Klara Cohn: »Die Strümpfe sind prima, und die Fußballschuhe ziehen die Jungs abwechselnd an.« (9. Juli) Auch Bubi freut sich am 4. des Monats: »Prima die Fußballschuhe!«, und Ruth berichtet am 2. September: »Heute Tomaten, Porré [sic] v. 31.8.44 erhalten. Riesengroße Freude.« Doch auch hier gilt es, zwischen den Zeilen zu lesen: Die bloße Erwähnung der Lebensmittel, gekoppelt mit dem stets überschwänglichen Dank an »Mutti« und »Eppibo«, sowie Sätze wie »Lisa nimmt zu. Ich bin sehr froh darüber«, »Essen und Trinken schmeckt« (Bubi am 29. Januar und 20. Mai 1944), »Die lieben

Kinder sind fleißig, und [sic] schmeckt daher das Essen immer gut« (Klara Cohn am 2. April) oder »Die Jungs sehen blendend aus« (Lisa am 2. August 1944) sind für den ältesten Bruder klare Hinweise auf die Mangelernährung im Lager.

»Es ist als ob man ein Stückchen Heimat in der Hand hält.« Elsa mit ihren Schwiegertöchtern Lisa und Ruth in der Johannisberger Straße

»Es waren kleine Päckchen«, erinnert Ruth sich später, »doch der symbolische Wert war enorm.« Jede Sendung erhöht die Chance für die Deportierten zu überleben, physisch wie vor allem auch psychisch. »[...] Immerzu kann man die Karten lesen. Es ist als ob man ein Stückchen Heimat in der Hand hält«, schreibt Ruth am 27. September 1943 an Elsa nach Berlin. »Was immer sie schickte«, erzählt sie heute, »war mit Liebe gefüllt, und das war sehr wichtig für uns. Nicht, dass wir durch diese Pakete viel zu essen bekommen hätten, es war mehr das Gefühl, dass jemand an uns denkt. Wir wussten, wie sehr sie kämpfte, wir fühlten, dass sie Schreckliches durchmachen muss, und doch war ihr nichts zu viel. Sie war eine sehr besondere Frau, eine Heldin, die nicht redete, sondern tat.« Alle empfinden es so – die Situation in Berlin ist ihnen noch gut genug im Gedächtnis, um zu erfassen, welche Entbehrungen die dort Gebliebenen auf sich nehmen. »Wir denken nur immer wie macht Ihr das? Es ist furchtbar für uns zu wissen, dass Ihr es Euch für uns entzieht«, schreibt Lisa im September 1944. Trotzdem, und das ist entscheidend, verleihen die Sendungen Kraft: »Es ist für uns eine so große Hilfe«, so ebenfalls Lisa im Juli. »Habt Ihr beide denn auch wirklich für Euren Bedarf! – Wie liebevoll Ihr alles zurechtmacht. Meine liebe Mutti, ich möchte Dir so vieles schreiben, aber Du weißt ja selbst, es fehlen mir wie so oft einfach die Worte [...]«

»Welche Mühen, Schwierigkeiten, Gefahren zu überwinden waren, bis die Pakete fertig waren, ist heute sicher nicht zu ermessen«, berichtet Eppi später.

Unverändert muss er Zwangsarbeit leisten, doch Tag für Tag, Woche für Woche, Monat für Monat setzen er und Elsa alle Hebel in Bewegung, um Unmögliches möglich zu machen. Trotz bescheidenster Lebensführung decken die Witwenrente und sein karger Lohn nicht einmal den eigenen Verbrauch. Ganze 173,80 Mark betragen die Einnahmen für Juli 1943, die Ausgaben belaufen sich schon jetzt mit 331,05 Mark fast auf das Doppelte, die Differenz wird zeitweise noch größer werden. Zur wachsenden finanziellen Misere kommt die Versorgungslage, die sich immer weiter zuspitzt: Ende 1943 herrscht in den deutschen Städten vielfach äußerste Knappheit – Kartoffeln und Gemüse sind inzwischen allgemein nur schwer zu bekommen, von Fleisch und Fett ganz zu schweigen. Die Qualität der Produkte sinkt, die Teuerungsrate steigt. Die unterschiedlichen Einkaufszeiten für Nahrung und andere Bedarfsartikel verschärfen die Lage so sehr, dass sie sogar in den geheimen Berichten des SS-Sicherheitsdienstes (SD), den sogenannten »Meldungen aus dem Reich«, mehrfach Thema sind: »Die Fleischer haben am Montag geschlossen, die Bäcker am Dienstag, die übrigen Kaufleute am Mittwoch und die verschiedenen Einzelhandelsgeschäfte an ganz unterschiedlichen Tagen in der Woche. Die Hausfrau müsste sich von allen Geschäften eine Tabelle anlegen, wenn sie einkaufen gehe, denn oft käme sie vor verschlossene Türen und habe kostbare Zeit verloren. Sehr viele Geschäfte und vor allem die Wirtschaftsämter hätten nur vormittags geöffnet, so daß Berufstätigen die Möglichkeit genommen sei, ihre Besorgungen zu erledigen.«[15] Schon der Bedarf des »Normalverbrauchers« ist jetzt also kaum zu decken.

Ohne inoffizielle »Quellen« ist die Paketaktion von Mutter und Sohn mithin schlicht undenkbar. Die zusätzlichen Lebensmittel beziehen sie vor allem über Božka und ihre Mutter Cilly, denen ihre Stellungen als Wirtschafterin und Köchin in Diplomatenhaushalten nun besonders zugute kommen. Nach außen hin gilt Božka als eine Freundin von Elsa Chotzen, sie und Eppi, inzwischen seit fünfzehn Jahren ein Paar, dürfen ihre Liebe weniger denn je offen zeigen – eine Partnerschaft mit einem »Geltungsjuden« fällt für die NS-Ideologen unter das Verdikt »Rassenschande«.

Ohne die Unterstützung von Božka und Cilly, das bestätigt auch Eppi in seinen Erinnerungen, hätte Elsa »das alles in dieser Dimension und Stetigkeit nicht durchführen können. [...] Sobald die Notzeiten begannen, setzten sie sich, wo sie nur konnten, ringsum helfend ein.« Und sie helfen nicht nur den Chotzens. Doch schon bald ist es ihnen unmöglich, alle, denen sie unter die Arme greifen wollen, aus eigener Kraft zu versorgen. Was sie nicht beisteuern

Božka (r.), ihre Mutter Cilly Byteśnik und ein nicht näher bekannter Mr. Khan, Berlin, etwa 1930

können, beschafft Eppi nun auf dem Schwarzmarkt. Als »Sternträger« per se schon extrem gefährdet, geht er mit den langen Wegen quer durch die Stadt und den verbotenen Geschäften ein weiteres Risiko ein, umso mehr, als die noch in Deutschland lebenden Juden per Verordnung vom 1. Juli 1943 ausschließlich unter Polizeirecht gestellt sind. Der Willkür vollends ausgeliefert, gibt es für sie von nun an keinerlei Rechtsinstanzen mehr. Offiziell gilt Berlin zu diesem Zeitpunkt ohnehin als »judenfrei«.

Eppi berichtet später: »Man muss sich erinnern: 1943–45, es war Krieg, [...] die Ausgangszeiten für Juden beschränkt (in der letzten Zeit durften wir nur mit Ausweis bestimmte Strecken zu bestimmten Zeiten fahren), die Waren rationiert, und 1943 war ich 35 Jahre alt, das heißt im wehrfähigen Alter.« Spontane Wehrmachtskontrollen sind damals keine Seltenheit – man sucht nach kriegsmüden Deserteuren und Personen, die fälschlich »unabkömmlich«

»Die ausgestandene Angst, die Erschöpfung sind schwer zu beschreiben.« Bei den U-Bahnfahrten zum Schwarzmarkt ist stets mit Verhaftung zu rechnen.

gestellt sind; gerade in öffentlichen Schutzräumen finden häufig Stichproben statt. »Einmal am S-Bahnhof Tempelhof stand ich plötzlich mit verdecktem Judenstern und Lebensmitteln in der alten Aktentasche einer Reihe von ›Kettenhunden‹ gegenüber [gemeint ist die Feldgendarmerie der Wehrmacht, verantwortlich für die Kontrollen] – so genannt, weil sie auf der Brust über der Uniform ein an einer Kette hängendes Schild trugen. Aber sie konnten im Schwarm der Aussteigenden nicht alle kontrollieren. Die ausgestandene Angst, [die] Spannung sind schwer zu beschreiben, ebenso wie die Erschöpfung von einem, der weiß, dass er dasselbe vielleicht ein paar Stunden später mit einem leicht möglichen anderen Ausgang wieder erleben könnte.« Das ist nur eine von vielen Hürden, die Eppi überwinden muss; und nicht zu vergessen sind die ganz alltäglichen Schikanen: »Wenn das Schwierigste und Gefährlichste geschafft war, nämlich die Dinge zu Hause bereit zur Verpackung waren, gab es die zusätzlichen Probleme wegen fehlendem Papier, Kartons und vor allem brauchbarer Schnur. Dann zur Post. Im Anfang, wenn es möglich war, habe ich das meiner Mutter abgenommen. Aber als sie einmal dabei war (wir hatten ja meist mehrere Päckchen) und erlebte, wie entwürdigend man mit mir umging – ich trug noch den Stern, und die jüdischen Adressen mit Israel und Sara *jedesmal* –, machte sie auch das in Zukunft allein. Alles zusammen zermürbend und zuviel für sie!«

Zermürbend ist auch der ständige Bombenalarm, der die Berliner seit diesem Winter Nacht für Nacht aus dem Schlaf reißt; die »Schlacht um Berlin« hat begonnen. Allein die Eröffnungsoffensive der britischen Luftstreitkräfte Ende November 1943 tötet an die 4000 Menschen, eine halbe Million wird obdachlos. 45 000 Tonnen Bomben insgesamt werden bis Kriegsende auf die Stadt niedergehen.[16] »Wir tragen Schutzbrillen und nasse Tücher, weil man wegen der Phosphordämpfe kaum atmen kann [...] Als wir nach der Entwarnung auf die Straße kommen, ist der Himmel blutrot, und durch die Flammen ringsherum ist es so hell, dass man trotz der nächtlichen Stunde Zeitung lesen könnte.

Berlin in Flammen, April 1945

Es ist ein allgemeines Chaos!«, so eine Zeitzeugin.[17] Tags darauf stets ein neues Bild der Verwüstung: Ganze Häuserzeilen sind in rauchende Trümmerhaufen verwandelt, Schuttberge blockieren die Straßen. Ausgebombte irren umher, suchen nach Angehörigen und Resten ihrer Habe. Die Licht-, Gas- und Wasserversorgung fällt oft tagelang aus, der öffentliche Verkehr ist lahmgelegt, Telefonverbindungen sind unterbrochen.[18] Im Haushaltsbuch vermerkte Ausgaben für »Brille Luftschutz« am 1. Februar 1944 und für »Mundschutz« am 8. Juli weisen darauf hin, dass der Krieg immer näher rückt.

»Ausgebombte« mit ihrer letzten Habe nach einen Fliegerangriff, um 1945

Wie Elsa Chotzen dieser Mehrfachbelastung und dem wachsenden psychischen Druck überhaupt so lange standzuhalten vermag, kann im Rückblick nur verwundern. Erst einige Jahre nach dem Krieg berichtet sie in ihrer Entschädigungsakte: »Alle diese unaufhörlichen Verfolgungen, zu denen noch viele andere, zum Beispiel Haussuchungen der Gestapo, Denunziationen bei der Gestapo, Schikanen des im Haus wohnenden Zellenleiters kamen, untergruben meine Gesundheit immer mehr. [...] Bei einem besonders schweren Fliegerangriff (wir blieben aus Angst vor dem Zellenleiter bis dahin in der Wohnung) bekam ich einen heftigen Herzanfall, und mein Sohn wollte mich nun doch in den Luftschutzkeller führen, aber der Zellenleiter verwehrte uns unter üblen Beschimpfungen den Zutritt trotz des Beschusses.«[19]

Bei alledem unterstützen Mutter und Sohn, obwohl selbst in höchster Bedrängnis, auch noch ein untergetaucht lebendes jüdisches Paar: Werner und Ilse Rewald. Sie, eine Freundin von Erichs Frau Ilse und deren Schwester Ruth, ist mit Chotzens seit Ende der dreißiger Jahre bekannt; mit der Zeit ist daraus eine enge Freundschaft geworden. Auch ihre Verwandten wurden nach Riga deportiert; in ihren Briefen aus dem Ghetto hatte Ilse Chotzen mehrfach von ihnen berichtet und so ein Lebenszeichen gesandt. Seit Januar 1943 leben Rewalds im Untergrund, in wechselnden Unterkünften. Ohne polizeiliche Anmeldung, ohne Lebensmittelkarten sind sie angewiesen auf (illegale) Gelegenheitsarbeiten und die Mildtätigkeit ihrer Mitmenschen, um sich irgendwie über Wasser zu halten. Den Stern haben sie abgelegt, ihre Papiere, die sie als Juden ausweisen, vergraben.[20] Sie sind ständig und überall in Gefahr und beherrscht von der Angst, entdeckt und denunziert zu werden – jeder Aufenthalt in der Öffentlichkeit ist zum Spießrutenlauf geworden. Beherbergen kann Elsa sie nicht, dafür sind sie und ihr ältester Sohn selbst zu sehr exponiert, aber die Wohnung in der Johannisberger Straße wird für das Paar zum kurzfristigen Zufluchtsort. In der ganzen Zeit ihrer Illegalität stehen Elsa und Eppi ihnen hilfreich zur Seite, bieten ihnen immer wieder die Möglichkeit, für ein paar Stunden Atem zu holen, nicht auf der Hut sein zu müssen und ohne Angst sprechen zu können. Sofort, erzählt Ilse Rewald später, seien die beiden Chotzens bereit gewesen, einen Koffer mit Briefen, Fotos und einem Tagebuch für sie aufzubewahren; stets werden sie und ihr Mann liebevoll bewirtet, die Mahlzeiten ganz selbstverständlich geteilt.[21] Es ist die uneingeschränkte Großherzigkeit, die Bereitschaft, alles zu geben und nach Möglichkeit zu helfen, die immer wieder frappiert.

Der größte Wunsch – die vier Söhne wieder um sich zu haben – ist bereits unerfüllbar geworden.

Die Deportierten können die neuen Dramen, die sich in der Heimat abspielen, allenfalls erahnen; Elsa erwähnt sicherlich von alledem nicht ein Wort. Die Korrespondenz aus Theresienstadt zeigt den starken Zusammenhalt der Familie, über alle Distanzen hinweg. Die Mutter versucht durch Päckchen und Karten, Mut und Kraft zu geben – und auch die Kinder zeigen, dass sie im Geiste immer bei ihr sind.

»Wir hier sind zufrieden, wenn wir nur Post von Euch haben. [...] unser Wunsch ist immer, dass Ihr uns nur gesund bleibt. Wir Alle halten treu zusammen so dass Du Dir keine Sorgen machen brauchst liebe Mutti!«, schreibt Ruth am 12. März 1944, und auch Ulli bestätigt vier Tage später: »[...] unser erstes und liebstes Gesprächsthema seid Ihr. Wenn Nachricht von Euch eintrifft, ist unsere Laune fabelhaft. [...]« Während vor allem Ulli in seinen Karten weitgehend diesen Tonfall beibehält, können die anderen ihre Wehmut nicht immer ganz verbergen: »[...] die Sehnsucht nach Euch kennt keine Grenzen. [...] Du hast mir über all das Schwere im vergangenen Jahr hinweggeholfen, so dass ich nur den Wunsch habe, Dir das einmal zu danken«, so Ruth am 22. Januar 1944 an Elsa. Auch ihre Schwester Lieselotte schreibt im Oktober 1943 sehnsuchtsvoll: »Eppi Deine Geige höre ich immer aus weiter Ferne und denke Du wirst uns das Hindulied sicher noch einmal vorspielen. [...] Unser Ziel in allem Tun und Denken seid Ihr.« Besonders in Bubis Karten wird offenbar, wie sehr das Heimweh ihn plagt, wie wichtig der Kontakt mit der Mutter für ihn ist. Anfang Dezember, nach fünf Monaten der Trennung, ist er mutlos wie noch nie: »Nur, wie sehne ich mich nach Dir, Mutti, und Eppi, und allem, was war. Wenn ich Post von Euch habe, oder selbst an Euch schreibe, kommen mir die Tränen.«

Zu Elsas Geburtstag nicht in Berlin zu sein, ist für alle besonders schmerzlich. An die »viel geliebte, kleine Mutti!« schreibt Lisa im Oktober 1943:

Elsa und Josef Chotzen beim Familienurlaub 1938 in Teupitz

»Äußerlich sind wir von einander weit entfernt, aber über alle Entfernungen sprechen unsere Herzen zueinander. [...] Gesundheit und Arbeit helfen uns, unser Heimweh auch an diesem Tage zu überbrücken. Verlebe den Tag, wir sind dabei, bleibe gesund und stark.« »Du hast mich an den Feiertagen zum glücklichsten Sohn gemacht«, so Bubi voller Dankbarkeit in jenem Oktober. »Hoffentlich kann ich Dir auch so viel Freude bereiten, und kommen meine Glückwünsche zu Deinem Geburtstag rechtzeitig an. Viel Glück und Segen, viel frohe Stunden, Gesundheit und Frieden, das wünsche ich Dir von Herzen.«

Die übrigen Gedenktage werden ebenfalls nicht vergessen: »Am heutigen Tag sind unsere Gedanken besonders bei Euch«, schreiben Ulli und Ruth 1944 zu Vater Josefs Geburtstag am 3. Juli, und auch an seinem zweiten Todestag, dem 27. Januar, ist er für alle präsent. »An Vatis Gedenktag werde ich [...] mit meinem l[ieben]. Mann [...] zusammen sein« (Lisa am 31. Dezember 1943). Selbst zum Muttertag wird wiederholt gratuliert: »Liebe Mutti, zum Muttertag will ich Dir für all das Gute danken, was Papa und Du uns angetan hast, und was Du jetzt von Neuem für uns tust.« (Ulli und Ruth am 26. April 1944)

Sogar Geburtstagspäckchen ringt Elsa sich zusätzlich ab: Bubi bedankt sich am 4. April 1944 für die »rechtzeitig eingegangenen Pakete«, und Ullis Dank für ihre Mühen folgt unverzüglich am 3. August: »Meine lieben Lieben! Gestern war mein Geburtstag und wenn Ihr gesehen hättet, wie schön mir die Lieben hier, vor allem meine Frau, den Tag gestaltet haben, so hättet Ihr Euch sehr gefreut. Muttis Geburtstagsgruß vom Paket hatte Ruth ausgeschnitten und mit Euren Bildern und vielen schönen Geschenken auf den Tisch gelegt. Bubi und Lisa waren zum Kaffee und Torte, die Ruth fein gebacken hatte, da. Und heute zu unserem Verlobungstag treffen Eure Postkarten 11 und 14 mit den guten Wünschen ein. Habt vielen Dank! Also bleibt gesund und seid herzlich gegrüßt von Euerm Ulli.«

Dass die beschriebenen reich gedeckten Gabentische mit der Wirklichkeit nichts zu tun haben, wird auch den Adressaten bewusst sein. Die Beschwörung der einstigen Normalität soll aber nicht nur die Verwandten beruhigen, sie hat, ob bewusst oder unbewusst, auch autosuggestiven Charakter: Indem das Elend beschönigt wird, ist es schon ein wenig gelindert.[22]

Besonders dem jüngsten Sohn Ulli hilft die tiefe Verbundenheit zu seiner Frau Ruth über vieles, was sie erdulden müssen, hinweg. So erschöpft sie nach einem Arbeitstag auch sein mögen: Wie schon in Berlin nutzen die beiden im Ghetto jede freie Minute, um zusammen zu sein. Vom Fenster der Hannover-

Kaserne, in der die Brüder untergebracht sind, kann Ulli das kleine, zweigeschossige Häuschen sehen, in dem Ruth einquartiert wurde. Wann immer es möglich ist, treffen sie sich für einen Spaziergang, tauschen Erinnerungen aus, vergessen die Außenwelt. Nur füreinander lebten sie damals, ganz in sich zurückgezogen, berichtet Ruth noch heute, alles andere zählte nicht mehr. Konkrete Pläne für die Zeit nach dem Krieg machen sie keine mehr, Träume aber haben sie beide, sprechen vage von Zukunft: »In anderen Zeiten wäre Ulli gern Ingenieur geworden, er hätte sicher studiert. Aber in Theresienstadt lebten wir nur von Tag zu Tag, in der Hoffnung, das durchzustehen – und lange Zeit haben wir daran tatsächlich auch fest geglaubt.«

Ulli, Ende der dreißiger Jahre

Die Besonderheit ihrer Beziehung fällt offenbar allgemein auf: »Alle Leute staunen, wenn sie hören, dass Ulli + ich schon 2 ¹/₄ Jahr verheiratet sind, so gut verstehen wir uns«, schreibt Ruth nicht ohne Stolz am 12. März 1944, und im Juni teilt sie unter dem Absender ihrer Schwester Ursula mit (eine gängige Methode, um die Beschränkungen zu umgehen und häufiger schreiben zu können): »Liebe Mutti, Du glaubst nicht, wie wir beide hier leben. Wir sind immer noch die Alten. Am liebsten allein für uns; und dann denken wir an vergangene Zeiten. Manchmal hören wir ein Konzert, und Ulli treibt Sport (Handball). Das ist unsere Freizeit.«

Anhand der aus Theresienstadt eintreffenden Karten versucht Elsa den Überblick zu behalten, ob die Pakete aus Berlin ihr Ziel auch wirklich erreichen. Erschütternd sind die Vermerke, die sie im Frühjahr 1944 für die letzten drei Monate jeweils als Randnotiz nachträgt und mit denen sie verzweifelt versucht, auch dem noch eine Ordnung zu geben, was ihrer Kontrolle schon längst entglitten ist: »Febr. fehlt 1 Bestätigung v. Ulli am 7/5 [wohl 7. Mai, darunter dann:] vom 15.2.« Im März sind es, so notiert sie ebenfalls mit Datum vom 7. Mai, »noch 11 Bestätigungen«, für April schließlich fehlen zunächst »noch 20 Bestätigungen«, gefolgt von der (später durchgestrichenen) Zahl »63«, darunter dann eine »18«. Die verzögerten Zustellungen der Post aus Theresienstadt zerren an ihren Nerven, aufgeregt, fast flehentlich fragt sie nach, bittet um Reaktionen. »Es tut uns so sehr leid, dass Ihr so beunruhigt seid«, versucht Lisa sie Ende August zu beschwichtigen, »aber sei nicht traurig liebe Mutti, wir erhalten Deine sämtlichen Nachrichten, auch wenn Du nicht gleich Post von uns erhäl[t]st.« Durch Mark und Bein wird es der Mutter gegangen sein, von Ulli am 7. Juni zu hören: »[...] Wie Ihr aus unseren Karten schon wissen werdet, ist es für uns das Wichtigste, dass Ihr [!] lebt.«

Lisa, Foto aus Berliner Tagen

Ein Grund mehr weiterzumachen: »Wir drei, meine Mutter, Božka und ich, waren in jedem Fall fest entschlossen, alles zu tun, um die Lage der Verschleppten, solange es uns möglich war, zu erleichtern«, berichtet Eppi. »Wir waren zwar oft sehr traurig, dass uns nichts einfiel, um erfolgreich Entscheidendes zu tun, aber wir wurden laufend belohnt, wenn die Bestätigungskarten kamen, von denen alle, die Text haben durften, ob von meinen Brüdern, ihren Frauen, von deren Eltern, also Scheurenbergs oder Cohns, immer wieder ihre Dankbarkeit und Freude ausdrückten!«

So manches Ereignis, das in den Karten Erwähnung findet, ist durch Hinweise im Haushaltsbuch zu untermauern. Im Juni 1944 verletzt sich Ursula Cohn, die in der Massenküche arbeitet, beim Reinigen der Kessel so schwer, dass sie mit lebensgefährlichen Verbrühungen auf die Krankenstation gebracht werden muss. An weiten Teilen des Oberkörpers, so Ruth, habe man ihr buchstäblich die Haut abziehen können. Vier Wochen lang schwebt sie zwischen Leben und Tod, mit hohem Fieber und Schüttelfrost. Schon unter normalen Bedingungen entsetzlich, ist ein solcher Unfall in Theresienstadt eine Katastrophe: Die von der jüdischen Selbstverwaltung aufgebaute medizinische Versorgung sieht sich mit kaum vorstellbaren Problemen konfrontiert. Zwar sind die Krankenstationen durch die mit den Transporten aus ganz Europa eintreffenden Ärzte zum Teil hochkarätig besetzt, doch der Mangel an Sanitätsmaterial und Medikamenten ist ebenso wie die Einhaltung elementarster Hygienevorschriften ein Dauerproblem. Es fehlt am Nötigsten, ständig drohen Epidemien.[23] Das Personal darbt nicht weniger als die übrigen Ghettobewohner.

Die Zigaretten, die Elsa Chotzen immer wieder sorgsam im Kaffeeersatz versteckt, retten Ursula in dieser Lage höchstwahrscheinlich das Leben. »Jeden Morgen«, berichtet Ruth, »sah der Arzt nach ihr – und das wäre nicht geschehen, wenn ich nicht auch jeden Morgen den Weg dorthin gemacht hätte, um ihn abzupassen und ihm die begehrten Zigaretten zuzustecken, mal drei, mal vier, mal sechs, je nachdem, wie viele in den Päckchen waren, die im Durchschnitt alle drei Tage aus Berlin eintrafen. Das wäre schwer bestraft worden, hätte man es entdeckt.« Doch Ursula erhält dadurch die erforderliche Behandlung. »Das Essen bereiten macht mir viel Freude. Du glaubst gar nicht, liebe Mutti, was man mit Kaffee-Ersatz alles machen kann«, umschreibt die Schwiegertochter am 24. Juni den Effekt der verbotenen Sendung (es handelt sich um die bereits erwähnte Karte mit dem Absender Ursula Cohn). Am 5. August dann bedankt sich ihre inzwischen wiederhergestellte Schwester – und lässt

»Krankenhaus«. Zeichnung von Leo Haas im Ghetto Theresienstadt

durchblicken, wie dramatisch die Situation wirklich war: »[...] habe die beste Pflege gehabt. Natürlich auch mit Eurer Hilfe. Ich hatte die Verbrühungen am Fuß Rücken und Hals, natürlich Schmerzen, die unerträglich waren. Ich habe aber alles wieder vergessen und arbeite jetzt wieder fleißig.«

»Erst als laufend Lobeshymnen auf dieses schrecklich übelriechende Zeug kamen«, habe die Mutter, so Eppi, ihm diesen Trick offenbart: »Sie schüttete nämlich das tabakbraune Pulver zum Teil aus, stellte Zigaretten hinein und schüttete das Ganze wieder zu. Es war ein andauernder Erfolg!« Es ist nur eines der zahlreichen Opfer, die sie klaglos auf sich nimmt: Zigaretten sind auch für »Arier« in Berlin nicht eben leicht zu beschaffen – und dementspre-

Theresienstadt, den 4. Aug. 1944.
Meine liebe Mutti, lieber Eppi! Nun ist Ullis Geburtstag
vorüber, und wir haben so viel liebe Post von Euch erhalten.
Alles traf pünktlich ein, so daß der lb. Ulli sich wirklich
freuen konnte, denn sein Bangen und Sorgen gehört nur
Euch. Sein schönstes Geburtstagsgeschenk ist Eure Gesundheit.
Liebe Mutti, wann wird es sein, daß wir Dir alles noch einmal
danken können. Du opferst Dich für uns, bist unermüdlich,
und mußt Dich mit so wenigen Worten von uns begnügen.
Was das für uns bedeutet kann man mit Worten nicht aus-
drücken. Das Peterchen nicht mehr da ist tut uns sehr leid.
aber lb. Mutti nicht traurig sein, Du wirst auch wieder
einmal Freude haben. Eppi wird solange Dein Beschützer
sein. Hannas Karte haben wir erhalten, vielen Dank.
Nun liebe Mutti u. lb. Eppi bleibt weiter gesund und stark
und seid innigst gegrüßt u. geküßt von Eurer Ruth.
Alle Lieben lassen herzl. grüßen

»Das Peterchen nicht mehr da ist tut uns sehr leid …« Textpostkarte von Ruth, datiert auf den 4. August 1944

chend teuer; in diesen Wochen aber kauft Elsa sie gehäuft.

Ein einziges kleines privates Detail teilt sie den Kindern, die sie sonst weitgehend von schlechten Nachrichten aus ihrem Leben verschont, in diesem Sommer mit: Vögelchen Peter, der kleine, inzwischen hochbetagte Hausgenosse aus glücklicheren Zeiten, liegt eines Tages im Juli tot in seinem Käfig – für Elsa ein besonders schmerzlicher Verlust, da nun ein weiterer Teil des früheren Alltags fehlt. »Das[s] Peterchen nicht mehr da ist tut uns sehr leid«, versucht Ruth am 4. August zu trösten, »aber lb. Mutti nicht traurig sein, Du wirst auch wieder einmal Freude haben. Eppi wird solange Dein Beschützer sein.« Ausgaben für Vogelfutter und -sand bleiben von nun an aus.

Als Lisas Bruder Klaus, gerade 19-jährig, Ende August 1944 von Theresienstadt zum »Barackenbau« für die SS ins Außenlager Wulkow im Neuhardenberger Forst am Oderbruch verlegt wird, versuchen seine Angehörigen, mithilfe der Berliner etwas über seinen Verbleib zu erfahren. Als Hauptadressat auch für die Scheurenbergs fungieren Elsa und Eppi nun wie schon zur Zeit der Briefe aus Riga als Nachrichtenzentrale. »Wie geht's Klaus?«, fragt Bubi am 1. September, drei Tage später hakt auch Lisa nach: »Unsere Gedanken nur bei Euch und Klaus'chen, habt Ihr Nachricht von ihm?« Im Ghetto hofft man, er werde sich vielleicht mit Bubis Familie in Verbindung setzen können.

Dass dies über Umwege durchaus geschieht, ist gut möglich. In seinen Erinnerungen berichtet Klaus von Frieda, lange Jahre Hausmädchen bei Scheurenbergs, die auch nach ihrer zwangsweise erfolgten Entlassung (als »Arierin« unter 45 Jahren durfte sie nicht mehr in einem jüdischen Haushalt tätig sein) stets den Kontakt zu dieser Familie gehalten und geholfen hatte, bis hin zu Paketen, die sie ebenfalls nach Theresienstadt schickte. Dass auch Elsa Chotzen Kontakt zu Frieda hat, zeigt das Haushaltsbuch: Bereits am 11. August 1943, also kurz nach der Deportation der Söhne und Schwiegertöchter, nimmt sie telefonisch Verbindung auf, und, die Karten beweisen es, erhält sie auch aufrecht. »Wir sind sehr froh, dass die Frieda für die Eltern sorgt, zumal doch der Paul sehr schwach ist«, schreibt Lisa recht unverhohlen Ende August 1944, und ihre Eltern lassen im September ausrichten: »Bestelle es bitte auch Frieda [...] sie möchte Brot nicht mehr in Gummi verpacken, es verdirbt dadurch.«

In dem entsetzlichen Winter, den Klaus in Wulkow verlebt, sieht er Frieda eines Tages mit einem Essenskorb auf der anderen Seite des Zaunes; als die Lagerwache zu schießen droht, muss sie unverrichteter Dinge das Weite suchen. Es ist nicht unwahrscheinlich, dass sie die Chotzens über diese kurze Begegnung informiert – da die Korrespondenz mit den Kindern allerdings bald darauf abreißt, kann darüber nur gemutmaßt werden. »Telefon Frieda« trägt Mutter Elsa jedenfalls auch am 22. Januar 1945 in ihr Haushaltsbuch ein.

Treuer Hausgenosse: Elsa mit Kanarienvogel Peter in der Johannisberger Straße

Zwischen dem in Zahlen allgegenwärtigen Drama gibt die Buchführung auch in dieser schrecklichen Zeit kleine Ausblicke frei auf den Alltag, der weitergeht, weitergehen muss. Vater Josefs Grab in Weißensee wird hingebungsvoll gepflegt – »Blumen Vati«, »Trinkgeld Friedhof« und »Fahrgeld« dorthin sind nach wie vor häufige Posten. Zwischen den Gängen zur Post und der ewigen Suche nach Packmaterial und Verpflegung hält Elsa stets und mit Akribie die Familienwohnung in Ordnung, kauft einen »Schrubber«, Vim und Persil und lässt große Wäsche machen. Im Mai sucht sie die Nahrungsnot durch »Tomaten pflanzen« zu lindern. Sie besorgt eine Gießkanne, topft Pflanzen um und kocht für den Winter ein: »Weckgläser« notiert sie am 15. August, »Kaktus umpflanzen« zwei Wochen später. Zu Geburtstagen werden Raschinskis wie Eppi unverändert mit Blumen bedacht. Besuche beim Friseur sind seltener geworden, zur Nervenberuhigung gibt es dafür jetzt ab und an einen »Schnaps« (31. März 1944). Gesundheitlich geht es ihr schlechter, »Telefon Arzt«, »Mutti Ärztin«, »Mutti Medizin« weisen konkret darauf hin; seit Anfang des Jahres kommen auch noch Zahnprobleme hinzu.

In Theresienstadt nimmt im Frühsommer 1944 die von langer Hand vorbereitete Inszenierung des Lagers als mustergültige Judenstadt ihren makabren Lauf. Am 23. Juli trifft die ausländische Delegation – ein Schweizer und zwei dänische Repräsentanten des Internationalen Komitees des Roten Kreuzes – im böhmischen Ghetto ein. In Begleitung hoher SS-Offiziere, die ihnen nicht von der Seite weichen, werden sie auf einer zuvor genau geplanten Route durch die Stadt geführt, sprechen mit Vertretern der Jüdischen Selbstverwaltung und einzelnen Gefangenen, die wohlpräparierte Antworten geben, und nehmen staunend Annehmlichkeiten wie Läden und Cafés, ein »Kindererholungsheim«, eine Schule sowie eine »Dampfwäscherei« zur Kenntnis, die der Bevölkerung hier – vermeintlich – geboten werden.

Das perfide Kalkül geht auf: Der Argwohn der Kommission wird durch den Besuch zerstreut, noch am Abend desselben Tages reisen die Delegierten sichtlich beruhigt wieder ab. Der Bericht, den ihr Leiter, der Arzt Maurice Rossel, bald darauf verfasst, fällt zur vollen Zufriedenheit der NS-Funktionäre aus. Er zeichnet nicht nur das Bild eines intakten Gemeinschaftslebens frei von Repressionen, sondern spricht vom Ghetto Theresienstadt ausdrücklich als einem »Endlager«, aus dem es keine Deportationen gibt.

Solchermaßen bestätigt, holt die nazistische Propaganda zu einem weiteren Schlag aus: Keine vier Wochen später wird das Schauspiel mit denselben Kulissen und Darstellern ein zweites Mal aufgeführt – diesmal allerdings vor laufender Kamera. Das Massenmedium Film erscheint als besonders geeignet, den Vorwurf des Völkermords endgültig zu widerlegen und die westliche Welt von der »Normalität« der Zustände zu überzeugen. Da alle materiellen und personellen Voraussetzungen in Theresienstadt vorhanden sind, wird lediglich ein Kamerateam der tschechischen Wochenschau engagiert, dessen Mitglieder sich schriftlich zu strengster Verschwiegenheit verpflichten müssen. Die SS zwingt den prominenten deutschen Regisseur, Schauspieler und Kabarettisten Kurt Gerron, die Leitung der Dreharbeiten zu übernehmen. Bekannt aus dem »Blauen Engel« mit Marlene Dietrich oder als Mackie Messer in der »Dreigroschenoper«, war er nach seiner Verhaftung im holländischen Exil und nach der Internierung im Durchgangslager Westerbork im Februar 1944 ins »Vorzeigeghetto« verschleppt worden. »Theresienstadt. Ein Dokumentarfilm aus dem jüdischen Siedlungsgebiet«, bis heute immer wieder mit dem nicht authentischen Titel »Der Führer schenkt den Juden eine Stadt« zitiert und nur noch in Fragmenten erhalten, sucht an Scheinheiligkeit seinesgleichen. Die Sequenzen, die sich inhaltlich weitgehend mit den Stationen des Kommissionsbesuchs decken, sind bereichert um ein Kabarett unter freiem Himmel, die Aufführung einer Kinderoper und ein Fußballspiel im Hof der Dresdner Kaserne. »Ferner wurde im SS-Freibad an der Eger gefilmt. Das [...] sollte den Eindruck erwecken, wir hätten eine eigene Badeanstalt. [...] Feuerwehrmänner in nagelneuen Uniformen zeigten das Löschen von simulierten Bränden, ein Symphonieorchester spielte deutsche Komponisten, in einem Restaurant langweilte sich Prominenz. [...] Ein kleines Mädchen, jüdisch aussehend, bekam vom SS-Kommandanten eine Tafel Schokolade«, berichtet

»Leben auf dem Hof«. Zeichnung von Leo Haas im Ghetto Theresienstadt

Klaus Scheurenberg.[24] Inwieweit auch die Chotzen-Söhne als Statisten missbraucht werden, ist nicht definitiv zu klären; aus den Karten geht – verständlicherweise – nichts dergleichen hervor.

Am 14. September schreibt Bubi an die Mutter: »Eppis und Dein Geburtstag stehen vor der Tür. Ich blättere im Fotoalbum und gedenke unserer schönen Geburtstagsfeiern. [...] Und heute vor 4 Jahren war Verlobung. Wir sind hier glücklich beisammen und sprechen von unserer Verlobung. Der Kaffee von Dir kam uns wieder gut zustatten. Das Paket traf rechtzeitig ein. [...] wir erhal-

»... der jahrelange Sport hat unsere Körper gestählt«. Zuversicht zu verbreiten ...

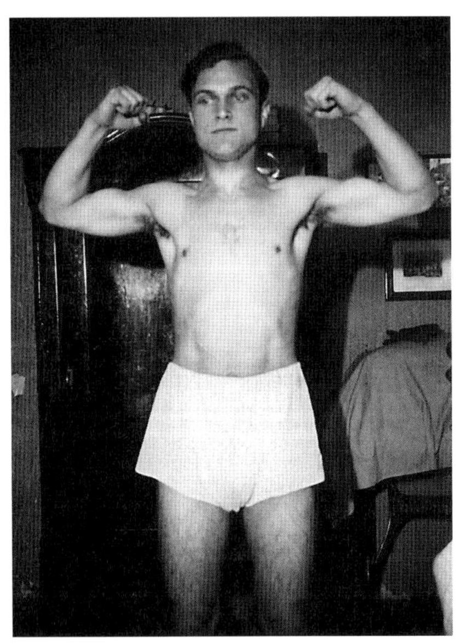

... ist für die Deportierten oberste Prämisse.

ten alles, Du entbehrst mit Eppi sicher viel, denkt bitte an Euch, Ihr dürft nicht krank werden, gönnt Euch auch Ruhe, ich weiss, Ihr braucht sie. [...] Lieber Eppi, der jahrelange Sport hat unsere Körper gestählt. [...] Tausend Grüsse und Küsse Euer Bubi.« Es ist die letzte Textpostkarte, die er aus Theresienstadt schickt.

Nach Abschluss der Dreharbeiten ist es mit der Rücksicht auf die Gefangenen vorbei. Keine drei Wochen vergehen, da rollt die letzte große Deportationswelle in die Vernichtungslager an: Die sogenannten »Herbsttransporte« beginnen, insgesamt 11 an der Zahl. Offiziell lässt die SS verbreiten, es ginge zum »Arbeitseinsatz« bei Riesa in der Nähe von Dresden, »nur leichtes Gepäck« sei vonnöten.[25] Innerhalb nur eines Monats werden ab Ende September über 18 000 Menschen aus Theresienstadt nach Auschwitz deportiert; unter den ersten sind Kurt Gerron und die Mitwirkenden des Films. Fast alle werden ermordet.

Auch Ulli und Bubi Chotzen müssen das Ghetto am 29. September mit dem Transport »El« verlassen, in den insgesamt 1500 Personen »eingereiht« werden, wie die Lagerbürokratie es nennt. Ein letztes Paket aus Berlin – es trägt die Nummer 262 – bestätigen sie noch am Vortag. Eigentümlich ruhig, »ganz ohne Hysterie«, erinnert sich Ruth, hätten sie die Aufforderung zur Kenntnis genommen. Sich aufzuregen empfinden sie alle in diesem Moment als sinnlos; »wir konnten«, so sagt sie später, »ja nichts dagegen tun. Wie hätten wir wissen sollen, dass Unmenschlichkeit keine Grenzen kennt?« Die Paare versprechen sich gegenseitig, den Mut nicht sinken zu lassen, sie trennen sich im festen Glauben an ein baldiges Wiedersehen, beschwören einander immer wieder, gesund und bei Kräften zu bleiben. Unauslöschlich sind Ruth die letzten Minuten mit Ulli ins Gedächtnis gegraben. Es ist kurz vor der Abfahrt, die Brüder steigen ein, wieder erfolgt die Deportation in einem Personenzug. Ulli öffnet ein Fenster, sie steht auf dem Bahnsteig, sie blicken einander an. Letzte Worte, eine kurze Berührung, dann setzt sich der Zug in Bewegung, entfernt sich, erst langsam, dann schneller. Bis er ganz außer Sichtweite gerät, sieht sie, wie Ulli, weit aus dem Fenster gelehnt, ihr zuwinkt. In diesem Moment ist sie bereits fest entschlossen: »Wir waren so eng, so sehr verbunden, wir konnten ohne den anderen nicht sein. Das war das einzige, was wir brauchten. Ich glaubte nicht, dass ich ohne ihn leben kann.« Unverzüglich meldet sie sich freiwillig für den nächstmöglichen Transport; man hatte den Frauen zynisch beschieden, sie könnten ihren Männern ins »Arbeitslager« folgen. Am 4. Oktober steht sie schon im Gedränge und ist im Begriff einzusteigen, da stellt sich

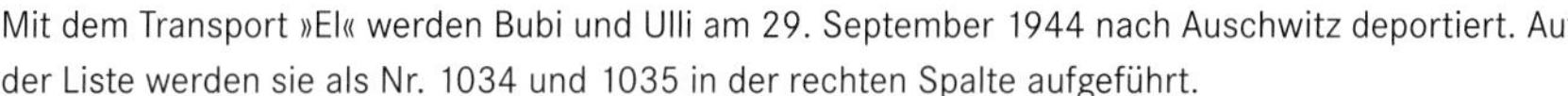

522	Bedländer	Walter I.
273	Böhm	Franz
1480	Böhm	Otto
53	Böck	Friedrich
1077	Boers	Abraham
780	Bogen	Samuel
778	Bock	Erich
52	Bock	Karl
779	Bock	Walter
253	Bondy	Ernst
62	Bondy	Franz
177	Bondy	Karl
195	Bondy	Zdenek
1438	Borchardt	Claus I.
781	Borensztajn	Dawid
782	Borensztajn	Josef H.
588	Borger	Michael I.
634	Bornstein	Ernst I.
1494	Boschan	Heinrich
244	Brada Dr.	Walter
103	Brandeis	Alois
197	Brandeis	Karl
413	Braun	Leopold I.
1396	Braun	Walter
287	Braunberg	Gustav Robert
910	Braunfeld	Schaje I.
1499	Breda	Otto
72	Breda	Paul
1443	Breslau	Heinz I.
245	Bretisch	Franz

979	Cahn	Joseph
239	Camperlik	Leopold
1080	Cantor	Moses
739	Caro	Henry
980	Chanachowitz	Moritz Leo
130	Chobocky	Siegfried
1034	Chotzen	Hugo I.
1035	Chotzen	Ulrich I.
1081	v.Coevorden	Mozes
784	Cohen	Karl
1082	Cohen	Gert Viktor
1083	Cohen	Henoch
1360	Cohen	Isaac
1084	Cohen	Jacob
1085	Cohen	Marcus
1052	Cohn	Erich I.
504	Cohn	Ernst I.
564	Cohn Dr.	Fritz
1174	Cohn Dr.	Hans
981	Cohn	Hans
785	Cohn	Leo
1055	Cohn	Leo I.
703	Cohn	Max I.
481	Conrady	Max I.
1361	Cosman	Henri
713	Cronheim	Norbert I.
2375	Cuba	Josef
650	Czollak	Richard I.
1470	Czuczka Ing.	Richard

Mit dem Transport »El« werden Bubi und Ulli am 29. September 1944 nach Auschwitz deportiert. Auf der Liste werden sie als Nr. 1034 und 1035 in der rechten Spalte aufgeführt.

»Wir konnten ohne den anderen nicht sein.« Ulli und Ruth, um 1939/1940

ihr ein SS-Mann in den Weg und sagt, der Zug sei voll. Als erste unter den Wartenden wird sie nicht mehr mitgenommen. Später hört sie, dass alle an diesem Tag Deportierten am Zielort ohne »Selektion« direkt ins Gas geschickt worden seien.[26] Am 6. Oktober verlässt sie das Lager mit dem Transport »Eo«, der insgesamt 1550 Personen (vor allem Frauen und Kinder) der Hölle entgegenführt. Ahnungslos bringt Mutter Elsa am selben Tag in Berlin ein Päckchen für sie auf den Weg – »Porto Th. Ruth 1,20« weist ihr Haushaltsbuch für jenen Freitag aus.

Am Montag, dem 9. Oktober, wird auch Lisa mit dem Transport »Ep« nach Auschwitz deportiert. Im Gegensatz zu ihrer Schwägerin geht sie nicht freiwillig. Als sie sich meldete, erinnert sich Ruth, habe sie Lisa gefragt, ob sie mit ihr käme – so könnten sie Bubi und Ulli vielleicht gemeinsam wiedersehen. »Du bist verrückt«, ist Lisas Antwort, die Ruth damals zutiefst verstört. Rückblickend glaubt sie, dass die Weigerung zweierlei Gründe hatte: Zum einen sei die Beziehung zwischen Lisa und ihrem Mann nicht ganz so innig gewesen wie die zwischen Ulli und ihr, zum anderen könnte Lisa unter Umständen durch ihren Vater gewarnt worden sein – als Angehöriger der Ghettowache

Transport Equ			6.10.1944.	
301	Kelmann Meta S.	30. 3.1901	Arbeiterin	12674-I/94
302	Cohn Margot S.	15. 1.1913	Arbeiterin	13126-I/96
303	Marcuse Johanna Gertrud S.	7. 9.1911	Kinderpfl.	13331-I/96
304	Marcuse Peter I.	2. 8.1938	Kind	13332-I/96
305	Chotzen Ruth S.	21. 5.1922	Arbeiterin	13515-I/97
306	Broh Ella S.	12. 8.1889	Krankenschw.	13573-I/98
307	Meyer Lotte S.	13. 6.1900	Haushalt	13654-I/98
308	Fuchs Vera S.	11.12.1926	Säuglingschw.	13664-I/98
309	Gutfreund Dr.Johanna	23. 4.1911	Arbeiterin	896/Ad
310	Heymann Margot S.	11. 6.1908	Arbeiterin	14035-I/105
311	Manassé Lucie S.	12.11.1896	Arbeiterin	14575-I/108
312	Burian Selma S.	14. 1.1886	Haushalt	654-III/2
313	Heidelberg Alice S.	27. 8.1895	Arbeiterin	20-III/6
314	Kahn Ellen S.	19. 7.1921	Arbeiterin	28-III/6
315	Bernhard Anna S.	4. 1.1892	Köchin	2-III/8
316	Sänger Edith S.	9. 7.1903	Haushalt	21-III/8
317	Sänger Bob I.	30. 6.1929	Jugendl.	22-III/8
318	Feilendorf Margarethe S.	23. 3.1910	Arbeiterin	714-IV/9
319	Blatt Gusta S.	10. 5.1903	Haushalt	3-IV/11
320	Blatt Ada S.	17. 3.1934	Jugendl.	4-IV/11
321	Tuttmann Hertha S.	29. 7.1928	Jugendl.	80-IV/11
322	Tuttmann Gisela S.	14. 2.1898	Haushalt	79-IV/11

Liste des Transports »Eo« (auf dieser Seite fälschlicherweise »Equ«), mit dem am 6. Oktober 1944 auch Ruth nach Auschwitz verschleppt wurde. Ruth ist unter Nummer 305 verzeichnet.

hatte er Informationen, über die andere nicht verfügten.

Den ganzen Oktober und auch im November fährt Elsa Chotzen zu Hause in unveränderter Intensität mit ihrer Paketaktion fort: Sie steht – häufig vergeblich – in den endlosen Schlangen nach Lebensmitteln an, und das, obwohl mittlerweile die Karten aus Theresienstadt zusehends spärlicher werden. Am 2. Oktober kauft sie auf Vorrat für 7 Mark »Kartons«, 14-mal in weniger als einem Monat läuft sie durch das zerstörte Berlin zum weit entlegenen Postamt: Am 5., 6., 7., 10., 11., 12., 13., 17., 18., 19., 21., 26., 30. und 31. Oktober füllt sie dort Formulare aus, zahlt »Porto Th.« für die Söhne, Lisa und Ruth, lässt sich abkanzeln, manchmal beschimpfen, macht trotzdem weiter, mit wachsender Angst.

»Eure Karten meine Lieben sind jetzt unser schönster Lesestoff viel schöner als jeder Roman«: Ruths letzte Textpostkarte, datiert auf Mitte September, trifft Anfang November ein. Für Elsa wird sie ein weiterer Ansporn sein, in ihren Bemühungen nicht nachzulassen. 22 Pakete hat sie zu diesem Zeitpunkt bereits vergeblich ins Ghetto geschickt.

Dann, am 26. Oktober, versieht Paul Scheurenberg in Theresienstadt eine Paketbestätigungskarte mit der Unterschrift »Bubiweg«. Zieht man die meist verzögerte Zustellung in Betracht, erhält die Mutter in Berlin wohl erst am Jahresende Kenntnis vom Abtransport ihrer Kinder. Wohin sie gebracht wurden, erfährt sie nicht. Nun ist jede Hilfe unmöglich geworden. Verzweifelt wendet sie sich an den Kommandanten des Lagers, Karl Rahm – ein entsprechender Briefentwurf findet sich in ihrem Nachlass: »Da ich auf meine Post-

Theresienstadt, d. 13. Sept. 44.

Meine liebe Mutti + lieber Seppi!

Heute möchte ich Euch nur mitteilen, daß die allgemeinen Posteinschränkungen auch für uns gelten. So können wir jeder alle 8 Wochen einmal schreiben und jede 4 Wochen einmal Post empfangen. Karten an uns müßt Ihr mit Angabe unserer Adresse, der Reichsvereinigung in Berlin zuschicken. Pakete können wir wie bisher erhalten und bestätigen. Alle lieben Karten vom August haben wir erhalten und danken herzlichst; auch die Pakete kommen gut an. Eure Karten meine Lieben sind jetzt unser schönster Lesestoff viel schöner als jeder Roman. Bleibt gesund. Es grüßt + küßt Euch innigst

Eure Ruth

Ruths letzte Textpostkarte aus Theresienstadt, datiert auf den 13. September 1944

karten und Pakete seit […] Monaten keine Antworten und Bestätigungen erhalten habe, befinde ich mich in größter Sorge und erlaube mir anzufragen, ob meine Söhne sich noch in Theresienstadt befinden! Sollten sie an anderem Orte sein, bitte ich höflichst, mir die neuen Anschriften mitzuteilen, und ob es möglich ist, mit ihnen schriftlich in Verbindung zu treten und ihnen Pakete oder Päckchen zu senden. […]«[27] Das Schreiben bleibt ohne Antwort.

Dass auch die Schwiegertöchter längst deportiert worden sind, erfährt sie erst weit nach Neujahr: Bis in den Januar hinein verzeichnet das Haushaltsbuch Pakete an Lisa und Ruth. Die letzte Sendung vom 5. Januar 1945 trägt die Nummer 306. Am 13. schickt sie noch immer »Brote« an Scheurenbergs.

Paul Scheurenberg
Theresienstadt
Hauptstr. 1./187

11b

POSTKARTE

PRAG 25
8.XI.44

DEUTSCHES REICH
60
ČECHY A MORAVA

Fr.
Elsa Chotzen
Berlin
Wilmersdorf
Johannisbergerstr.
3 ptre

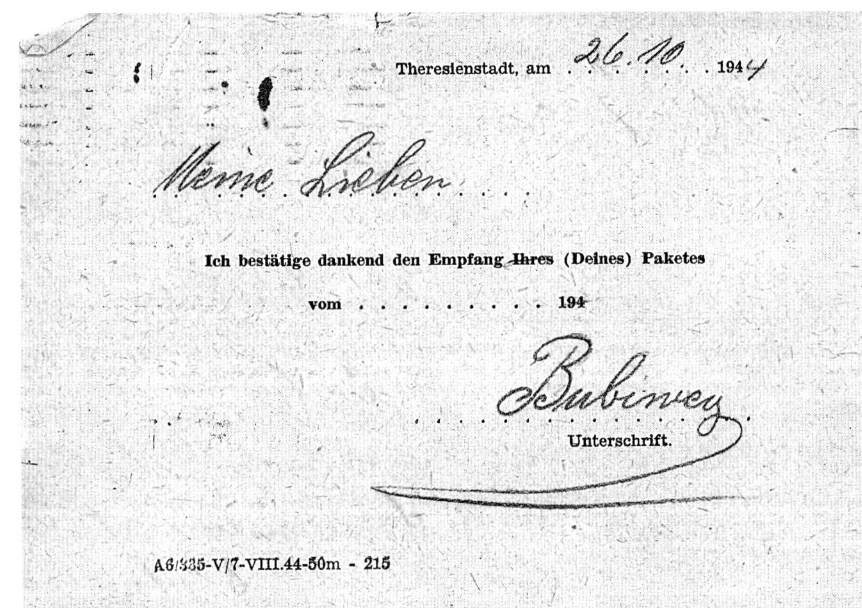

Theresienstadt, am 26.10. 1944

Meine Lieben

Ich bestätige dankend den Empfang ~~Ihres~~ (Deines) Paketes

vom 194

Bubinez
Unterschrift.

A6/335-V/7-VIII.44-50m - 215

Die Paketbestätigungskarte, mit der Paul Scheurenberg Elsa Chotzen am 26. Oktober 1944 verdeckt über die Deportation ihrer Kinder informiert

1 Zit. nach Barbara Schieb, *Nachricht von Chotzen*, Berlin 2000, S. 111–115.

2 Vgl. Frantisek Benes, Patricia Tosnerova, *Die Post im Ghetto Theresienstadt 1941–1945*, dt.-engl.-tschech. Ausg., Prag 1996, S. 98. Im Katalog zur Dauerausstellung des Ghettomuseums wird der höchste Gefangenenstand für September 1942 mit 58491 Personen angegeben. Vgl. *Theresienstadt in der »Endlösung der Judenfrage« 1941–1945. Führer durch die Dauerausstellung des Ghettomuseums*, Prag 2003, S. 55.

3 Vgl. Heinrich Liebrecht, *Nicht mitzuhassen, mitzulieben bin ich da*, Freiburg 1990, S. 78 und Klaus Scheurenberg, *Ich will leben*, Berlin 1982, S. 113 ff. sowie *Chansons und Satiren aus Theresienstadt.* Programmheft zur gleichnamigen Aufführung des Theaters an der Josefstadt in Wien, Oktober 1992, S. 6 f.

4 So Ruth Weinstein im Interview 2004.

5 Scheurenberg, a.a.O., S. 136.

6 Der faksimilierte Brief ist abgebildet bei Schieb, a.a.O., S. 117.

7 Alle Karten aus Theresienstadt werden zitiert nach den Transkripten von Schieb, a.a.O., S. 193–276.

8 Auch bei den in diesem Kapitel zitierten Karten wurde die Schreibweise der Originale übernommen.

9 Schieb, a.a.O., S. 118 f.

10 Benes, Tosnerova, a.a.O., S. 108, 190.

11 Zu den folgenden Ausführungen vgl. Barbara Schieb, a.a.O., S. 119 ff., die die gesamte Korrespondenz akribisch ausgewertet und analysiert hat. Ab Ende Februar 1944 ist es möglich, auch auf die Paketbestätigungskarte eine kurze Nachricht zu schreiben. Vgl. Benes, Tosnerova, a.a.O., S. 208.

12 Vgl. hierzu: *Theresienstadt in der »Endlösung der Judenfrage« 1941–1945*, a.a.O., S. 69.

13 Hierzu und zu den folgenden Ausführungen vgl. ebd., S. 34.

14 Scheurenberg, a.a.O., S. 166 f.

15 Zit. nach Frank Grube, Gerhard Richter, *Alltag im Dritten Reich*, Hamburg 1982, S. 189.

16 Zahlen nach Jörg Friedrich, *Der Brand. Deutschland im Bombenkrieg 1940–1945*, Berlin 2002, S. 364.

17 Ilse Rewald, *Berliner, die uns halfen, die Hitlerdiktatur zu überleben. Beiträge zum Widerstand 1933–1945*, hg. von der Gedenkstätte Deutscher Widerstand, Berlin 1985, S. 10.

18 Grube, Richter, a.a.O., S. 187; Wolfgang Schneider (Hg.), *Alltag unter Hitler*, Berlin 2000, S. 197 f.

19 Entschädigungsakte Elsa Chotzen, zit. nach Schieb, a. a. O., S. 134.

20 Ilse Rewald, *Berliner ...*, a.a.O., S. 6 ff.

21 Ilse Rewald, »Erinnerungen an eine lebenslange Freundschaft«, in: Schieb, a.a.O., S. 161.

22 Vgl. Schieb, a.a.O., S. 125.

23 Ebd., S. 73.

24 Scheurenberg, a.a.O., S. 153.

25 Zit. nach Schieb, a.a.O., S. 137. Die Autorin beruft sich auf den Bericht von Miroslav Kárny, »Die Theresienstädter Herbsttransporte«, in: *Theresienstädter Studien und Dokumente 1995*, Prag 1995, S. 7–37.

26 Schieb, a.a.O., S. 140, weist darauf hin, dass die Forschung hingegen einhellig davon ausgeht, dass von den 1500 an diesem Tag Deportierten 128 überlebt hätten.

27 Zit. nach Schieb, a.a.O., S. 135.

– 90 7/ Brot 4.2
– 34 Fleisch-Wurst
– 15 – 6
– 48 9/ Brot –
– 48 Ausgaben: 1.60 Zucker
– 32 ~~Gemüse~~ Mohrrüben 11.
– 45 3/ Fahrgeld 36.80 10/
…rst 3.40 Vatis Grab – 20 Brot 1.
4.20 5/ Zeitung – 20 Wirsingkohl –
– 96 – 25 Schnittlauch
– 18 9/ Seife, Ata – 20 Kartoffeln –
– 70
– 16 10/ Zeitung – 20 12/ Salat
7.13 16/ Zeitung – 20
– 16 17/ Zeitung – 45 12/ Brot
…h 4.60 Ata, Imi, Soda – 20 13/ Kohlrabi
3. –
1.12 24/ Zeitung 14/ Brote
– 09 Mutti Kleid Arbeitslohn 10. – Bankgeld
…chen – 20
25/ Zeitung – 75 15/ Fleisch
Butterschm…
26/ flüssige Seife 2.50 16/ Kaffee
Mutti Frisör 1. –
Kino – 15 18/ Mehl
27/ Rolle – 20 Brot
Salzkuchen
– 45

8 Berlin 1945: Letzte Hoffnung

Für Elsa und Eppi, beide ohnehin schon am Rand ihrer Kräfte, beginnt nun in Berlin die schlimmste Zeit überhaupt, seit die Katastrophe 1942 über die Familie hereinbrach: Der Vater, Sohn Erich und dessen Frau Ilse sind seit mehr als zwei Jahren tot, das Schicksal von Ulli und Bubi und ihren Frauen ist nach wie vor ungewiss. Monatelang bleibt Elsa und ihrem ältesten Sohn nichts als banges Hoffen und Warten, während Hitlers »Tausendjähriges Reich« in Schutt und Asche versinkt und der »Führer« wider jede Vernunft den Durchhaltewillen beschwört, vom »Schicksalskampf« schwadroniert und vom »jüdisch-bolschewistischen Todfeind«, den es zu besiegen gilt – bis er am 19. März mit dem »Nero-Befehl« die Deutschen sich selbst überlässt:[1] Nichts als verbrannte Erde, so die zynische Weisung, sollten die deutschen Truppen bei ihrem Rückzug hinter sich lassen, alle Versorgungseinrichtungen »innerhalb des Reichsgebietes« seien folglich zu zerstören. Dass dies unweigerlich einem Verlust der eigenen Lebensgrundlage gleichkäme, ist kaltblütig einkalkuliert, ja geschehe, so Hitler, zu Recht: »Denn das Volk«, das hatte er unmissverständlich noch kurz zuvor konstatiert, »hat sich als das schwächere erwiesen, und dem stärkeren Ostvolk gehört ausschließlich die Zukunft. Was nach diesem Kampf übrigbleibt, sind ohnehin nur die Minderwertigen, denn die Guten sind gefallen.« Von der »Überlegenheit« des »germanischen Herrenmenschen« ist keine Rede mehr.

1945 liegt die deutsche Hauptstadt in Trümmern.

Des ungeachtet geht der Wahnsinn noch mehrere Wochen lang weiter. Halbe Kinder und Greise werden auch in Berlin zum »Volkssturm« eingezogen; kaum ausgebildet und denkbar schlecht bewaffnet, sollen sie den russischen Angreifern mit »Fanatismus« begegnen und sie im Straßen- und Häuserkampf mit »Hinterlist« bezwingen. Unzählige verlieren bis Kriegsende in dieser sinnlosen Schlacht noch ihr Leben.

Ilse Rewald, die mit ihrem Mann untergetauchte Freundin, die von Elsa bis in die letzten Tage der Kämpfe aufopferungsvoll unterstützt wird, erinnert

Zerstörtes Berlin: Pariser Platz mit Brandenburger Tor

sich: »Sie müssen Ein-Mann-Löcher zur Verteidigung graben, werden im Handgranatenwerfen ausgebildet, sollen Straßenschanzen in der Stadt anlegen, um Berlin zu verteidigen. [...] Die Luftangriffe sind pausenlos, wir hausen nur noch im Keller, schlafen in Liegestühlen und auf der Erde, wenn überhaupt. Wir hören die herandonnernden russischen Panzer, die heulenden, krachenden Bombeneinschläge. Wir wissen nicht, ob wir den Keller jemals lebend verlassen werden. Berlin ist zur Front geworden! Wir ernähren uns von Knäckebrot und rohen Mohrrüben.«[2]

Wo nicht gekämpft wird, ist Berlin vielerorts eine Geisterstadt, ganze Bezirke sind nur mehr rauchende Ruinen, im Frühjahr ist in der Reichshauptstadt jede dritte Wohnung zerstört. Die Orientierung ist schwierig geworden: Straßenschilder sind kaum noch vorhanden, Unmengen von Staub und Ruß machen das Atmen zur Qual. Wie »dunkle, umrisslose Gebilde« wirkten die hier noch verbliebenen Menschen, »die vorsichtig die Hände ausstrecken, um ihren Weg zu finden«, berichtet ein Augenzeuge. »Du erschrickst, wenn jemand lacht.«[3]

Zwischen Bangen und Hoffen: Elsa Chotzen vor den Fotos ihrer Familie

Und doch geht es irgendwie weiter: Fahrten mit der U-Bahn, der Einkauf von Putzmitteln und Medikamenten, Arzt-, ja sogar Friseurbesuche sind in diesem Inferno noch möglich, wie aus Elsas Haushaltsbuch hervorgeht, das sie beharrlich fortführt. Nach Neujahr verteilt sie Trinkgelder an den Hauswart und Lieferanten, und niemals käme es ihr in den Sinn, die Miete nicht zu bezahlen. Fast absurd mutet die Zahlung an, die sie im Januar leistet, während weite Teile Berlins bereits in Flammen stehen: »Feuerversicherung 8,10« trägt sie Anfang des Monats bei ihren Fixkosten ein. Die Ernährung, auch das zeigen ihre Notizen, ist auf das Kärglichste reduziert: Statt der seit langem knappen frischen Kartoffeln gibt es nur noch »Kartoffelflocken«, vor allem aber Graupen und Brot, kein Fleisch mehr, kaum Obst und Gemüse. Die verbreiteten Mangelerscheinungen machen sich auch bei den beiden Chotzens nun besonders bemerkbar; dies mag ein Grund sein für die häufigen Zahnarztbesuche, die die Mutter weiterhin verbucht.[4]

In der ersten Aprilhälfte verzeichnet das Ausgabenbuch noch zwei Wochenlöhne von Eppi, dann bleiben auch diese aus. Am 16. April beginnt die Rote Armee den Sturm auf Berlin, bei Seelow kommt es zu schweren Kämpfen. Noch am 3., 15. und am 20. April fährt Elsa zum Friedhof nach Weißensee in den Nordosten der Stadt. Schließlich gelingt es den sowjetischen Truppen am 22. April, erste Vororte von Berlin zu erobern, zwei Tage später ist die Stadt

Sowjetische Soldaten vor dem zerstörten Reichstagsgebäude, Mai 1945

eingeschlossen. Am 30. April, jenem Montag, an dem Hitler sich endgültig aus der Verantwortung stiehlt und seinem Leben ein Ende setzt, wird die sowjetische Flagge auf dem Reichstag gehisst. Am 2. Mai schweigen endlich die Waffen: Berlin hat kapituliert, nach gut fünfeinhalb Jahren Krieg. Zögerlich kommen die Menschen aus Kellern und Verstecken hervor. Nach zwölf Jahren Gewaltherrschaft, von denen sie zwei im Untergrund verbrachten, können sich auch Rewalds wieder ungehindert in den Straßen bewegen. Anfangs ist ihnen dies nur mit großer Befangenheit möglich: »Der seelische Druck, der auf uns gelastet hat, die ständige Lebensangst lassen erst langsam nach. Mein Mann ist allen Menschen gegenüber noch sehr zurückhaltend und verschüchtert, er will sich am liebsten verkriechen, und ich träume immer wieder von Verhaftungen, von Massenerschießungen und Verfolgung. [...] Ein russischer jüdischer Soldat glaubt uns nicht, dass wir Juden sind und in Berlin überlebt haben.« Die Papiere hatten sie in einem Garten am Stadtrand vergraben; nun gilt es, sie wiederzufinden. Vorbei an Trümmern, Bombenkratern und Pferdekadavern laufen sie quer durch das völlig zerstörte Berlin, bis sie das Grundstück erreichen, wo die nervenaufreibende Suche beginnt – den genauen Ort des Verstecks haben sie längst vergessen. »Wir graben stundenlang, denn wie sollen wir unsere Identität sonst beweisen und [...] wieder legal leben? Unser früheres Polizeirevier ist zerstört, beim Finanzamt werden wir als ›verstorben‹ geführt. Endlich stößt die Schaufel auf Widerstand [...] und wir finden unsere Dokumente! Die gehassten ›Judenpapiere‹ mit der Unterschrift Ilse Sara Rewald, mit Fingerabdruck und großem J werden der Umwelt beweisen, dass wir noch am Leben sind!«[5]

Nach zwei Jahren im Untergrund endlich wieder »legal«: Ilse und Werner Rewald, 1946

Die Johannisberger Straße ist von den Bomben verschont geblieben, doch in jenen Mai- und Junitagen setzt Elsas Buchführung aus. Gut zweieinhalb Monate später, am 27. Juli, kann sie dann notieren: »Schränke in Ordnung bringen Rewald 20,–« – aus nahe liegenden Gründen ist der Name zuvor nicht genannt worden. Nun greift sie dem Paar unter die Arme, indem sie mit Möbeln aushilft.

Eines Tages Anfang Juni klingelt es an der Tür, und Elsa stockt förmlich der Atem: Vor ihr steht Ullis Frau Ruth. Sie ist zurückgekommen – abgemagert, geschoren, zerschunden, ein Schatten ihrer selbst, doch aufrecht und am Leben. Über das, was hinter ihr liegt, verliert sie nicht ein Wort; erst nach Jahrzehnten wird sie in der Lage sein, Sequenzen dieses Alptraums zu schildern.[6]

Das sorgsam gehütete Kleinod trägt Ruth seit Berliner Zeiten: das Herzmedaillon, ein Geschenk von Ulli, hier auf einem 1942 entstandenen Bild

Drei Wochen lang war sie in Auschwitz; ihren Mann fand sie dort nicht. Die Zeit, die sie im Lager verbrachte, erscheint ihr im Rückblick unfassbar, geradezu unwirklich-schemenhaft; nur einzelne, gestochen scharfe Erinnerungen blitzen wieder und wieder auf und peinigen sie ein Leben lang. Da ist das Bild vom Schornstein der Krematorien, der weithin sichtbar mitten im Lager aufragt, da bleibt der Geruch von verbranntem Fleisch, der ihm Tag und Nacht entweicht und über allem liegt, unverkennbar, unausweichlich, entsetzlich.

Auf der berüchtigten »Rampe« in Birkenau erlebt sie die »Selektion« durch Josef Mengele, den Lagerarzt und Herrn über Leben und Tod, der mit einer winzigen Handbewegung die »Arbeitsfähigen« von denjenigen sondert, die sofort ins Gas geschickt werden. Gleich bei der Ankunft wird Ruth auf diese Weise von einer Freundin getrennt, mit der sie in Theresienstadt zusammengearbeitet hatte. Mengele sieht die in ihrer Sehfähigkeit stark eingeschränkte Frau mit den dicken Brillengläsern, zischt verächtlich »es stinkt hier nach Knoblauch« und bedeutet ihr, sich in die Schlange der Todgeweihten einzureihen. Ruth sieht sie nie wieder. Sie selbst wird wohl in die »Quarantäne« im »Familienlager« geschickt, wo die Häftlinge wochenlang vor sich hin vegetieren, bis man sie zur Zwangsarbeit einteilt – wenn sie dann noch die Kraft dafür haben.[7]

Bevor man ihr auf dem Weg dorthin die letzten Habseligkeiten raubt und sie, so das übliche Vorgehen, in der »Sauna« »entlaust« und kahl schert, reißt sie sich das goldene Herzmedaillon, das Ulli ihr einmal geschenkt hat, vom Hals und wirft es über den Zaun; es bleibt hoch oben im Stacheldraht hängen. Der junge SS-Mann, der dies beobachtet, ist darüber so perplex, dass er sie zwar anbrüllt, aber nicht weiter bestraft. Bei jedem Blick auf die Stacheldrahtzäune des Lagers ist es ihr ein heimlicher kleiner Triumph, dass dieses Schmuckstück, das sie über so lange Zeit immer bei sich getragen hatte, für die Schergen der SS unerreichbar bleibt.

Im »Familienlager« sind die Zustände katastrophal. In der Baracke, der man sie zuweist, drängen sich Hunderte Frauen, Deportierte aus Ungarn und aus Theresienstadt. Hier trifft Ruth auf Johanna Gutfreund, ihre ehemalige Vorgesetzte beim Arbeitsamt dort. Sie beschließen zusammenzubleiben. Zu fünft müssen die Gefangenen sich jeweils eine Pritsche teilen, es gibt weder Decke noch Strohsack; mit nichts am Leib als ihrer dünnen Häftlingskleidung liegen sie bei Eiseskälte auf den nackten Brettern in dem zugigen Verschlag. Wiederholt treibt die SS sie mit Schreien und Schimpfen heraus, sprüht die gesamte Baracke zur »Desinfektion« mit giftigen Mitteln aus; von der stinkenden Flüs-

Einfahrtstor zum KZ Auschwitz-Birkenau, aufgenommen von sowjetischen Truppen nach der Befreiung 1945

sigkeit bleibt tagelang alles klamm. Die dünne, ungenießbare Suppe gibt es ohne Löffel für alle aus einem einzigen Napf. Nicht einen Sonnenstrahl sehen sie in dieser Zeit. Der polnische Winter zieht unaufhaltsam herauf: Der Himmel, grau und schwer, liegt bleiern über dem Land, Dauerregen verwandelt den Boden in tiefen, schwarzen Morast. Viele werden krank, nicht eine von ihnen glaubt noch daran, hier überleben zu können. »Das ist das Ende«, ist der einzige Gedanke, den auch Ruth in dieser Zeit hat.

Entwürdigt und der Vernichtung preisgegeben, siechen sie nur noch dahin, reduziert auf die elementaren Körperfunktionen und das ewige Hunger-

Pritschen im Vernichtungslager Auschwitz

gefühl. Eines Morgens befiehlt ihr der Kapo, eine Ungarin, den Eimer, den die Frauen in der Baracke nachts als Toilette benutzen, nach draußen zu bringen. »Wohin damit?«, wagt sie zu fragen. Die Aufseherin sieht ihr kalt in die Augen und sagt schneidend den einen Satz, den sie nie mehr vergessen wird: »Trink es aus, du Schwein.« Wie vom Schlag gerührt, wird Ruth ganz starr, wankt dann völlig benommen hinaus und gießt die stinkende Fracht in den Schlamm. Tränen strömen ihr übers Gesicht, lautlos, fassungslos weint und weint sie: »Ich wusste nicht, was ich tun sollte – die Erniedrigung, die wir damals erlebten, ist überhaupt nicht zu beschreiben. Ich bin nach Auschwitz gekommen und habe gedacht, ich träume. Von einem Moment zum andern wurden wir behandelt wie Tiere. Bis heute kann ich kaum glauben, was die SS alles getan hat, nur um Menschen zu quälen.«

Unter den ausgezehrten Gestalten, die in der Nachbarbaracke ein ähnlich verzweifeltes Dasein fristen, entdeckt sie eines Tages zufällig ihre Schwägerin Lisa, nur wenige Meter entfernt und dennoch unerreichbar, getrennt durch Stacheldraht. Ein Kopfnicken, ein kurzes Winken, mehr an Kontakt ist nicht möglich. Es ist ihre letzte Begegnung; wenig später wird Lisa von Auschwitz nach Bergen-Belsen deportiert, wo sie unter nicht näher geklärten Umständen bald ums Leben kommt. Wäre sie in Theresienstadt mit Ruth »auf Transport« gegangen, hätten sie womöglich zusammenhalten, sich Mut zusprechen, einander helfen können – vielleicht hätte Lisa, so Ruth im Rückblick, dann eine Chance gehabt. Auf sich allein gestellt aber ist sie, von schwächlicher Konstitution, dünn und schon in Berlin oft kränkelnd, den furchtbaren Bedingungen der Konzentrationslager nur für sehr kurze Zeit gewachsen.

Bald darauf, am 27. Oktober, kommt ein Kommando der SS in die Baracke und fordert 100 der aus Theresienstadt deportierten Frauen auf herauszutreten. Mit Johanna Gutfreund sitzt Ruth auf einer Pritsche und beratschlagt hastig, was zu tun sei. Sie plädiert, dafür sich zu melden, die Gefährtin fühlt sich zu krank und zu schwach, rät ihr aber zu gehen. Währenddessen beginnt der SS-Mann die Vortretenden laut und vernehmlich zu zählen. Hin- und hergerissen zwischen ihrem Instinkt und dem Versprechen, sich nicht von Johanna zu trennen, bleibt Ruth unschlüssig, fast bis zum Schluss. 85, 90, 95 Frauen sind bereits abgezählt, sie zaudert immer noch, dann lässt sie, buchstäblich im letzten Moment, Johannas Hand los und geht. »99« bellt es ihr ins Ohr, als sie den Verschlag verlässt. Noch am selben Tag werden die 100 Theresienstädter Frauen, die die Selektion überstanden hatten und nicht tätowiert worden waren,[8] aus Birkenau ins schlesische Merzdorf verschleppt, ein Außenlager des KZs Groß-Rosen, wo sie in einer Spinnstofffabrik Zwangsarbeit leisten müssen.

Bei Wind und Wetter, Eis und Schnee heißt es nun täglich frühmorgens zunächst antreten zum Appell; der Winter ist schnell gekommen, und er ist außerordentlich hart. Bekleidet nur mit ihrer Häftlingskluft und rohen, viel zu großen Holzpantinen, werden sie wieder und wieder durchgezählt, müssen regungslos strammstehen, mal 30, mal 60 Minuten, manches Mal auch noch länger, dem Sadismus von Kapos und SS wehrlos ausgeliefert. Eine junge SS-Frau, erinnert sich Ruth, tut sich dabei besonders hervor, keine 25 Jahre alt, doch von unsagbarer Brutalität. »Manche von uns sind einfach umgefallen, doch wir mussten stehen. Wir waren jung, wir hatten keine andere Wahl.«

Die Arbeit an der Spinnmaschine ist hart und monoton, die Verpflegung – tagaus, tagein die karg bemessene, versalzene Rübensuppe – erbärmlich, und doch hat sie hier im Gegensatz zu Auschwitz die Hoffnung, durchhalten zu können, spürt ihren Lebenswillen, entwickelt kleine, aber wichtige Überlebensstrategien: Die winzigen Kartoffelstücke, die in der Suppe schwimmen, nimmt sie heraus und spart sie auf, belegt damit später ihr Brot. In der Nacht, wo der Hunger am schlimmsten ist, hat sie so etwas zu kauen. Nur nicht krank zu werden ist oberste Devise, denn wer krank ist, das wissen alle, wird zurück nach Auschwitz geschickt. Wochen, Monate vergehen, die Rote Armee rückt langsam nach Westen vor, das nahe gelegene Breslau ist im Februar 1945 bereits eingeschlossen. Je aussichtsloser die militärische Situation für die Deutschen, desto erbarmungsloser treiben sie die Frauen zur Arbeit an, zwingen sie schließlich sogar zu Nachtschichten. Plötzlich kursiert in jenem Februar das Gerücht, die Häftlinge würden auf einen Todesmarsch in Richtung Westen geschickt, eine der letzten Grausamkeiten des in Agonie befindlichen Naziregimes, mit der die jüdischen Zwangsarbeiter im Osten dem Zugriff der Russen entzogen werden sollen. Das, so Ruth, hätten sie niemals überleben können, bei Temperaturen weit unter dem Gefrierpunkt, ohne Schuhe, ohne ausreichende Kleidung; aus nicht näher bekannten Gründen wird das Vorhaben fallen gelassen.

Eines Tages, der Krieg ist fast zu Ende, wird die Fabrik während der Nachtschicht von SS-Leuten inspiziert. Die Maschine, an der Ruth arbeitet, ist offensichtlich defekt, die Fäden sind gerissen. Was los sei, herrscht sie einer der Männer an. Sie entschuldigt sich, lächelt schüchtern, wie um Verzeihung bittend; und er schreit sie an: »Du lachst noch?«, holt aus und schlägt so hart zu, dass ihr das Trommelfell platzt.

Lisa stirbt Ende 1944/Anfang 1945 im KZ Bergen-Belsen.

Die Versorgung wird immer schlechter, bricht schließlich vollends zusammen; der Hunger ist kaum zu ertragen. Dann, am 8. Mai, sind die Deutschen plötzlich verschwunden, die Gefangenen mit einem Mal ihrem Schicksal überlassen. Der Krieg ist tatsächlich vorbei. Sie habe immer gedacht, sagt Ruth später, sie würde, wenn es endlich so weit sei, vor Glück und Aufregung jubeln; nun ist sie ungläubig, fast apathisch, fühlt sich, als sei sie von dem, was geschieht, selbst gar nicht wirklich betroffen. Ganz ruhig geht sie an diesem Tag an den verlassenen Wachtürmen und Zäunen vorbei, hinaus ins Riesengebirge. Alles wirkt so friedlich: Die Sonne scheint, die Wiesen blühen, sie pflückt ein paar Blumen und fängt nur langsam an zu begreifen, dass sie zum ersten Mal seit langer Zeit frei ist zu tun, was sie will – und dass sie sich allen Schrecken zum Trotz noch ein Stück Hoffnung bewahrt hat.

Die Ruhe, die wiedergewonnene Freiheit ist nur von kurzer Dauer, denn am nächsten Tag nehmen russische Truppen das Lager in Besitz. Selbst zermürbt durch den jahrelangen Krieg, entkräftet und psychisch labil, sind sie für die Frauen in Merzdorf eine neuerliche Gefahr. Sie betrinken sich, vergewaltigen und schlagen kurz und klein, was ihnen in den Weg kommt. Als einer von ihnen sich an Ruth vergehen will und sie sich widersetzt, bricht er ihr durch einen Schlag mit seinem Gewehr den kleinen Finger der linken Hand. So schnell wie möglich verlässt sie im allgemein herrschenden Chaos mit vier jungen Mädchen das Lager; ihr Ziel ist Landeshut, die nächste größere Stadt.

Kahl geschoren, verdreckt und unterernährt, kommen sie dort an. Im Rathaus wird ihnen unbürokratische Hilfe zuteil, indem man ihnen die verlassene Wohnung eines hohen SS-Mannes zuweist. Hals über Kopf müssen er und seine Familie das Weite gesucht haben, denn der Haushalt, den sie vorfinden, ist vollkommen intakt. Misstrauisch beäugt von einem Nachbarn, der sie für »Zigeuner« hält und eilig seine Türe verschließt, treffen sie hier auf eine Welt aus einer anderen Zeit mit für sie kaum fassbarem Luxus. Eine von ihnen, die junge Pianistin Karla Elkeles aus Berlin, entdeckt zuallererst ein Klavier, setzt sich hin und fängt an zu spielen. Für Ruth ist dies, so sagt sie später, die eigentliche Befreiung, der Augenblick, in dem sie beginnt, sich wieder als Mensch zu fühlen. Regungslos verharren die vier und lauschen wie gebannt; die vertrauten Klänge rühren an längst vergessene Emotionen, und minutenlang lassen sie alle ihren Tränen freien Lauf.

Zaghaft und verschüchtert, auch staunend nehmen sie daraufhin die so lange entbehrten Gegenstände des Alltags in Besitz, finden hochwertige Kleidung, Vorräte in Hülle und Fülle, eingeweckte Früchte, Gemüse. Sie decken

Wiedererwachendes Leben im zerstörten Berlin, hier am Brandenburger Tor, 1945

den Tisch mit gutem Porzellan und bereiten eine richtige Mahlzeit. Den Nachbarn, der sie zuvor so argwöhnisch gemustert hatte, laden sie dazu ein. Über das, was sie von den Lagern berichten, ist er zutiefst erschüttert – und dennoch ist die hassdurchtränkte Ideologie nicht ohne Wirkung geblieben: Er ist kaum in der Lage zu glauben, dass die zwar zerlumpten, doch zivilisierten Menschen, mit denen er um einen Tisch sitzt, tatsächlich Juden sind.

Ein paar Tage bleiben sie in der Wohnung in Landeshut und versuchen, zu Kräften zu kommen, soweit es eben geht. Dann machen sie sich erneut auf den Weg, zu Fuß in Richtung Berlin. Fast zwei Jahre sind seit der Deportation nach Theresienstadt vergangen, als Ruth in Begleitung von Karla in ihrer Heimatstadt eintrifft. Hier erleiden sie einen neuen Schock: Kein Stein ist mehr auf dem andern, sie finden sich kaum zurecht, ein Truck der Amerikaner

Eppi, Bubi, Erich und Ulli Chotzen, Ende der dreißiger Jahre

nimmt sie mit bis nach Wilmersdorf. Als Ruth dann vor Elsa steht, schlägt beiden das Herz bis zum Hals. Wort- und sprachlos, weinend vor Erleichterung und lang aufgestauter Verzweiflung schließt Elsa sie in die Arme, nimmt sie wie eine Tochter auf. Auch Karla wird von ihr ganz selbstverständlich beherbergt, bis sie woanders Unterschlupf findet – bis Mitte Juli zahlt sie laut Haushaltsbuch an Elsa kleine Beträge.

Wenig später geschieht, was kaum jemand zu hoffen gewagt hat: Auch Klara, Lieselotte und Ursula Cohn kehren nach Berlin zurück. Als in der Johannisberger Str. 2, im Nachbarhaus der Chotzens, eine Wohnung frei wird, kommen sie dort unter. Ruth zieht es vor, bei der Schwiegermutter zu bleiben; in der vertrauten Umgebung fühlt sie sich besonders geborgen, verstanden und respektiert. Monatelang ist sie wie gelähmt, verfällt in Schweigen – und Elsa lässt sie gewähren, akzeptiert sie so, wie sie ist. Sie selbst erlebt in diesem Sommer ein ständiges Auf und Ab, ein Wechselbad der Gefühle. Immer wieder wird ihre stille Trauer von neuer Hoffnung verdrängt – wenn Ruth, wenn die Cohns zurückgekehrt sind, warum dann nicht auch die Söhne?

In einer ähnlichen Stimmung befinden sich viele Menschen im Deutschland jener Zeit. Die Situation bleibt auch nach dem Ende des Krieges chaotisch, die Informationslage wirr, von überall strömen Vertriebene, Kriegsheimkehrer, Überlebende der Lager herbei, orientierungslos, verzweifelt nach Angehörigen suchend. Wie Elsa und Ruth warten auch in Berlin Tausende auf Nachricht, hängen Vermisstenmeldungen aus, werden täglich aufs Neue enttäuscht, versuchen dennoch optimistisch zu bleiben. Um selbst aktiv zu werden, nimmt Ruth eine Tätigkeit auf, die ihr zusätzliche Möglichkeiten gibt, etwas in Erfahrung zu bringen: Ab Juli arbeitet sie bei einer Flüchtlingssuchstelle, nimmt dort Anfragen auf, schickt Fragebogen in andere deutsche Städte und hält als Betroffene die Augen und Ohren weit offen. Mit »Ruth 35,–«, manchmal ist es weniger, mitunter auch mehr, wird der bescheidene Obolus vermerkt, den die Schwiegertochter ab Juli in die Haushaltskasse einzahlt – Elsa hat ihre Buchführung mittlerweile wieder aufgenommen. Und der Zuschuss ist bitter nötig, denn Eppi ist ausgezogen und trägt nichts mehr zum Einkommen bei. Was aufgrund der politischen Lage so lange unmöglich war, haben er und Božka am 8. Juni endlich nachgeholt: die standesamtliche Trauung.

F 1 und F 2

Heiratsurkunde

(Standesamt I Berlin Nr. 127)
Der kaufmännische Angestellte Josef Heinrich Salo C h o t z e n, wohnhaft Berlin-Wilmersdorf,
geboren am 27. September 1907 in Berlin
(Standesamt 9, jetzt Berlin-Mitte Nr. 1646), und
die Wirtschafterin Bohumila Filomena B y t e š n i k, wohnhaft Berlin-Dahlem,
geboren am 4. Januar 1900 in Tischnowitz, Bezirk Brünn,
(~~Standesamt~~ Pfarramt Tischnowitz Nr. VI/160), haben
am 8. Juni 1945 vor dem Standesamt I Berlin
die Ehe geschlossen.
Vater des Mannes:
Mutter des Mannes:

Vater

Stand B 36/37
Mat. 2866 Din A 5. 60 000. 6. 44

Was lange unmöglich war, wird endlich nachgeholt: Heiratsurkunde von Eppi und Božka, 8. Juni 1945

In den scheinbar banalen Zahlen des Haushaltsbuches spiegelt sich in diesem Sommer nicht nur die Heimkehr der Schwiegertochter, sondern auch der Versuch einer Rückkehr der Mutter in ein halbwegs geordnetes Leben. Dass »Vatis Grab« an Josefs Geburtstag aufwendig in Stand gesetzt wird, versteht sich für Elsa von selbst. Stolze 36,80 Mark wendet sie am 3. Juli eigens für diesen Zweck auf. Außerdem nimmt sie, und das ist neu, Kulturangebote wahr – die Stadt, die sich wieder zu regen beginnt, hat schon einiges zu bieten: Im Durchschnitt dreimal pro Monat gönnt sie sich einen Kinobesuch, auch Gänge zur »Leihbücherei«, ins »Theater« und »Cabarett« sind im Haushaltsbuch erstmals verzeichnet. »Dauerwelle« und Friseur werden wieder regelmäßige Posten, und Ende Juli leistet sie sich für 100 Mark den Luxus eines »Kostüms«. Zum Ausgehen macht sie sich zurecht und lässt sich die Haare legen, dann taucht sie ab für ein paar Stunden in eine andere, neue Welt – um noch am Abend desselben Tages gewissenhaft Buch darüber zu führen. Mit dem Eintrag »Mutti Friseur 5,40, Mutti Theater 10,20, Fahrgeld 1,60, Café 1,15, Garderobe 1,–, Programm –,20« findet ein solcher kleiner Müßiggang zum Beispiel Ende August seinen Niederschlag im Ausgabenbuch. Finanziell leisten kann sie sich das eigentlich nicht, meist schreibt sie rote Zahlen, doch erstmals

»Wann immer ich schlechter Stimmung war, hat Eppi seine Geige geholt und gespielt«, erinnert sich Ruth.

(und nur für kurze Zeit) scheint das nicht wichtig zu sein, will sie etwas vom Leben haben.

Die Großzügigkeit anderen gegenüber vergisst sie darüber nicht: 1,50 Mark notiert sie am 8. September für »Opfer des Faschismus«, 1 Mark am 1. November für die »Kinderhilfe«, im Dienste der neuen Filmleidenschaft steht die Spende für »Rettet das Kino« (50 Pfennig am 27. November), und für den Geburtstag des ältesten Sohnes gibt sie aus, was sie nur aufbringen kann: »Eppi Geige und Noten 49,65« sowie »Blumen« für 3 Mark kauft sie am 26. September.

Auch fällige Reparaturen und Anschaffungen nimmt sie energisch in Angriff: »Scheiben einsetzen« und ein »Sicherheitsschloss« verbucht sie im Oktober, im Monat darauf wird eine »elektrische Leitung« geflickt, noch vor Weihnachten kommt ein »Installateur«. Sie weiß: Es muss weitergehen – die Dinge schleifen oder sich gehen zu lassen, das käme für sie nicht in Frage, auch und gerade jetzt nicht.

Wie fragil diese Ordnung ist und wie trügerisch die sich neu einstellende Routine, wie sehr die bleibende Unsicherheit ihre langen Schatten wirft, ist allerdings nicht weniger offenkundig. Am 2. August – fast ein Dreivierteljahr ist vergangen, seit die letzte Nachricht eintraf – kauft sie dem geliebten jüngsten Sohn einen Geburtstagsstrauß: »Blumen Ulli« trägt sie an diesem Donnerstag bei ihren Ausgaben ein, als wäre nichts geschehen. So manisch, wie sie vor einem halben Jahr noch die Anzahl der Pakete notierte, so fieberhaft tut sie jetzt alles, um endlich Gewissheit zu haben. Ungewohnt häufig taucht ab Juli ein weiterer Posten auf: Mehrmals wöchentlich kauft sie nun Zeitungen, um Suchmeldungen zu sichten – zunächst etwa jeden dritten Tag, im August sogar dann jeden zweiten: Am 2., 3., 4., 7., 8., 9., 10., 12., 14., 22., 23., 24., 25., 28. und 29. verbucht sie dafür im Durchschnitt 20 Pfennig, am 17. ist es gleich ein ganzer Stapel, den sie, bebend vor Sorge, wieder und wieder durchblättert (2,60 Mark im Haushaltsbuch). Erneut wandelt Elsa die schreckliche Anspannung, unter der sie steht, um in rastlose Aktivität.

1 Zu den Hintergrundschilderungen vgl. Wolfgang Benz, *Geschichte des Dritten Reiches*, München 2003, S. 196–204, dort S. 202 auch der Wortlaut des Befehls und die im Folgenden zitierte Aussage Hitlers vom 18. März; vgl. außerdem Gerhard Kiersch, Reinhard Klaus u.a., *Berliner Alltag im Dritten Reich*, Düsseldorf 1981, S. 132ff. sowie die

von Jörg Friedrich kompilierten Augenzeugenberichte aus zeitgenössischen Quellen in: *Der Brand*, Berlin 2002, S. 363–370.

2 Ilse Rewald, *Berliner, die uns halfen, die Hitlerdiktatur zu überleben.* Beiträge zum Widerstand 1933–1945, hg. von der Gedenkstätte Deutscher Widerstand, Berlin 1985, S. 13.

3 Zit. nach Friedrich, a. a. O., S. 370.

4 »[...] mein Zahnarzt erzählte mir, dass alle Zähne gleichzeitig verfallen, fast wie Würfelzucker, der sich in Wasser auflöste.« (Howard K. Smith, *Last Train from Berlin. Ein amerikanischer Korrespondent erlebt Nazideutschland*, Berlin 1982, zit. nach Friedrich, a. a. O., S. 366.) Vgl. hierzu auch Hans A. Schäfer, *Berlin im Zweiten Weltkrieg. Der Untergang der Reichshauptstadt in Augenzeugenberichten*, München 1985.

5 Rewald, a. a. O., S. 14.

6 Der folgende Bericht stützt sich auf die Interviews, die Gorch Pieken im Jahre 2004 mit Ruth Weinstein führte.

7 Zur Behandlung der als »arbeitsfähig« Ausgewählten vgl. *Enzyklopädie des Holocaust. Die Verfolgung und Ermordung der europäischen Juden*, hg. von Eberhard Jäckel, Peter Longerich u. a., München 1998, S. 111 und 115: »Wer nicht sofort in die Gaskammern geschickt wurde, kam in den Teil des Lagers, der als ›Quarantäne‹ bekannt war. [... Hier] konnte ein Gefangener, wenn er nicht bald zur Zwangsarbeit eingeteilt wurde, nur wenige Wochen überleben; in den Zwangsarbeitslagern verlängerte sich die durchschnittliche Lebenserwartung um einige Monate.«

8 Ebd., S. 115 wird der Grund dafür genannt, warum keine Tätowierung erfolgte. »Nachdem sie die ›Quarantäne‹ in Birkenau für die Zwangsarbeit in Auschwitz oder einem der Nebenlager verließen, wurden die Gefangenen registriert und erhielten auf dem linken Arm Zahlen eintätowiert. [...] nicht registriert wurden Gefangene, die zur Arbeit in KZs geschickt wurden, die nicht zum Lagersystem Auschwitz gehörten, wie Groß-Rosen oder Stutthof.«

Zum Geburtstag kauft Elsa für den vermissten Sohn Ulli am 2. August einen Blumenstrauß.

Februar 1946

Einnahmen!

uth	100.–
utti Rente & Mieteinn	75.–
erkauf v. Bubis Oberh.	400.–
Opfer d. Faschismus	450.–
kauf v. [illegible]	200.–
	1225.–

usgaben Febr. 1946

ete	70.75
ht	7.36
ung m/ Trinkgeld	4.–
äsche	10.35

Ausgaben!

1. Wurst	1.55
Citr. Aroma	5.–
Maggi	2.–
Kaffeesatz	–.20

9 1946: Gewissheit

Nach außen hin mag in der Johannisberger Straße so etwas wie Alltag Einzug gehalten haben, doch mit jeder Woche, jedem Monat werden beide Frauen ein wenig stiller. Der September geht ins Land, ebenso der Oktober, ein Jahr ist bereits vergangen seit der Deportation aus Theresienstadt, zwölf lange Monate sind Elsa und Ruth nun ohne jede Nachricht. Die kurze Euphorie des ersten Friedenssommers weicht zusehends der Resignation; die Hoffnung ganz aufzugeben ist für beide jedoch unmöglich.

Zur entsetzlichen Angst um die Kinder kommt nun auch echte Not. Die Rente, die bis März 1945 noch immer pünktlich eintraf, ist seither ausgeblieben. Über das erlittene Unrecht hinaus ist es schlicht die materielle Bedrängnis, die Elsa Chotzen am 27. Oktober veranlasst, einen »Antrag auf Betreuung durch den Ausschuss Opfer des Faschismus« zu stellen: »[...] Durch die jahrelangen Qualen und Aufregungen und die Sorgen um Mann und Kinder, die ja auch jetzt noch nicht aufhören, bin ich gesundheitlich vollständig herunter. Ich leide an Blutkreislaufstörungen und Neuralgie. Zu der Sorge um meine Kinder kommt auch noch meine ungeklärte wirtschaftliche Lage. Sonst hätte ich doch, außer meiner Witwenrente, die noch nicht wieder in Kraft ist, die Unterstützung von meinen Söhnen gehabt. Jetzt bin ich seit Juli auf die Sozialfürsorge monatlich mit RM 35,– Unterstützung angewiesen.« Und das ist nur wenig mehr als die Hälfte der Rente, die im Vorjahr noch auf 64,50 Mark im Monat erhöht worden war.

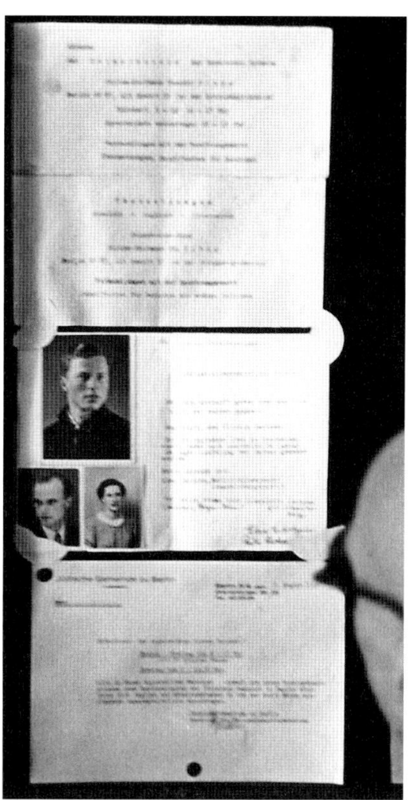

Suchanzeige mit Bildern von Ulli, Bubi und Lisa, Berlin 1945/1946

Dass mit dem beginnenden Winter langsam die Zuversicht schwindet, offenbart auch das Haushaltsbuch. Der hektische Zeitungskauf lässt im Oktober nach, die beiden Frauen suchen und hoffen noch immer – und ziehen sich gleichzeitig mehr und mehr in sich selbst zurück. Bereits im November und Dezember verkauft Mutter Elsa »Cravatten« und Hemden für insgesamt 500 Mark. Geldknappheit mag ein Grund dafür sein, ein anderer aber ist wohl, dass sie an einer Rückkehr der Söhne ernsthaft zu zweifeln beginnt. Nach Jahr

Berlin-Wilmersdorf,den 27.10.45.

Antrag auf Betreung durch den Ausschuss Opfer des Faschismus.

Mein jüdischer Mann Joseph Chotzen(Sternträger) ist auf Grund
der schweren Zwangsarbeit(Gleisbau u.s w.)die er trotz starker kö
perlicher Leiden ausführen musste,und weil er durch die geringe r
Lebensmittelzuteilung nicht die richtige Pflege hatte und die jüdischen Ärzte sich nicht erlauben durften die nötigen Medikamente
genügend zu verschreiben,am 27.1.1942 im jüdischen Krankenhaus
Iranischestr.2 verstorben.
Von meinen vier Söhnen,die als Geltungsjuden Sternträger waren,befi
findet sich zur Zeit nur der älteste in Berlin.Dieser gehörte der
K.P.D. bis 1933 an und hat sich nachdem noch mehrere Jahre illegal
betätigt.Auch er war von den Nazis inhaftiert.
Mein dritter Sohn,Erich Chotzen geb.am 28.1.17. wurde am 19.1.42.
mit seiner Frau Ilse Chotzen geb.Schwarz nach Riga evakuiert.
Nach illegalen Berichten seiner Ehefrau soll mein Sohn,nachdem er v
von Riga weiterevakuiert wurde,bereits am 25.3.42.ums Leben gekommen sein.Meige Schwiegertochter Ilse soll von Riga weiter nach
Stutthof gekommen sein,doch bin ich bis heute ohne Nachricht von e
ihr.
Mein zweiter Sohn Hugo-Kurt Chotzen,geb.am 29.3.15. undc mein jüng
ster Sohn Ullrich Chotzen,geb.am 2.8.20. sind zusammen mit ihren
Ehefrauen Lisa geb.Scheurenberg und Ruth,geb.Cohn,am 29.6.43. nach
Theresienstadt gekommen,nachdem ich besonders Hugo-Kurt und Frau
sechs mal aus dem Transport befreit hatte.Von Theresienstadt kamen beide Söhne am 28.September nach Auschwitz und angeblich dann
nach Kauffering/Dachau.Seitdem fehlt jede Angabe über ihren Verble

Auch meine beiden Schwiegertöchter Lisa und Ruth kamen nacheinande
nach Auschwitz.Von dort soll meine Schwiegertochter Lisa nach Ber-
gen Belsen gekommen sein.Seitdem fehlt jede Spur von ihr.
Meine Schwiegertochter Ruth kam von Auschwitz in das Arbeitskon-
zentrationslager Mertzdorf/Gross-Rosen und ist dort am 9.Mai 45.
von der Roten Armee befreit worden.Am 9.Juni kam sie zu Fuss hier
in Berlin an und wohnt seitdem bei mir.
Von den Geschwistern meines Mannes sind folgende nach der Verschl-
pung durch die Nazis umgekommen.

Georg Chotzen
Emma Fischer geb.Chotzen
Alice Chotzen geb.Proskauer

Meine Nichte Erika Jakubowski geb.Chotzen wurde 1936 vom Volksgerichtshof zu lebenslänglichem Zuchthaus verurteilt und ist
laut Bekanntgabe in der deutschen Volkszeitung als Opfer des
Faschismus gefallen.
Durch die jahrelangen Qualen und Aufregungen und die Sorgen um
Mann und Kinder,die ja auch jetzt noch nicht aufhören,bin ich ge
sundheitlich vollständig herunter.Ich leide an Blutkreislaufstörungen und Neuralgie.Zu der Sorge um meine Kinder kommt noch
meine ungeklärte wirtschaftliche Lage.Sonst hätte ich doch auss
meiner Witwenrente,die noch nicht wieder in Kraft ist,die Unterstützung von meinen Söhnen gehabt.Jetzt bin ich seit Juli auf di
Sozialfürsorge monatlich mit RM.35.- Unterstützung angewiesen.

Elsa Chotzen geb. Arndt

Elsa Chotzen geb.Arndt
Berlin-Wilmersdorf
Johannisbergerstr.3

Antrag Elsa Chotzens auf Entschädigung als Opfer des Faschismus, 27. Oktober 1945 und Tag gibt es zum ersten Mal zwar wieder »Kerzen« und einen »Adventskranz«, nach besinnlicher Vorweihnachtsstimmung ist indes sicher niemandem zumute.

Völlig aufgelöst kommt Ruth eines Tages in diesem Dezember nach Hause: In einer Suchstelle in der Rykestraße im Stadtteil Prenzlauer Berg hat sie einen Überlebenden getroffen, der von Bubis und Ullis Tod berichtete; sogar die Daten, erzählt sie, habe er genau gewusst. Fassungslos nimmt die Mutter die Nachricht auf, versucht zu begreifen und weigert sich doch, es zu glauben. Es herrscht schließlich Chaos im Land, allenthalben kursieren Gerüchte, vielleicht liegt ein Irrtum vor. Und wer weiß denn, ob solche Berichte überhaupt den Tatsachen entsprechen? Trostloser denn je ist dieser Jahreswechsel von 1945 auf 1946; schlimmer kann es nicht werden, und zu einem optimistischen Blick nach vorne besteht kaum noch Anlass. Am 31. notiert Elsa, sonst meist doch so maßvoll und bescheiden, »Schnaps« für »42,–«(!) Mark – in diesem Moment wohl der einzige Ausweg, nicht gänzlich verrückt zu werden und Silvester zu überstehen.

Noch bis ins neue Jahr hinein klammert sie sich an die schwindende Hoffnung, und sei es auch nur, um das schwarze Loch nicht zu sehen, in das sie zu fallen droht, wenn sie die Wahrheit zulässt. Als sie am 27. Januar zum Grab ihres Mannes fährt, kann sie sich kaum auf den Beinen halten (»Blu-

-- V E R M I S S T E N - M E L D U N G. --

Jakubowski, Erika 13.12.1912 | vom Volksgerichtshofzu lebensl. Zuchthaus
geb. Chotzen zuletzt wohnhaft: | 1936 verurteilt.
Chodowieckistr. | (Hochverrat, illegale K.P.D. Tätigkeit.)

Letzte Nachrichtim Jahre 1943 aus dem Strafanstalt Jauer.

Erich Chotzen geb. 28.1.17 zuletzt Hohenstaufenstr. 56 evakuiert: 19.1.42 nach Riga
u. FrauJlse geb. Schwarz " " " " "
Schwiegerm. Käte Schwarz " " " " "

~~Klara Cohn geb. Heymann~~ " ~~Brunnenstr. 172~~ Anf. Juni 42 n. ~~Theresienst.~~
~~Ursula Cohn geb. 1925~~ " " " "
~~Liselotte Cohn geb. 1926~~ " " " "
~~Scheurenberg Paul~~ "Elsässerstr. 54 "43 "
" ~~Lucie geb. Löwenthal~~ " " 43 "
~~Klaus " geb. 1925~~ " "43 "
Chotzen, Georg geb. 1881 "Pestalozzistr. 54 August 44 n. Wulkow/Letsch(?) Oktober n. Litzmannstadt 41

~~Fischer, Emma geb. Chotzen 1874~~ " Juli 42 n. Theresienst
~~Chotzen, Alice geb. Proskauer 1865~~ Roscherstr. 7 März 43 n. Auschwitz

Liselotte Chotzen geb. Scheurenberg 1920
~~Ruth " " Cohn 1922~~ beide zuletzt Johannisbergerstr. 3
evakuiert am 29.6.43 n. Theresienstadt

Hugokurt Chotzen 29.3.15
Ullrich Chotzen 2.8.20 zuletzt Johannisbergstr. 3 evakuiert am 29.6.43 nach Theresienstadt
die beidenLetzten von dort nach illegaler Mitteilung nach Zossen transportiert.
Letzte Nachricht aus Theresienstadt: September1944 (abgeschickt)

gemeldet von: Elsa Chotzen geb. Arndt
Josef Chotzen Johannisbergerstr. 3

Noch immer vermisst: Lisa, Bubi und Ulli Chotzen (auf Elsas Meldung im unteren Drittel)

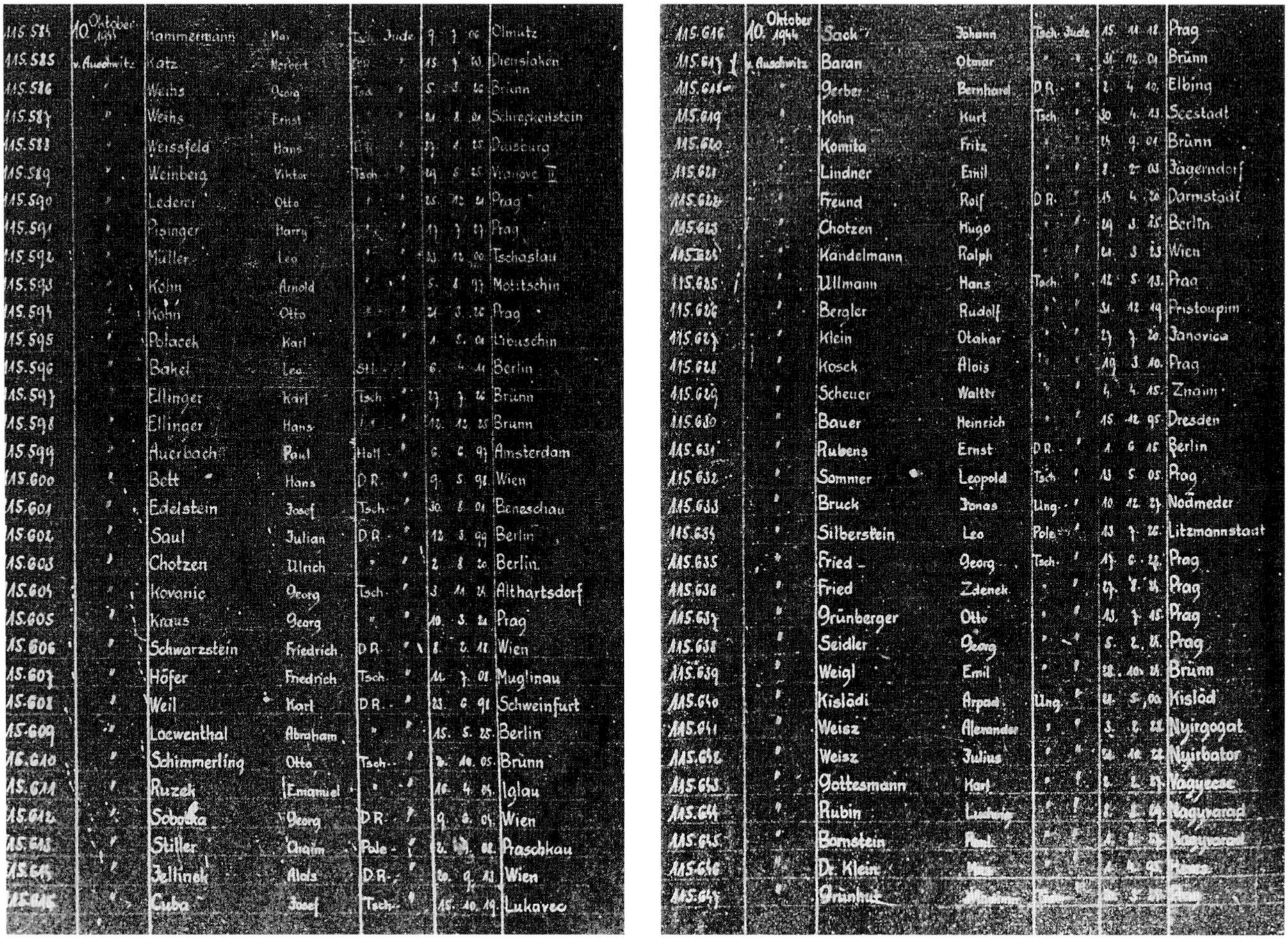

115.584	10. Oktober 1944	Hammermann	Max	Tsch.	Jude	9.	7.	06	Olmütz
115.585	v. Auschwitz	Katz	Herbert	[illegible]	"	15.	7.	10	Dinslaken
115.586	"	Weihs	Georg	Tsch.	"	5.	3.	26	Brünn
115.587	"	Weihs	Ernst	"	"	21.	8.	01	Schreckenstein
115.588	"	Weissfeld	Hans	[illegible]	"	17.	8.	25	Duisburg
115.589	"	Weinberg	Viktor	Tsch.	"	14.	5.	25	[illegible]
115.590	"	Lederer	Otto	"	"	25.	12.	21	Prag
115.591	"	Pisinger	Harry	"	"	17.	7.	17	Prag
115.592	"	Müller	Leo	"	"	31.	12.	00	Tschaslau
115.593	"	Kohn	Arnold	"	"	5.	8.	17	Motitschin
115.594	"	Kohn	Otto	"	"	21.	3.	26	Prag
115.595	"	Polacek	Karl	"	"	1.	5.	01	Libeuschin
115.596	"	Bakel	Leo	Stl.	"	6.	4.	14	Berlin
115.597	"	Ellinger	Karl	Tsch.	"	27.	7.	26	Brünn
115.598	"	Ellinger	Hans	"	"	10.	12.	25	Brünn
115.599	"	Auerbach	Paul	Holl.	"	6.	6.	97	Amsterdam
115.600	"	Bett	Hans	D.R.	"	9.	5.	98	Wien
115.601	"	Edelstein	Josef	Tsch.	"	30.	8.	01	Beneschau
115.602	"	Saul	Julian	D.R.	"	12.	3.	99	Berlin
115.603	"	Chotzen	Ulrich	"	"	2.	8.	20	Berlin
115.604	"	Kovanic	Georg	Tsch.	"	3.	11.	24	Althartsdorf
115.605	"	Kraus	Georg	"	"	10.	3.	21	Prag
115.606	"	Schwarzstein	Friedrich	D.R.	"	1.	2.	11	Wien
115.607	"	Höfer	Friedrich	Tsch.	"	11.	7.	01	Muglinau
115.608	"	Weil	Karl	D.R.	"	23.	6.	91	Schweinfurt
115.609	"	Loewenthal	Abraham	"	"	15.	5.	25	Berlin
115.610	"	Schimmerling	Otto	Tsch.	"	[illegible]	10.	05	Brünn
115.611	"	Ruzek	Emanuel	"	"	16.	4.	05	Iglau
115.612	"	Sobotka	Georg	D.R.	"	9.	6.	04	Wien
115.613	"	Stiller	Chaim	Pole	"	2.	[illegible]	02	Praschkau
115.614	"	Jellinek	Alois	D.R.	"	20.	9.	13	Wien
115.615	"	Cuba	Josef	Tsch.	"	15.	10.	19	Lukavec

115.616	10. Oktober 1944	Sack	Johann	Tsch.	Jude	15.	11.	12	Prag
115.617	v. Auschwitz	Baran	Otmar	"	"	31.	12.	01	Brünn
115.618	"	Gerber	Bernhard	D.R.	"	1.	4.	10	Elbing
115.619	"	Kohn	Kurt	Tsch.	"	30.	4.	13	Seestadt
115.620	"	Komita	Fritz	"	"	15.	9.	01	Brünn
115.621	"	Lindner	Emil	"	"	1.	2.	03	Jägerndorf
115.622	"	Freund	Rolf	D.R.	"	18.	4.	20	Darmstadt
115.623	"	Chotzen	Hugo	"	"	29.	3.	25	Berlin
115.624	"	Kandelmann	Ralph	"	"	14.	3.	13	Wien
115.625	"	Ullmann	Hans	Tsch.	"	12.	5.	13	Prag
115.626	"	Bergler	Rudolf	"	"	31.	12.	19	Pristoupim
115.627	"	Klein	Otakar	"	"	27.	7.	20	Janovica
115.628	"	Kosek	Alois	"	"	19.	3.	10	Prag
115.629	"	Scheuer	Walter	"	"	4.	4.	15	Znaim
115.630	"	Bauer	Heinrich	"	"	15.	12.	95	Dresden
115.631	"	Rubens	Ernst	D.R.	"	1.	6.	15	Berlin
115.632	"	Sommer	Leopold	Tsch.	"	13.	5.	05	Prag
115.633	"	Bruck	Jonas	Ung.	"	10.	12.	27	Nodmeder
115.634	"	Silberstein	Leo	Pole	"	13.	7.	26	Litzmannstadt
115.635	"	Fried	Georg	Tsch.	"	17.	6.	24	Prag
115.636	"	Fried	Zdenek	"	"	17.	8.	24	Prag
115.637	"	Grünberger	Otto	"	"	13.	7.	15	Prag
115.638	"	Seidler	Georg	"	"	5.	2.	18	Prag
115.639	"	Weigl	Emil	"	"	28.	10.	11	Brünn
115.640	"	Kisládi	Arpad	Ung.	"	14.	5.	00	Kislód
115.641	"	Weisz	Alexander	"	"	3.	8.	22	Nyirgogat
115.642	"	Weisz	Julius	"	"	26.	10.	22	Nyirbator
115.643	"	Gottesmann	Karl	"	"	[illegible]	[illegible]	[illegible]	Nagyecse
115.644	"	Rubin	Ludwig	"	"	[illegible]	[illegible]	[illegible]	Nagyvarad
115.645	"	Bornstein	Paul	"	"	[illegible]	[illegible]	[illegible]	Nagyvarad
115.646	"	Dr. Klein	[illegible]	"	"	[illegible]	[illegible]	95	[illegible]
115.647	"	Grünhut	[illegible]	[illegible]	[illegible]	[illegible]	[illegible]	[illegible]	[illegible]

Liste des Deportationstransports von Auschwitz nach Dachau am 10. Oktober 1944. Ulli und Bubi sind unter den Nummern 11.603 und 115.623 verzeichnet.

men Vati« vergisst sie dennoch nicht); sein Tod, der sich an diesem Tag bereits zum vierten Mal jährt, war nur der erste von unzähligen Schicksalsschlägen, die sie noch treffen sollten. Nun liegt ihre Welt in Trümmern, die »Endlösung« hat sie »eingeholt«, wie ihr ältester Sohn später schreibt. Und doch bewahrt ein Teil von ihr wohl noch immer ein Fünkchen Hoffnung. Im Februar lässt sie Bilder abziehen, verfasst Steckbriefe und hängt sie in Suchkästen aus, vielleicht erkennt ja jemand die Söhne, weiß Näheres über ihren Verbleib. »Fotos Ulli« notiert sie bei den Ausgaben am 15. des Monats, fünf Tage später trägt sie »Fotos Bubi« ein. An genau diesem Mittwoch ist ihr zweitältester Sohn bereits seit einem Jahr tot.

Der Leidensweg der Brüder, so stellt sich später heraus, war in Auschwitz noch lange nicht zu Ende. Dort angekommen, passieren sie am 29. September 1944 die »Selektion« als »arbeitsfähig«, werden als sogenannte »Depothäftlinge« zur »Vernichtung durch Arbeit« bestimmt und in den Bauabschnitt B II e, das ehemalige »Zigeunerlager« in Birkenau, gesperrt.[1] Elf endlose Tage später verschiebt man sie erneut, diesmal per Viehwaggon in eines der fast 200 Außenkommandos des bayerischen Lagers Dachau, in denen die Gefangenen bis in die letzten Kriegstage für die Rüstungsindustrie arbeiten müssen. Noch am Abend des 10. Oktober erreicht der Transportzug sein Ziel in der Gegend von Landsberg am Lech, wo die für den Bau militärischer Anlagen zuständige Organisation Todt seit Mitte 1944 unter dem Decknamen »Ringeltaube« ein gigantisches Rüstungsprojekt betreibt. In insgesamt elf unter dem Namen »Kaufering« firmierenden Lagern werden im Laufe der Zeit an die 30 000 Häftlinge zusammengepfercht, die aus den Lagern des Ostens, vor allem aus Auschwitz, hierher verbracht worden sind. Ihre Aufgabe ist es, drei riesige unterirdische Bunker zur Flugzeugproduktion zu errichten; die Hälfte von ihnen findet bei dieser Arbeit den Tod. Es ist eines jener Wahnsinnsprojekte, die den »Endsieg« noch herbeiführen sollen – mit dem Bau des Düsenjägers Me 262 hofft Hitler ein weiteres Mal auf die alles entscheidende Wunderwaffe.

Die Bedingungen im Lager sind mörderisch: Untergebracht in Erdhütten, in denen bei Regen das Wasser bis auf Höhe der Pritschen steigt, ohne Schutz gegen Kälte und Wind, müssen die völlig entkräfteten Männer, später vereinzelt auch Frauen, bis zur totalen Erschöpfung Sklavenarbeit leisten. Der Hunger ist kaum zu ertragen, Typhus grassiert, und wer in den Augen der SS nicht ausreichend pariert, wird geprügelt, getreten, gepeitscht.[2] Auch Erschießungen sind an der Tagesordnung. Immer wieder laufen Häftlinge in ihrer Verzweiflung in den elektrisch geladenen Stacheldrahtzaun, bleiben tagelang weithin sichtbar dort hängen. Es gibt weder Sicherheitsvorkehrungen für die Arbeiter noch medizinische Hilfe, nur ständige Willkür und immer neue Selektionen. Wer nicht mehr arbeiten kann, wird zurück nach Auschwitz geschickt und dort vergast.

Hier wird die Perversität des Lagersystems besonders augenfällig: »Arbeitsfähig« zu bleiben ist die einzige Möglichkeit zu überleben, doch Arbeit verfolgt andererseits den vordringlichen Zweck, die Gefangenen zu vernichten; darüber bestehen auch für die Betroffenen schnell keinerlei Zweifel mehr – »kalte Krematorien« heißen die Lager von Kaufering bei den Insassen illusionslos.[3]

Wenn die Chotzen-Söhne, wie ein Mithäftling später bezeugt, ins Lager II eingewiesen wurden[4], dann kamen sie höchstwahrscheinlich beim Bau des Großbunkers Weingut II zum Einsatz. Die von der Firma Moll betriebene Baustelle ist besonders gefürchtet: »Es war nicht leicht, hier lebendig herauszukommen [...] Das ganze Gelände war voll von riesigen Materialdepots, Dynamit, Schläuchen, Eisentraversen, Draht, Kabeln, Zementlagern, gerodeten Lichtungen, Holzlagern, Brunnen, Wasser- und Ölleitungen. Die mächtige Betonkuppel [83 Meter breit und mehr als 28 Meter hoch] wurde mit dem Leben und Blut [...] von Hunderten, ja Tausenden gebaut«, berichtet ein Gefangener. »Wir hatten keine Handschuhe und mussten zu zweit die kalten, gefrorenen, rostigen Eisenstangen schleppen. Unsere Hände entzündeten sich, platzten auf und taten weh. Die Haut hing in Fetzen herab, und die bloße Berührung mit dem rostigen Eisen verursachte schreckliche Schmerzen.«[5] Manch einer rutscht auf der Kuppel aus, kann sich nicht mehr halten und stürzt hinab in den Tod. Bricht jemand zusammen, so lässt man ihn bis zum Ende der Schicht liegen und bringt ihn dann erst ins Lager zurück. Für den Führer des Kommandos ist lediglich von Interesse, dass die Anzahl der Häftlinge beim Rückmarsch nach Schichtende stimmt; ob sie tot sind oder lebendig, ist dabei bedeutungslos.

Wie lange genau die beiden Brüder dort bleiben, war bislang nicht zu ermitteln – vermutlich um den Jahreswechsel herum werden sie weiter nach Landshut verschleppt. Auch hier befindet sich ein weiteres Außenkommando, ein Nachschublager der Wehrmacht; ihm angegliedert, doch räumlich davon getrennt, ist das »Judenlager«: Wellblechbaracken mit Wänden dünn wie Pappe, »eine Art Hundehütten, durch die der Wind pfiff und in die die Kälte ungehindert Einlass fand«, erzählt ein Überlebender später.[6] Auch Bubi und Ulli sind unter den Elendsgestalten, die hier einquartiert werden, insgesamt etwa 500 Männer, zum Skelett abgemagert, kaum noch in der Lage zu stehen und dennoch zur Arbeit getrieben. Schikaniert von zum Teil aus Rumänien stammenden SS-Aufsehern und brutalen Kapos, die nächtens in betrunkenem Zustand auf Wehrlose einschlagen, zermürbt durch stundenlanges Appellstehen zu jedweder Tageszeit, durch Unterernährung und Krankheit, müssen sie im Straßenbau und bei Aufräumarbeiten helfen. Selbst bei Luftangriffen muss die Arbeit fortgesetzt werden; etliche der Insassen kommen so durch »Feindeinwirkung« ums Leben, wie es im NS-Jargon heißt. Das Lager ist streng bewacht und ständig grell erleuchtet – als hätte noch irgendjemand die Kraft, einen Ausbruch wagen zu wollen. »Viele, viele von ihnen waren krank. Hände und Füße schwollen an vom Hunger, der Kälte und dem Schmutz. Eitrige Geschwüre bedeckten die Körper, die Kleidung scheuerte schmerzhaft an den offenen Wunden [...] Sie konnten nicht behandelt werden, da den beiden Lagerärzten, selbst Häftlinge, Verbandszeug und Medikamente fehlten.«[7] Über 80 Gefangene überstehen den Winter nicht.

Landshut in den späten fünfziger Jahren

Die Tragödie spielt sich direkt vor den Augen der Bevölkerung ab. Ein Einwohner, damals 14 Jahre alt, erinnert sich an die furchtbare Prozession, die er in jenen Monaten des Öfteren vorbeiziehen sah: »Da kamen sie wieder, vier, sechs hohläugige, magere Gestalten in schmutziggelblichen graugestreiften Drillichanzügen, die um ihre ausgemergelten Leiber schlotterten und die so dünn waren, dass der kalte Wind [...] buchstäblich hindurchzublasen schien. Sie trugen Holzschuhe an den nackten Füßen und schlurften mit teilnahmslosen, blassen Gesichtern durch die Straßen der Stadt, mühselig einen holpernden Wagen ziehend, von dessen zugedeckter Last für jeden, der den Zug sah, ein makabrer Schauder ausging.«[8] Meist frühmorgens seien die Toten der vergangenen Nacht zum Achdorfer Friedhof gebracht worden, manchmal aber auch am helllichten Tag.

Den Horror von Auschwitz und Kaufering haben die Brüder überlebt, nun aber sind sie körperlich und wohl auch seelisch am Ende. Mit nur 24 Jahren stirbt Ulli Chotzen hier am 3. Januar 1945; die näheren Umstände sind nicht bekannt. Das Dachauer Totenbuch registriert ihn unter diesem Datum als eines von zahllosen Opfern der auch in diesem Lager arbeitenden Vernichtungsmaschinerie.[9] Mit Dutzenden anderen wird er in einem Massengrab verscharrt.[10] In seinen letzten Gedanken, vermutet Ruth, muss er bei ihr gewesen sein, denn in einer Januarnacht noch in Merzdorf erscheint er ihr im Traum. Im Grunde, so sagt sie heute, habe sie da schon gewusst, dass er nicht mehr am Leben war.

Bubi Chotzen weiß vom Tod seines Bruders – vielleicht ist er bei der würdelosen Bestattung in Landshut sogar zugegen. Sein eigenes Leiden zieht sich

Ulrich Chotzen stirbt am 3. Januar 1945 unter ungeklärten Umständen in Landshut.

Von einem SS-Mann fast zu Tode geprügelt, stirbt Hugo-Kurt Chotzen am 20. Februar 1945 in Dachau.

noch über mehrere Wochen hin. Im Februar wird er Opfer eines SS-Mannes namens Norbert Henschel, der durch seine beispiellose Brutalität sogar unter seinesgleichen hervorsticht. Willkürlich, so sagen mehrere Augenzeugen später übereinstimmend aus, sei Bubi beim Einrücken ins Lager am Tor »aus der Marschkolonne gerissen« und »aus nichtigem Anlass« von Henschel »mit dem Koppelschloss zusammengeschlagen und durch Fußtritte mit den Stiefeln zusammengetreten worden«. Als sein Peiniger schließlich von ihm ablässt, ist er mehr tot als lebendig. Bald darauf wird das Außenlager aufgelöst; die Insassen bringt man ins Stammlager Dachau. Nach wenigen Tagen im dortigen Krankenrevier erliegt er den schweren Verletzungen, die Henschel ihm zugefügt hat. Er wird im Krematorium verbrannt; sein Tod wird auf den 20. Februar datiert.[11] Fünf Wochen später, am 29. März 1945, wäre er 30 Jahre alt geworden.

Im Detail gelangt das von den Brüdern durchlittene Grauen den Verwandten niemals zur Kenntnis – auch nicht, als im Mai 1968 ein Augenzeuge bei den Behörden vorstellig wird. Willem Wermuth, in die USA ausgewanderter Überlebender des Außenlagers Landshut, Leidensgenosse und Wegbegleiter der beiden seit der Deportation aus Theresienstadt, erstattet bei der Zentralstelle für Aufklärung von NS-Verbrechen in Ludwigsburg Anzeige gegen Henschel. Das Ermittlungsverfahren, das daraufhin in die Wege geleitet wird, bringt obige Fakten zutage – und bleibt doch ohne Konsequenz. 1976 wird es endgültig eingestellt. Es sei nicht möglich, so heißt es in der Begründung, den Täter »ausfindig zu machen«.[12]

Wie sich die Befürchtung, dass die Söhne nicht mehr am Leben sind, auch ohne behördliche Nachricht zur Gewissheit gewandelt hat, zeigen die Einnah-

Orig.: Zentrale Stelle … Ludwigsburg 280

– IV 410 AR 1371/68 –

KZ-Gedenkstätte Dachau	Archiv 18.264

Vfg.

1. Schlußvermerk:

Bl. 39–41 Gegenstand des Verfahrens bildete eine schriftliche Anzeige des ehemaligen Häftlings William W. Wermuth aus Hartford/USA vom 7.5.1968. Nach seiner Darstellung kam er im Januar 1945 vom KL Dachau aus in das NL Landshut. Der Rapportführer in Landshut, SS-OSCHA [geschwärzt] (phon.), sei gegenüber den anderen SS-Angehörigen durch besondere Brutalität aufgefallen. So sei u.a. [geschwärzt] am Tod der Häftlinge Hugo Kozen und Walter Bär schuldig. An nicht mehr zu bestimmenden Tagen, vermutlich im Januar oder Februar 1945, habe er Bär wegen eines geringfügigen Vergehens mit einem 50 m langen Kabelende im Waschraum derart zusammengeschlagen, daß er 4 Wochen später an der erlittenen Verletzung verstarb.

Aus nichtigem Anlaß sei auch der Häftling Kozen von SS-OSCHA [geschwärzt] (phon.) mit dem Koppelschloß zusammengeschlagen und durch Fußtritte mit den Stiefeln zusammengetreten worden, so daß auch er nach seiner Verlegung nach Dachau am 22.2.45 verstarb.

Die Tötungsverbrechen, die [geschwärzt] angelastet werden, sind im NL Landshut des KL Dachau begangen worden. Somit konnte der damalige Sachbe-

Bl. 7 arbeiter, KOK Gasper, die für die Überprüfung des NL

Bl. 8 Landshut eigens angelegte Akte, IV 410 AR 141/69, mit der Akte [geschwärzt] als IV 410 AR 1371/68 verbinden.

-2-

Schlussvermerk des Ermittlungsverfahrens der Zentralen Stelle der Landesjustizverwaltungen zur Aufklärung nationalsozialistischer Verbrechen in Ludwigsburg mit der Aussage Willem Wermuths zum Tod Bubi Chotzens men, die Elsa Chotzen schon im Januar 1946 vermerkt – selbst wenn sie gleichzeitig, wie beschrieben, Suchanzeigen aufgibt. Mit den Verkäufen, die sie tätigt, erzielt sie hohe Preise auf dem Schwarzmarkt: »Schuhe«, »Oberhemden« und »Schals« sind in Zeiten unveränderten Mangels begehrte Raritäten. Mit insgesamt 2350 Mark füllt sich dadurch die Haushaltskasse, zum ersten Mal seit langer Zeit schreibt Elsa nun schwarze Zahlen. Eine vierstellige Summe kommt auch im Februar zusammen: Als »Opfer des Faschismus« erhält sie einmalig »450,–«, hinzu kommen die Rente sowie die 100 Mark, die Ruth nun nach Hause bringt. Besonders erschütternd ist in diesem Monat auf der Einnahmeseite der dritte große Posten: Mit dem »Verkauf v. Bubis Oberh. 400,–« sind die Schränke endgültig geleert – und damit ist wohl auch die bittere Wahrheit, dass die Söhne nicht mehr zurückkehren werden, akzeptiert.

Die fieberhafte Hektik, die ihr Dasein so lange bestimmte, weicht unendlich viel freier Zeit, der Ausnahmezustand, der die letzten Jahre währte, hat nun ein Ende gefunden – »Normalität« aber wird es für Elsa ihr Leben lang nicht mehr geben. Jeder Gegenstand in der Wohnung gemahnt sie an den Verlust: Im Wohnzimmer schlägt die Wanduhr zur vollen Stunde wie eh und je, die Möbel, die Bilder und Fotos sind wie gewohnt an ihrem Platz. Oft sitzt sie einfach nur ganz still am Kachelofen und trauert. Von der früheren Existenz bleibt allein die Erinnerung; die Fotoalben wird sie bis zu ihrem Tod sorgfältig aufbewahren. Bis ins hohe Alter, berichtet Eppi später, durchlebte sie immer wieder die hinter ihr liegende Qual.

Und doch findet sie, so gut es eben geht, in einen »Alltag« zurück, der ihr in seiner Selbstverständlichkeit fast surreal anmuten muss. Sie engagiert sich in der wiedererstehenden Jüdischen Gemeinde, spendet, liest die »Jüdische Zeitung« – auch dies erkennbar an entsprechenden Einträgen in ihrem Haushaltsbuch. Der lang entbehrte »Radioapparat«, den sie sich laut Buchführung am 2. Januar gekauft hat, kommt sicherlich oft zum Einsatz. Sie geht ab und an ins Theater, bildet sich, liest viel. »Leihbücherei« vermerkt sie nun häufig, wöchentlich, manchmal auch öfter deckt sie dort ihren Lesebedarf. Ansonsten lebt sie, ähnlich wie Eppi und mit diesem stets innig verbunden, sehr zurückgezogen. Im Herbst wird sie Mitglied der Entnazifizierungskommission im britischen Sektor Berlins.

Zum seelischen Schmerz kommen in steigendem Maße körperliche Probleme: Jahrelang hat sie ihre Gesundheit zurückgestellt, die Zähne zusammengebissen, auch als es ihr schlecht ging, nun fordern die Belastungen endgültig ihren Tribut: »Viele Weinkrämpfe, Kopfschmerzen, Schlaflosigkeit,

Entnazifizierungs-Kommission
Berlin-Wilmersdorf

Berlin-Wilmersdorf, den 28.9.1946
Gasteiner Str. 21-25

Gross-Berlin
Bezirksamt Wilmersdorf
Gültig bis 30.6.1947

Entnazifizierungskommission Berlin-Wilmersdorf 5

Bescheinigung!

Herr/Frau/Frl. Elsa Chotzen, geb.am 31.10.1887,
wohnhaft: Berlin - Wilmersdorf, Johannisberger Str.3,
ist Mitglied der Entnazifizierungs-Kommission Berlin-Wilmersdorf
und übt richterliche Funktionen aus.

i.A. Chotzen
(Chotzen)

Entnazifizierungskommission Berlin-Wilmersdorf 5

Elsa Chotzen als Mitglied der Entnazifizierungskommission

Elsa allein am Kachelofen

schwere Angstträume, und seit dieser Zeit laufend auftretende Magenbeschwerden wurden trotz ärztlicher Behandlung und entsprechender Lebensweise nicht behoben, sondern sind sogar zeitweise schlimmer denn je«, heißt es später in ihrer Entschädigungsakte. »Gleichzeitig mit dem völligen Zusammenbruch 1945 war ich, durch die fast vollständige Ausrottung meiner Familie mit den bestialischen Begleiterscheinungen der zwölf Jahre, völlig am Ende meiner Kräfte.«[13] Anderen gegenüber wird sie dies stets verschweigen.

Voller Bewunderung sei sie gewesen, erzählt Ruth noch nach Jahrzehnten, dass Elsa sich über das, was geschehen war, niemals verbittert zeigte, nie unfreundlich war oder klagte. Selbst als die Schwiegertochter ihr mitteilt, dass sie Deutschland verlassen will, zeigt sie sich verständnisvoll, nimmt Ruth die Gewissensbisse, die sie ihr gegenüber hat; nicht einen Moment lang spielt sie sich in den Vordergrund. Sie selbst habe, sagt Ruth, zwar niemanden gehasst, aber ein Leben in dem Land, das ihr so viel Leid antat, ist für sie mit der Nachricht von Ullis Tod vollends unmöglich geworden. Bis zur Auswanderung nimmt sie in Berlin-Schlachtensee eine Stelle in einem Camp für jüdische »Displaced Persons« an, Flüchtlinge und Überlebende der KZs, die nicht mehr in ihre Heimat zurückkehren können.

Für Ruth beginnt in New York ein neues Leben.

Unter den Einnahmen für März ist ein letztes Mal »Ruth 75,–« zu lesen. Vier Wochen später ist es dann so weit: Ruth verlässt Berlin und schifft sich ein nach Amerika. In New York trifft sie Fred Weinstein wieder, einen jungen polnischen Juden, der in Warschau im Untergrund überlebt hat und fast seine gesamte Familie verlor; sie kennen sich von der gemeinsamen Arbeit im oben erwähnten DP-Camp. Die beiden heiraten, gründen eine Familie, bauen sich ein neues Leben auf.

In der Johannisberger Straße bleibt Elsa allein zurück. Die schmale Pension, die sie wieder erhält, reicht gerade einmal für die Miete. »Mutti Rente 75,–« ist der einzige Posten bei den Einnahmen im April. Mit diesem Eintrag endet das Haushaltsbuch.

Drei Monate später, am 18. Juli, erhält Elsa Chotzen mit einem Schreiben des International Information Office for the Former Concentration Camp/Dachau die Bestätigung dessen, was sie längst weiß, offiziell mit Brief und Siegel: »In Beantwortung Ihres Schreibens vom 27.6.46 bedauern wir Ihnen mitteilen zu müssen, daß Ihre beiden Söhne im KL-Dachau verstorben sind. [...] In der Anlage erhalten Sie die Todes-Certifikate Nr. 183 u. 201 in einfacher u. geschmückter Ausführung, die den Tod Ihrer Söhne bestätigen. Wir bitten Sie, die beiliegenden Empfangsbestätigungen mit Ihrer Unterschrift versehen, wieder an uns zurückzusenden. Ferner bitten wir den Unkostenbeitrag von RM 2,– für die Certifikate u. RM –,84 für das Porto [...] einzuzahlen. Zwecks Ausstellung der Todesurkunden wenden Sie sich bitte zu einem späteren Zeitpunkt unter Vorlage der Todes-Certifikate an das Standesamt Dachau, da die Vorarbeiten noch nicht beendet sind. Über den Ort der Gräber Ihrer beiden Söhne ist uns leider nichts bekannt. Im Namen unserer Kameraden sprechen wir Ihnen unser herzlichstes Beileid aus.«

Der furchtbare Verlust ist Behördenvorgang geworden und wird zu den Akten gelegt. Um fast vier Jahrzehnte wird die Mutter die drei Söhne überleben; bis weit in die siebziger Jahre hinein bleibt sie in der Familienwohnung, stets freundlich, aber in sich gekehrt, ja scheu. Als sie 1982 stirbt, ist sie 94 Jahre alt.

> CONC. CAMP DACHAU
>
> **INTERNATIONAL INFORMATION OFFICE**
> FOR THE FORMER CONCENTRATION CAMP
> AN INSTALLATION OF UNRRA TEAM 306
> BRANCH OF UNRRA DOCUMENTS AND TRACING BUREAU MUNICH
> DACHAU - GERMANY
> SCHLEISSHEIMER STRASSE 90 · PHONE 378
>
> Dep. / Abt. A.-
> Our ref: c/2957/MO/46
> Your ref:
>
> Dachau, den 18.7.1946
>
> Frau
> Elsa C h o t z e n
> B e r l i n /Wilmersdorf
> Johannisbergerstr.3
>
> Subj. / Betreff / Auskunft: Ulrich u.Kurt Hugo C h o t z e n
>
> In Beantwortung Ihres Schreibens vom 27.6.46 bedauern wir Ihnen mitteilen zu müssen, dass Ihre beiden Söhne im KL-Dachau verstorben sind.
>
> Herr Ulrich C h o t z e n , geb.2.8.2o starb am 3.1.1945
> Herr Hugo K. C h o t z e n , geb.29.3.15 starb am 2o.2.1945.
>
> In der Anlage erhalten Sie die Todes-Certifikate Nr.183 u.2o1 in einfacher u. geschmückter Ausführung, die den Tod Ihrer Söhne bestätigen. Wir bitten Sie die beiliegenden Empfangsbestätigungen mit Ihrer Unterschrift versehen, wieder an uns zurückzusenden. Ferner bitten wir den Unkostenbetrag von RM 2.- für die Certifikate u.RM -.84 für das Porto an unser Büro einzuzahlen.
> Zwecks Ausstellung der Todesurkunden wenden Sie sich bitte zu einem späteren Zeitpunkt unter Vorlage der Todes-Certifikate an das Standesamt Dachau, da die Vorarbeiten noch nicht beendet sind.
> Über den Ort der Gräber Ihrer beiden Söhne ist uns leider nichts bekannt.
>
> Im Namen unserer Kameraden sprechen wir Ihnen unser herzlichstes Beileid aus.
>
> Anlage:
> 2 Todes-Certifikate
> Nr. 183 u.2o1
>
> International Infor[illegible] Office
> Dachau
> Hochachtungsvoll !
> i.V.
> ANTOSIK HELIODOR

Offizielle Todesbescheinigung der beiden Söhne, ausgestellt am 18. Juli 1946 vom International Information Office for the Former Concentration Camp/Dachau

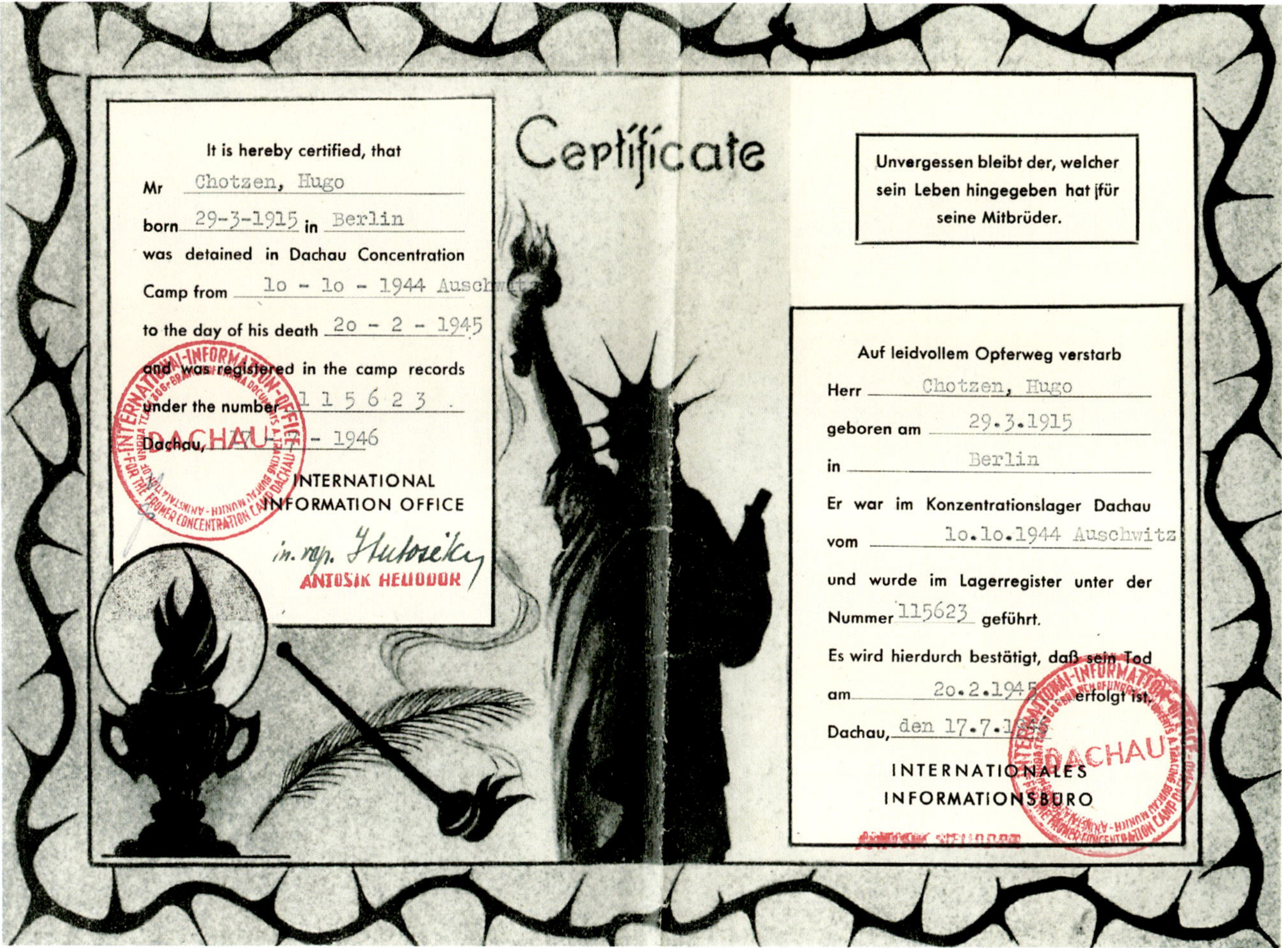

Certificate

It is hereby certified, that

Mr Chotzen, Hugo

born 29-3-1915 in Berlin

was detained in Dachau Concentration

Camp from 10 - 10 - 1944 Auschw[itz]

to the day of his death 20 - 2 - 1945

and was registered in the camp records

under the number 1 1 5 6 2 3 .

Dachau, 17 - [illegible] - 1946

INTERNATIONAL

INFORMATION OFFICE

i. rap. [signature]

ANTOSIK HELIODOR

Unvergessen bleibt der, welcher sein Leben hingegeben hat für seine Mitbrüder.

Auf leidvollem Opferweg verstarb

Herr Chotzen, Hugo

geboren am 29.3.1915

in Berlin

Er war im Konzentrationslager Dachau

vom 10.10.1944 Auschwitz

und wurde im Lagerregister unter der

Nummer 115623 geführt.

Es wird hierdurch bestätigt, daß sein Tod

am 20.2.1945 erfolgt ist.

Dachau, den 17.7.1[illegible]

INTERNATIONALES

INFORMATIONSBÜRO

Todes-Certifikat »in geschmückter Ausführung«

1 Die Rekonstruktion der geschilderten Ereignisse stützt sich im Wesentlichen auf die Ergebnisse von Barbara Schieb, *Nachricht von Chotzen*, Berlin 2000, S. 137–148, ergänzt durch die in den folgenden Anmerkungen zitierte Literatur.

2 »Berichte aus der Hölle von Kaufering«, in: *Landsberg im 20. Jahrhundert. Themenhefte Landsberger Zeitgeschichte*, Heft 4 (1994), S. 30–38.

3 »Das KZ-Kommando Kaufering/Landsberg 1944/45: Die Vernichtung der Juden im Rüstungsprojekt ›Ringeltaube‹«, in: *Landsberg im 20. Jahrhundert*, a.a.O., S. 18–52. In Bezug auf Unmenschlichkeit, Hunger und Krankheit seien die Lager von Kaufering »die Schlimmsten« gewesen, so wird dort ein Bericht der Kriegsverbrecher-Untersuchungskommission 6823 der 7. US-Armee zitiert. Vgl. ebd., S. 30.

4 Laut Interview mit Willem Wermuth vom 23. 6. 2005.

5 So der Überlebende Jehuda Garai im Artikel »Das Moll-Kommando: Ein Synonym

für Tod und Vernichtung«, in: *Landsberg im 20. Jahrhundert*, a.a.O., S. 26.

6 Zu diesen und den im Folgenden geschilderten Eindrücken vgl. die Aussagen des ehemaligen Häftlings Simon Klapstein in einem Interview mit der *Isar-Post* Nr. 16, 8.3.1946 sowie den Bericht von Max Kagerbauer bei Hildegard Ziegler-Schultes: *Entweder – oder, Arbeiterbewegung in Landshut 1933–1949*, Bd. 2, Landshut 1987, S. 396 f., zit. bei Schieb, a.a.O., S. 145 f.

7 *Isar-Post* Nr. 16, 8.3.1946, zit. bei Georg Spitzlberger, »Das Außenkommando Landshut des Konzentrationslagers Dachau«, in: *Verhandlungen des Historischen Vereins für Niederbayern*, 114.–115. Band, Landshut 1989, S. 151–162, hier S. 160. »Es wurde ein Gleisanschluss an das Schienennetz der damaligen Reichsbahn erstellt, Straßen gebaut, das Gebiet planiert und Gebäude errichtet.« So schildert ein weiterer Augenzeuge die Arbeiten in Landshut. Vgl. ebd., S. 156.

8 Ebd., S. 152. Vgl. auch Dietrich Mittler, »Eine Tragödie, die viele nie vergessen«, in: *Süddeutsche Zeitung*, 4.5.1993.

9 Sein Name erscheint im Abschnitt »SS-Arbeitslager Landshut«. Vgl. Archiv der KZ-Gedenkstätte Dachau, Totenbücher aus dem Revier des KZ Dachau, Inventarnummer 22.662, 3.1.1945. So bei Schieb, a.a.O., S. 146.

10 Heute befindet sich am erwähnten Achdorfer Friedhof eine Gedenktafel, auf der es unter anderem heißt: »Bis Mai 1945 starben hier 83 Juden als Folge der unmenschlichen Haft. Sie wurden an dieser Stelle, außerhalb der damaligen Nordmauer des Achdorfer Friedhofs begraben, im November 1961 exhumiert und auf dem KZ-Ehrenfriedhof Flossenbürg bestattet. Die Namen der Toten sind nicht bekannt.« Zit. nach Schieb, a.a.O., S. 147.

11 Im Totenbuch des Dachauer Reviers, 20.2.1945, ist er mit der Häftlingsnummer 115.623 registriert. Vgl. Schieb, a.a.O., S. 147.

12 Die hier zitierten Zeugenaussagen stammen aus dem Schlussvermerk des Ermittlungsverfahrens der Zentralen Stelle der Landesjustizverwaltungen gegen Wachhabende des Dachauer Außenlagers Landshut, Ludwigsburg, 11.2.1976, S. 280–284, Bundesarchiv, B 162/17662, Bl. 280–284. In diesem Dokument wurde der Name des Beschuldigten geschwärzt, in anderen, darauf rekurrierenden Publikationen jedoch als »Henschel« öffentlich gemacht. Vgl. Spitzlberger, a.a.O., S. 159 f. sowie Dietrich Mittler, a.a.O.

13 Zit. nach Schieb, a.a.O., S. 154.

Bildnachweis

Archiv der KZ-Gedenkstätte Dachau: S. 202

Auswärtiges Amt, Politisches Archiv, R 100857: S. 107 links und Mitte

Bildarchiv Preußischer Kulturbesitz, Berlin: S. 189, 190

Brandenburgisches Landeshauptarchiv (BLHA), Rep. 36 A Oberfinanzpräsident Berlin-Brandenburg (II): S. 139 (Originalkartei), 149 (Nr. 5789)

Bundesarchiv, B 162/17662, Bl. 280: S. 207

Deutsches Historisches Museum, Berlin: S. 30, 31, 32, 39, 47, 49, 59, 64, 65 unten, 66, 67, 69 oben, 76, 83, 87 unten, 89, 94 unten, 96 unten, 104 unten, 120, 127 unten, 133, 141, 152, 165, 166, 183, 184, 186, 189, 190, 193, 199, 205, 210

Foto Abraham Pisarek: S. 64

Gedenkstätte Haus der Wannsee-Konferenz Berlin: S. 25 unten, 65 oben, 72 rechts, 75, 94 oben, 95, 96 oben, 97, 98 links, 105 oben, 106, 109 rechts, 122, 128, 132, 140, 146 oben, 151, 154 unten, 160, 172, 179, 180, 200, 201, 209 links, 211, 212

Gedenkstätte Theresienstadt (Památník Terezín): S. 145 (PT 585, © MUDr. Radim Bure), 150 (PT 5540, © MUDr. Radim Bure), 155 (PT 8184, © Památník Terezín), 171 (PT 1732, © Thomas Fritta-Haas), 175 (PT 1883, © Thomas Fritta-Haas), 177 links (APT 7457), 178 (APT 7460)

Jüdisches Museum Berlin: S. 156 (© Thomas Fritta-Haas, Dauerleihgabe an das Jüdische Museum Berlin)

Jüdisches Museum Prag: S. 147 (Inventar-Nr. 175.382), 148 (Inventar-Nr. 175.658), 157 (Inventar-Nr. 174.802-01)

Landesdenkmalamt Berlin, Archiv: S. 138

Militärhistorisches Museum der Bundeswehr, Dresden: S. 186

Privatbesitz, Evemarie und Andreas Baumstark: S. 11-22, 24, 25 oben, 26, 27 oben rechts und unten, 28, 29, 33, 34, 35, 36, 37, 38, 40, 41, 42, 43, 44, 45, 46, 48, 50, 51, 52, 53, 54, 55, 56, 57, 58, 60, 61, 62, 63 rechts, 69 unten, 70, 71, 72 links, 73, 74, 77, 78, 82, 84, 85, 86, 87 oben, 88, 90, 91, 92, 93, 99 unten, 100, 102, 103, 104 oben, 107 rechts, 108, 109 links, 111, 112, 114, 118, 119, 121, 123, 124, 125, 126, 129, 131, 135, 136, 137, 144, 153, 154 oben, 158, 159, 163, 164, 167, 168, 170, 173, 176, 177 rechts, 182, 185, 188, 191, 194, 196, 197, 198, 206 rechts, 209 rechts, 216

Privatbesitz, Martina Bauner, Bischofsheim/Rhön: S. 127 oben

Privatbesitz: S. 99 oben, 105 oben rechts, 117, 161, 169, 187, 206 links

Privatbesitz: S. 27 oben links, 63 links, 68, 98 rechts, 115, 116, 195